中国石油天然气集团公司统编培训教材

工程建设业务分册

石油工程造价管理

《石油工程造价管理》编委会　编

石油工业出版社

内 容 提 要

本书以国家和中国石油天然气集团公司工程造价管理相关规定为依据，结合石油建设项目的特点，系统地介绍了项目决策、设计、实施及完工等各阶段的工程造价文件编制和管理控制工作的基本知识和方法。依据明确、内容翔实、通俗易懂、实例具体、指导性强，选取的典型案例均来自石油工程造价管理实践。

本书可作为工程造价管理部门人员提高班培训教材，也可作为石油工程造价人员岗位培训、自学及高等院校工程造价专业师生参考用书。

图书在版编目（CIP）数据

石油工程造价管理/《石油工程造价管理》编委会编 .
北京：石油工业出版社，2016.2
中国石油天然气集团公司统编培训教材
ISBN 978-7-5183-0746-3

Ⅰ．石…
Ⅱ．石…
Ⅲ．石油工程-工程造价-技术培训-教材
Ⅳ．F407.22

中国版本图书馆 CIP 数据核字（2015）第 123213 号

出版发行：石油工业出版社
　　　　　（北京安定门外安华里 2 区 1 号　　100011）
　　　　　网　址：www. petropub. com
　　　　　编辑部：（010）64523586
　　　　　图书营销中心：（010）64523633
经　　销：全国新华书店
印　　刷：北京中石油彩色印刷有限责任公司

2016 年 2 月第 1 版　2016 年 2 月第 1 次印刷
710×1000 毫米　开本：1/16　印张：25.5
字数：440 千字

定价：88.00 元
（如出现印装质量问题，我社图书营销中心负责调换）

《石油工程造价管理》
编 审 人 员

主　　编：朱　伟

副 主 编：邱练兵

编写人员：郑　帆　　林超英　　韩　梅　　刘益超

　　　　　覃新超　　汪永波　　陈　莉　　陈思羽

　　　　　陈　岚　　李婷婷　　郭　杨　　唐　皓

　　　　　李　化　　张亚飞　　王涵镔　　李粹淑

审定人员：唐燕青　　赵晓利

序

　　企业发展靠人才，人才发展靠培训。当前，集团公司正处在加快转变增长方式，调整产业结构，全面建设综合性国际能源公司的关键时期。做好"发展"、"转变"、"和谐"三件大事，更深更广参与全球竞争，实现全面协调可持续，特别是海外油气作业产量"半壁江山"的目标，人才是根本。培训工作作为影响集团公司人才发展水平和实力的重要因素，肩负着艰巨而繁重的战略任务和历史使命，面临着前所未有的发展机遇。健全和完善员工培训教材体系，是加强培训基础建设，推进培训战略性和国际化转型升级的重要举措，是提升集团公司人力资源开发整体能力的一项重要基础工作。

　　集团公司始终高度重视培训教材开发等人力资源开发基础建设工作，明确提出要"由专家制定大纲、按大纲选编教材、按教材开展培训"的目标和要求。2009年以来，由人事部牵头，各部门和专业分公司参与，在分析优化公司现有部分专业培训教材、职业资格培训教材和培训课件的基础上，经反复研究论证，形成了比较系统、科学的教材编审目录、方案和编写计划，全面启动了《中国石油天然气集团公司统编培训教材》（以下简称"统编培训教材"）的开发和编审工作。"统编培训教材"以国内外知名专家学者、集团公司两级专家、现场管理技术骨干等力量为主体，充分发挥地区公司、研究院所、培训机构的作用，瞄准世界前沿及集团公司技术发展的最新进展，突出现场应用和实际操作，精心组织编写，由集团公司"统编培训教材"编审委员会审定，集团公司统一出版和发行。

　　根据集团公司员工队伍专业构成及业务布局，"统编培训教材"按"综合管理类、专业技术类、操作技能类、国际业务类"四类组织编写。综合管理类侧重中高级综合管理岗位员工的培训，具有石油石化管理特色的教材，以自编方式为主，行业适用或社会通用教材，可从社会选购，作为指定培训教材；专业技术类侧重中高级专业技术岗位员工的培训，是教材编审的主体，按照《专业培训教材开发目录及编审规划》逐套编审，循序推进，计划编审300余门；操作技能类以国家制定的操作工种技能鉴定培训教材为基础，侧重主体专业（主要工种）骨干岗位的培训；国际业务类侧重海外项目中外员工的培训。

"统编培训教材"具有以下特点：

一是前瞻性。教材充分吸收各业务领域当前及今后一个时期世界前沿理论、先进技术和领先标准，以及集团公司技术发展的最新进展，并将其转化为员工培训的知识和技能要求，具有较强的前瞻性。

二是系统性。教材由"统编培训教材"编审委员会统一编制开发规划，统一确定专业目录，统一组织编写与审定，避免内容交叉重叠，具有较强的系统性、规范性和科学性。

三是实用性。教材内容侧重现场应用和实际操作，既有应用理论，又有实际案例和操作规程要求，具有较高的实用价值。

四是权威性。由集团公司总部组织各个领域的技术和管理权威，集中编写教材，体现了教材的权威性。

五是专业性。不仅教材的组织按照业务领域，根据专业目录进行开发，且教材的内容更加注重专业特色，强调各业务领域自身发展的特色技术、特色经验和做法，也是对公司各业务领域知识和经验的一次集中梳理，符合知识管理的要求和方向。

经过多方共同努力，集团公司首批39门"统编培训教材"已按计划编审出版，与各企事业单位和广大员工见面了，将成为首批集团公司统一组织开发和编审的中高级管理、技术、技能骨干人员培训的基本教材。首批"统编培训教材"的出版发行，对于完善建立起与综合性国际能源公司形象和任务相适应的系列培训教材，推进集团公司培训的标准化、国际化建设，具有划时代意义。希望各企事业单位和广大石油员工用好、用活本套教材，为持续推进人才培训工程，激发员工创新活力和创造智慧，加快建设综合性国际能源公司发挥更大作用。

《中国石油天然气集团公司统编培训教材》
编审委员会
2011 年 4 月 18 日

前　言

　　石油天然气行业是一个高投入的行业，如西气东输一期工程仅施工费就一百多亿元，千万吨级炼油厂投资规模需数百亿元，投资数额巨大，关系到国家、行业或地区的重大经济利益，对国计民生也会产生重大的影响。同时，石油天然气介质又具有高温、高压、易燃、易爆、有毒、高腐蚀的特点，其生产工艺技术流程复杂，通常涉及储运、加工、电气、自控、热工、建筑、结构、总图等众多专业的深度交叉协作。此外，石油和天然气一般都存在于高原、山区、沼泽、沙漠、戈壁等自然条件较为恶劣的地区。石油天然气行业的这些鲜明特点，加大了合理确定和有效控制石油工程造价的难度，对石油工程造价人员的专业技能提出了更高的要求。提高石油工程造价人员的综合素质，不断改进专业培训工作质量，是做好石油工程投资控制的重要基础。

　　本书在编写过程中注意了以下几点：

　　第一，以石油工程建设程序和造价咨询业务为主线，从建设单位以及为建设单位服务的咨询类企业的角度，全面系统地介绍了石油工程造价的组成、计价的原理、计价依据和造价管理各个阶段的内容和方法，力求全面反映石油工程造价管理的知识内容。

　　第二，依据国家和中国石油天然气集团公司有关工程建设、工程造价的最新法律、法规和规范性文件，结合石油工程造价管理的实际工作经验，力求反映石油工程造价管理的最新实际做法。

　　第三，注重实用性。本书的编写人员均来自石油工程造价工作第一线，书中给出了反映造价工作的大量实际案例，以当前实际开展的工作为主要内容，通过工程实例讲清相关概念、原理、方法和应用，旨在提高读者的实际操作能力。

　　本书由朱伟任主编。第一章由郑帆、李婷婷、汪永波、李粹淑编写，第二章由林超英、李化、张亚飞编写，第三章由刘益超、覃新超、陈思羽编写，第四章由韩梅、唐皓编写，第五章、第六章由陈岚、郭杨编写，第七章由郑帆、陈莉、唐皓编写，最后由朱伟、陈莉、陈思羽、汪永波、郭杨、唐皓、王涵镟负责全书的统稿和修改工作。

本书初稿完成于 2012 年 7 月。当年 8 月，工程建设分公司组织专家审查了本书，提出了具体修改意见。编者依据专家的意见和建议对本书初稿进行修改完善，于 2013 年 1 月完成修改稿。由于 2012 年年底之后，中国石油天然气集团公司陆续发布更新了多个造价工作指导性文件，主要包括《中国石油天然气集团公司建设项目其他费用和相关费用规定》、《中国石油天然气集团公司建设项目可行性研究投资估算编制规定》等，2015 年 2 月，编者依据最新的造价规范标准，开展了出版前最后的修改更新和归纳总结工作，以保证本书的实用性。

工程造价文件编制是一项时效性很强的工作，中国石油天然气集团公司会根据造价管理工作的需要和工程实践，适时发布相关最新规定，读者在本书的学习过程中应注重掌握原理和方法，而不应拘泥于本书提供的案例形式，在具体工作中，应严格遵循最新发布的规范、规定，具体问题具体分析。

在本书的编写过程中，得到了工程建设分公司、工程设计有限责任公司相关领导、专家的悉心指导和帮助，同时，本书对前辈和同行的研究成果，国家和中国石油天然气集团公司有关工程建设管理、工程造价的指导性文件与资料，以及注册造价工程师执业资格考试培训教材等多有参考与吸收，在此一并致谢。

限于编者的水平与经验，本书的缺点与不足在所难免，敬请专家和读者批评指正。

编者

2015 年 2 月

说 明

本教材可作为中国石油天然气集团公司工程建设单位、工程设计单位和工程施工单位管理人员及相关投资主管部门领导开展培训的专用教材，根据工程造价的特点，在项目开展过程中，项目参与方关注点不同，造价管理工作的侧重点也不同，根据这一要求，对不同的培训对象应了解和掌握的内容划分做如下说明，供参考：

（1）工程建设单位管理人员及相关投资主管部门领导应重点掌握第三章和第四章内容。

（2）工程设计单位管理人员应掌握所有章节内容。

（3）工程施工单位管理人员应重点掌握第四章、第五章、第六章和第七章内容。

目　录

第一章　石油工程造价概述

第一节　工程造价的基本概念

一、工程造价及其特点

（一）工程造价的含义

工程造价的直意就是工程的建造价格，有如下两种含义：

（1）第一种含义指建设一项工程预期开支或实际开支的全部固定资产投资费用。显然，这一含义是从投资者——业主的角度来定义的。从这个意义上说，工程造价就是工程投资费用，建设项目工程造价就是建设项目固定资产投资。

（2）第二种含义指工程价格。即为建成一项工程，预计或实际在土地市场、设备市场、技术劳务市场以及承发包市场等交易活动中所形成的建筑安装工程的价格和建设工程总价格。显然，工程造价的第二种含义是以社会主义商品经济和市场经济为前提的。它是以工程这种特定的商品形式作为交易对象，通过招标或其他交易形式，在进行多次预估的基础上，最终由市场形成的价格。

通常，人们将工程造价的第二种含义认定为工程承发包价格。承发包价格是工程造价中一种重要的，也是最典型的价格形式。它是通过招投标，得出由需求主体——投资者和供给主体——承包商共同认可的价格。鉴于建筑安装工程价格在项目固定资产中占有 50%～60% 的份额，又是工程建设中最活跃的部分；同时施工企业是建设工程的实施者和重要的市场主体，工程承发包价格被界定为工程造价的第二种含义，很有现实意义。但是，如上所述，这样界定对工程造价的含义理解较狭窄。

所谓工程造价的两种含义，是以不同角度把握同一事物的本质。对建设工程的投资者来说，面对市场经济条件下的工程造价就是项目投资，是"购买"项目要付出的价格；同时也是投资者在作为市场供给主体时"出售"项目时定价的基础。对于承包商、供应商和规划、设计等机构来说，工程造价是他们作为市场供给主体出售商品和劳务的价格的总和，或是特指范围的工程造价，如建筑安装工程造价。

工程造价的两种含义是对客观存在的概括。它们既共生于一个统一体，又相互区别。最主要的区别在于需求主体和供给主体在市场追求的经济利益不同，因而管理的性质和管理目标不同。从管理性质看，前者属于投资管理范畴，后者属于价格管理范畴。但两者又互相交叉。从管理目标看，作为项目投资或投资费用，投资者在进行项目决策和项目实施中，首先追求的是决策的正确性，投资是一种为实现预期收益而垫付资金的经济行为，项目决策是重要一环。项目决策中投资数额的大小、功能与价格（成本）比是投资决策的最重要的依据。其次，在项目实施中完善项目功能，提高工程质量，降低投资费用，按期或提前交付使用，是投资者始终关注的问题。因此，降低工程造价是投资者始终如一的追求。作为工程价格，承包商所关注的是利润，为此，他追求的是较高的交易价格。不同的管理目标，反映他们不同的经济利益，但他们都要受那些支配价格运动的经济规律的影响和调节。他们之间的矛盾是市场的竞争机制和利益风险机制的必然反映。

区别工程造价的两种含义，其理论意义在于为投资者和以承包商为代表的供应商的市场行为提供理论依据。当政府提出降低工程造价时，是站在投资者的角度充当着市场需求主体的角色；当承包商提出要提高工程造价、提高利润率并获得更多的实际利润时，他是要实现一个市场供给主体的管理目标。这是市场运行机制的必然。不同的利益主体绝对不能混为一谈。区别二重含义的现实意义在于，为实现不同的管理目标，不断充实工程造价的管理内容，完善管理方法，更好地为实现各自的目标服务，从而有利于推动全面的经济增长。

（二）工程造价的特点

工程建设的特点决定工程造价有以下几个特点。

1. 工程造价的大额性

对于能够发挥投资效用的任一项工程，不仅实物形体庞大，而且造价高昂，动辄数百万元、数千万元、数亿元、数十亿元，特大型工程项目的造价可达百亿元、千亿元。工程造价的大额性使其关系到有关方面的重大经济利益，同时也会对宏观经济产生重大影响。这就决定了工程造价的特殊地位，也说明了造价管理的重要意义。

2. 工程造价的个别性和差异性

任何一项工程都有特定的用途、功能、规模。因此，对每一项工程的结构、造型、空间分割、设备配置和内外装饰都有具体的要求，因而使工程内容和实物形态都具有个别性、差异性。产品的差异性决定了工程造价的个别性和差异性。同时，每项工程所处地区、地段都不相同，使这一特点得到强化。

3. 工程造价的动态性

任何一项工程从决策到竣工交付使用，都有一个较长的建设期，而且由于不可控因素的影响，在预计工期内，许多影响工程造价的动态因素，如工程变更、设备材料价格、工资标准以及费率、利率、汇率会发生变化。这种变化必然会引起造价变动。所以，工程造价在整个建设期都处于不确定状态，直至竣工决算后才能最终确定工程的实际造价。

4. 工程造价的层次性

造价的层次性取决于工程的层次性。一个建设项目往往含有多个能够独立发挥设计效能的单项工程（如车间、写字楼、住宅楼等）。一个单项工程又是由能够各自发挥专业效能的多个单位工程（如土建工程、电气安装工程等）组成。与此相适应，工程造价有 3 个层次：建设项目总造价、单项工程造价和单位工程造价。如果专业分工更细，单位工程也可以成为更细的层次——分部分项工程，如土建工程可分为大型土方工程、基础工程、装饰工程等分部工程，基础工程可分为人工挖孔桩、钻孔灌注混凝土桩等分项工程；装置工艺安装工程可分为阀门安装、管道安装、刷油、保温等分部工程，管道安装可分为焊接、无损检测、试压等分项工程。这样工程造价的层次就增加分部工程和分项工程而成为 5 个层次。即使从造价的计算和工程管理的角度看，工程造价的层次性也是非常突出的。

5. 工程造价的兼容性

工程造价的兼容性首先表现在它具有两种含义（见工程造价的含义），其次表现在工程造价构成因素的广泛性和复杂性。在工程造价中，成本因素非常复杂。其中为获得建设工程用地支出的费用、项目可行性研究和规划设计费用、与政府一定时期政策（特别是产业政策和税收政策）相关的费用占有相当的份额。再次，盈利的构成也较为复杂，资金成本较大。

二、工程造价的计价特征

工程造价的特点，决定了工程造价的计价特征。

（一）计价的单件性

产品的个体差别性决定每项工程都必须单独计算造价。

（二）计价的多次性

建设工程周期长、规模大、造价高，按建设程序要分阶段进行，相应地也要在不同阶段多次计价，以保证工程造价计算的准确性和控制的有效性。多次性计价是个逐步深化、逐步细化和逐步接近实际造价的过程。对于大型建设项目，其计价过程如图 1-1-1 所示。

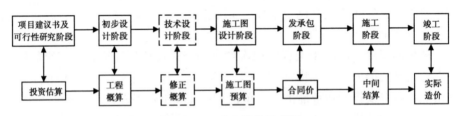

图 1-1-1　多次计价示意图

（注：竖向的双向箭头表示对应关系，横向的单向箭头表示多次计价流程及逐步深化过程）

1. 投资估算

在编制项目建议书和可行性研究阶段，对投资需要量进行估算是一项不可缺少的组成内容。投资估算是指在项目建议书和可行性研究阶段对拟建项目所需投资，通过编制估算文件预先测算和确定的过程。也可表示估算出的建设项目的投资额，或称估算造价。就一个工程项目来说，如果项目建议书和可行性研究分不同阶段，例如分规划阶段、项目建议书阶段、可行性研究阶段、评审阶段，相应的投资估算也分为 4 个阶段。投资估算是决策、筹资和控制造价的主要依据。

2. 概算造价

指在初步设计阶段，根据设计意图，通过编制工程概算文件预先测算和限定的工程造价。概算造价较投资估算造价准确性有所提高，但它受估算造价的控制。概算造价的层次性十分明显，分建设项目概算总造价、各个单项工程概算综合造价、各单位工程概算造价。

3. 修正概算造价

指在采用三阶段设计的技术设计阶段，根据技术设计的要求，通过编制修正概算文件预先测算和限定的工程造价。它对初步设计概算进行修正调整，比概算造价准确，但受概算造价控制。

4. 预算造价

指在施工图设计阶段，根据施工图纸通过编制预算文件，预先测算和限定的工程造价。它比概算造价或修正概算造价更为详尽和准确。但同样要受前一阶段所限定的工程造价的控制。

5. 合同价

指在工程招投标阶段通过签订总承包合同、建筑安装工程承包合同、设备材料采购合同，以及技术和咨询服务合同确定的价格。合同价属于市场价格的性质，它是由承发包双方，也即商品和劳务买卖双方根据市场行情共同议定和认可的成交价格，但它并不等同于最终决算的实际工程造价。按计价方法不同，建设工程合同有许多类型，不同类型合同的合同价内涵也有所不同。

6. 结算价

指在竣工验收阶段，在工程结算时按合同调价范围和调价方法，对实际发生的工程量增减、设备和材料价差等进行调整后计算和确定的价格。结算价反映的是工程项目实际造价。

7. 决算价

指竣工决算阶段，以实物数量和货币指标为计量单位，综合反映竣工项目从筹建开始到项目竣工交付使用为止的全部建设费用。

（三）造价的组合性

工程造价的计算是分部组合而成。这一特征和建设项目的组合性有关。一个建设项目是一个工程综合体。这个综合体可以分解为许多有内在联系的独立和不能独立的工程（图 1-1-2）。从计价和工程管理的角度，分部分项工程还可以分解。建设项目的这种组合性决定了计价的过程是一个逐步组合的过程。这一特征在计算概算造价和预算造价时尤为明显，同时也反映到合同价和结算价中。其计算过程和计算顺序是：分部分项工程单价—单位工程造价—单项工程造价—建设项目总造价。

（四）方法的多样性

工程造价多次性计价有各不相同的计价依据，对造价的精确度要求也不

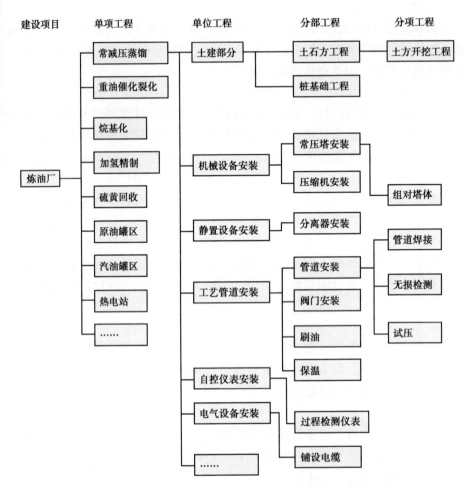

图 1-1-2　建设项目分解示意图

相同，这就决定了计价方法有多样性特征。计算概算、预算造价的方法有单价法和实物法等。计算投资估算的方法有设备系数法、生产能力指数估算法等。不同的方法利弊不同，适应条件也不同，计价时要根据具体情况加以选择。

（五）依据的复杂性

由于影响造价的因素多，计价依据复杂，种类繁多，主要可分为以下七类：

（1）计算工程量的依据，包括项目建议书、可行性研究报告、设计文件等。

（2）计算人工、材料、机械等实物消耗量的依据，包括投资估算指标、概算定额、预算定额等。

（3）计算工程单价的价格依据，包括人工单价、材料价格、材料运杂费、机械台班费等。

（4）计算设备单价的依据，包括设备原价、设备运杂费、进口设备关税等。

（5）计算其他直接费、现场经费、间接费和工程建设其他费用的依据，主要是相关的费用定额和指标。

（6）政府规定的税、费。

（7）物价指数和工程造价指数。

依据的复杂性不仅使计算过程复杂，而且要求计价人员熟悉各类依据并加以正确应用。

三、工程造价的作用

工程造价涉及国民经济各部门、各行业，涉及社会再生产中的各个环节，也直接关系到人民群众的生活和城镇居民的居住条件，它的作用范围和影响程度都很大。其作用主要有以下几点。

（一）建设工程造价是项目决策的依据

建设工程投资大、生产和使用周期长等特点决定了项目决策的重要性。工程造价决定着项目的投资费用。投资者是否有足够的财务能力支付这笔费用，是否认为值得支付这项费用，是项目决策中要考虑的主要问题。财务能力是一个独立的投资主体必须首先解决的问题。如果建设工程的价格超过投资者的支付能力，就会迫使他放弃拟建的项目；如果项目投资的效果达不到预期目标，他也会自动放弃拟建的工程。因此，在项目决策阶段，建设工程造价成为项目财务分析和经济评价的重要依据。

（二）建设工程造价是制订投资计划和控制投资的依据

投资计划是按照建设工期、工程进度和建设工程价格等逐年分月加以制订的。正确的投资计划有助于合理和有效地使用资金。

工程造价在控制投资方面的作用非常明显。工程造价是通过多次性预估，最终通过竣工决算确定下来的。每一次预估的过程就是对造价的控制过程；而每一次预估对下一次预估又都是对造价严格的控制，每一次预估都不能超过前一次预估的一定幅度。这种控制是在投资者财务能力的限度内为取得既定的投资效益所必需的。建设工程造价对投资的控制也表现在利用制定各类定额，标准和参数，对建设工程造价的计算依据进行控制。在市场经济利益风险机制的作用下，造价对投资控制作用成为投资的内部约束机制。

（三）建设工程造价是筹集建设资金的依据

投资体制的改革和市场经济的建立，要求项目的投资者必须有很强的筹资能力，以保证工程建设有充足的资金供应。工程造价基本决定了建设资金的需要量，从而为筹集资金提供了比较准确的依据。当建设资金来源于金融机构的贷款时，金融机构在对项目的偿贷能力进行评估的基础上，也需要依据工程造价来确定给予投资者的贷款数额。

（四）建设工程造价是评价投资效果的重要指标

建设工程造价是一个包含着多层次工程造价的体系，就一个工程项目来说，它既是建设项目的总造价，又包含单项工程的造价和单位工程的造价，同时也包含单位生产能力的造价，或一个平方米建筑面积的造价，等等。所有这些，使工程造价自身形成了一个指标体系。它能够为评价投资效果提供出多种评价指标，并能够形成新的价格信息，为今后类似项目的投资提供参照。

（五）建设工程造价是合理利益分配和调节产业结构的手段

工程造价的高低，涉及国民经济各部门和企业间的利益分配。在计划经济体制下，政府为了用有限的财政资金建成更多的工程项目，总是趋向压低建设工程造价，使建设中的劳动消耗得不到完全补偿，价值不能得到完全实现。未被实现的部分价值则被重新分配到各个投资部门，为项目投资者所占有。这种利益的再分配有利于各产业部门按照政府的投资导向加速发展，也有利于按宏观经济的要求调整产业结构；同时也会严重损害建筑企业的利益，从而使建筑业的发展长期处于落后状态，与整个国民经济的发展不相适应。在市场经济中，工程造价也无例外地受供求状况的影响，并在围绕价值的波动中实现对建设规模、产业结构和利益分配的调节。加上政府正确的宏观调控和价格政策导向，工程造价在这方面的作用会充分发挥出来。

四、我国现行建设项目投资构成和工程造价构成

建设项目投资含固定资产投资和流动资产投资两部分。固定资产投资与建设项目的工程造价在量上相等。工程造价的构成包括用于购买工程项目所

含各种设备的费用，用于建筑施工和安装施工所需支出的费用，用于委托工程勘察设计应支付的费用，用于购置土地所需的费用，也包括用于建设单位自身进行项目筹建和项目管理所花费的费用等。总之，工程造价是按照确定的建设内容、建设规模、建设标准、功能要求和使用要求等，将工程项目全部建成并验收合格交付使用所需的全部费用。

我国现行工程造价的构成主要划分为设备购置费和建筑安装工程费、工程建设其他费用、预备费、建设期贷款利息、固定资产投资方向调节税等。具体内容如图 1-1-3 所示。

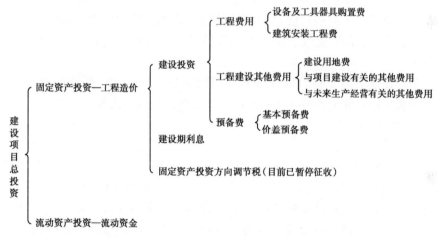

图 1-1-3　我国现行建设项目总投资构成图

第二节　工程项目建设程序

一、基本概念

工程项目建设程序是指工程从设想、选择、评估、决策、设计、施工到竣工验收、投入生产等整个建设过程中，各项工作必须遵循的先后次序的法则。按照建设项目发展的内在联系和发展过程，建设程序分成若干阶段，这些发展阶段有严格的先后次序，是建设项目科学决策和顺利建设的重要保证。

目前工程项目建设程序的内容和步骤主要有：前期工作阶段，主要包括项目建议书、可行性研究、设计工作；建设实施阶段，主要包括建设准备、建设实施（包括施工安装和生产准备）；竣工验收阶段和后评价阶段。

二、项目建设程序的内容

（一）前期工作阶段

1. 项目建议书

项目建议书是要求建设某一具体项目的建议文件，是基本建设程序中最初阶段的工作，是投资决策前对拟建项目的轮廓设想。项目建议书的主要作用是为了推荐一个拟进行建设的项目的初步说明，论述建设的必要性、条件的可行性和获利的可能性，供基本建设管理部门选择并确定是否进行下一步工作。

项目建议书报经有审批权限的部门批准后，可以进行可行性研究工作，但并不表明项目非上不可，项目建议书不是项目的最终决策。

2. 可行性研究

1）可行性研究

项目建议书一经批准，即可进行可行性研究。可行性研究是指在项目决策前，通过对项目有关的工程、技术、经济等各方面条件和情况进行调查、研究、分析，对各种可能的建设方案和技术方案进行比较论证，并对项目建成后的经济效益进行预测和评价的一种科学分析方法，由此考查项目技术上的先进性和适用性、经济上的营利性和合理性、建设的可能性和可行性。可行性研究是项目前期工作的最重要的内容，它从项目建设和生产经营的全过程考察分析项目的可行性，其目的是回答项目是否有必要建设，是否可能建设和如何进行建设的问题，其结论为投资者的最终决策提供直接的依据。因此，大、中型项目以及国家有要求的项目都要进行可行性研究，其他项目有条件的也要进行可行性研究。

2）可行性研究报告的编制

可行性研究报告是确定建设项目、编制设计文件和项目最终决策的重要依据，要求必须有相当的深度和准确性。承担可行性研究工作的单位必须是经过资格审定的规划、设计和工程咨询单位，要有承担相应项目的资质。可行性研究报告一般具备以下基本内容：

（1）总论：报告编制依据（项目建议书及其批复文件、国民经济和社会发展规划、行业发展规划，国家有关法律、法规、政策等）；项目提出的背景和依据（项目名称、承办法人单位及法人、项目提出的理由与过程等）；项目概况（拟建地点、建设规划与目标、主要条件、项目投资估算、主要技术经济指标）；问题与建议。

（2）建设规模和建设方案：建设规模，建设内容，建设方案，建设规划与建设方案的比选。

（3）市场预测和确定的依据。

（4）建设标准、设备方案、工程技术方案：建设标准的选择，主要设备方案选择，工程技术方案选择。

（5）原材料、燃料供应、动力、运输、供水等协作配合条件。

（6）建设地点、占地面积、布置方案，总图布置方案，场外运输方案，公用工程与辅助工程方案。

（7）项目设计方案。

（8）节能、节水措施，能耗、水耗指标分析。

（9）各大评价的结论，指与项目相关的专项评价，包括环境影响评价、安全预评价、职业病危害评价、地震安全性评价、地质灾害危险性评价、水土保持评价、压覆矿产资源评估、林业调查及文物调查等相关评价的结论性意见。

（10）组织机构与人力资源配置。

（11）项目实施进度，包括建设工期、实施进度安排。

（12）投资估算，建设投资估算、流动资金估算、投资估算构成及表格。

（13）融资方案，融资组织形式、资本金筹措、债务资金筹措、融资方案分析。

（14）财务评价，财务评价基础数据与参数选取、收入与成本费用估算、财务评价报表、盈利能力分析、偿债能力分析、不确定性分析，财务评价结论。

（15）经济效益评价，包括影子价格及评价参数选取、效益费用范围与数值调整、经济评价报表、经济评价指标、经济评价结论。

（16）社会效益评价，包括项目对社会影响分析、项目与所在地互适性分析，社会风险分析、社会评价结论。

（17）风险分析，包括项目主要风险识别、风险程度分析、防范风险对策。

（18）研究结论与建议，包括推荐方案总体描述、推荐方案优缺点描述、主要对比方案、结论与建议。

3. 设计工作阶段

一般建设项目（包括工业、民用建筑、城市基础设施、水利工程、道路工程等），设计过程划分为初步设计和施工图设计两个阶段。对技术复杂而又缺乏经验的项目，可根据不同行业的特点和需要，增加技术设计阶段。对一些水利枢纽、农业综合开发、林区综合开发项目，为解决总体部署和开发问题，还需进行规划设计或编制总体规划，规划审批后编制具有符合规定深度要求的实施方案。

1）初步设计（基础设计）

初步设计的内容依项目的类型不同而有所变化，一般来说，它是项目的宏观设计，即项目的总体设计、布局设计，主要的工艺流程、设备的选型和安装设计，土建工程量及费用的估算等。初步设计文件应当满足编制施工招标文件、主要设备材料订货和编制施工图设计文件的需要，是下一阶段施工图设计的基础。

初步设计（包括项目概算）根据审批权限，由发展计划部门委托投资项目评审中心组织专家审查通过后，按照项目实际情况，由发展计划部门或会同其他有关行业主管部门审批。

2）施工图设计（详细设计）

施工图设计的主要内容是根据批准的初步设计，绘制出正确、完整和尽可能详细的建筑、安装图纸。施工图设计完成后，必须委托由施工图设计审查单位审查并加盖审查专用章后使用。审查单位必须是取得审查资格，且具有审查权限要求的设计咨询单位。经审查的施工图设计还必须经有权审批的部门进行审批。

（二）建设实施阶段

1. 建设准备

1）建设开工前的准备

主要内容包括：征地、拆迁和场地平整；完成施工用水、电、路等工程；组织设备、材料订货；准备必要的施工图纸；组织招标投标（包括监理、施工、设备采购、设备安装等方面的招标投标）并择优选择施工单位，签订施工合同。

2）项目开工审批

建设单位在工程建设项目可行性研究获得批准、建设资金已经落实、各项准备工作就绪后，应当向当地建设行政主管部门或项目主管部门及其授权机构申请项目开工审批。

2. 建设实施

1）项目新开工建设时间

开工许可审批之后即进入项目建设施工阶段。开工之日按统计部门规定是指建设项目设计文件中规定的任何一项永久性工程（无论生产性或非生产性）第一次正式破土开槽开始施工的日期。公路、水库等需要进行大量土方、石方工程的，以开始进行土方、石方工程作为正式开工日期。

2）年度基本建设投资额

国家基本建设计划使用的投资额指标，是以货币形式表现的基本建设工作，是反映一定时期内基本建设规模的综合性指标。年度基本建设投资额是建设项目当年实际完成的工作量，包括用当年资金完成的工作量和动用库存的材料、设备等内部资源完成的工作量；财务拨款是当年基本建设项目实际货币支出。投资额是以构成工程实体为准，财务拨款是以资金拨付为准。

3）生产或开工准备

生产准备是生产性施工项目投产前所要进行的一项重要工作。它是基本建设程序中的重要环节，是衔接基本建设和生产的桥梁，是建设阶段转入生产经营的必要条件。开工准备是非生产性施工项目正式投入运营使用所要进行的工作。

（三）竣工验收阶段

1. 竣工验收的范围

根据国家规定，凡新建、改建、扩建的基本建设项目和技术改造项目（所有列入固定资产投资计划的建设项目或单项工程），已按国家批准的设计文件所规定的内容全部建成，工业项目经负荷试运转和试生产考核能够生产合格产品、形成生产能力的，非工业项目符合设计要求、能够正常使用，都应及时组织验收。

2. 竣工验收的依据

按国家现行规定，竣工验收的依据是经过上级审批机关批准的可行性研究报告、初步设计或扩大初步设计（技术设计）、施工图纸和说明、设备技术说明书、招标投标文件和工程承包合同、施工过程中的设计修改签证、现行的施工技术验收标准及规范以及主管部门有关审批、修改、调整文件等。

3. 竣工验收的准备

主要有 3 个方面的工作：一是整理技术资料；各有关单位（包括设计、施工单位）应将技术资料进行系统整理，由建设单位分类立卷，交生产单位或使用单位统一保管。技术资料主要包括土建方面、安装方面及各种有关的文件、合同和试生产的情况报告等。二是绘制竣工图纸，竣工图必须准确、完整、符合归档要求。三是编制竣工决算，建设单位必须及时清理所有财产、物资和未用完或应收回的资金，编制工程竣工决算，分析预（概）算执行情况，考核投资效益，报规定的财政部门审查。

竣工验收必须提供的资料文件。一般非生产项目的验收要提供以下文件资料：项目的审批文件、竣工验收申请报告、工程决算报告、工程质量检查报告、工程质量评估报告、工程质量监督报告、工程竣工财务决算批复、工程竣工审计报告、其他需要提供的资料。

4. 竣工验收的程序和组织

按国家现行规定，建设项目的验收根据项目的规模大小和复杂程度可分为初步验收和竣工验收两个阶段进行。规模较大、较复杂的建设项目应先进行初验，然后进行全部建设项目的竣工验收。规模较小、较简单的项目，可以一次进行全部项目的竣工验收。

建设项目全部完成，经过各单项工程的验收，符合设计要求并具备竣工图表、竣工决算、工程总结等必要文件资料，由项目主管部门或建设单位向负责验收的单位提出竣工验收申请报告。竣工验收的组织要根据建设项目的重要性、规模大小和隶属关系而定，大中型和限额以上基本建设和技术改造项目，由国家发展和改革委员会或由国家发展和改革委员会委托项目主管部门、地方政府部门组织验收，小型项目和限额以下基本建设和技术改造项目由项目主管部门和地方政府部门组织验收。竣工验收要根据工程的规模大小和复杂程度组成验收委员会或验收组。验收委员会或验收组负责审查工程建设的各个环节，听取各有关单位的工作总结汇报，审阅工程档案并实地查验建筑工程和设备安装，并对工程设计、施工和设备质量等方面做出全面评价。不合格的工程不予验收，对遗留问题提出具体解决意见，限期落实完成。最后经验收委员会或验收组一致通过，形成验收鉴定意见书。验收鉴定意见书由验收会议的组织单位印发各有关单位执行。

生产性项目的验收根据行业不同有不同的规定。工业、农业、林业、水利及其他特殊行业，要按照国家相关的法律、法规及规定执行。上述程序只是反映项目建设共同的规律性程序，不可能反映各行业的差异性。因此，在建设实践中，还要结合行业项目的特点和条件，有效地去贯彻执行基本建设程序。

（四）后评价阶段

建设项目后评价是工程项目在竣工投产、生产运营一段时间后，再对项目的立项决策、设计施工、竣工投产、生产运营等全过程进行系统评价的一种技术经济活动。通过建设项目后评价以达到肯定成绩、总结经验、研究问题、吸取教训、提出建议、改进工作、不断提高项目决策水平和投资效果的目的。

我国目前开展的建设项目后评价一般都按 3 个层次组织实施，即项目单位的自我评价、项目所在行业的评价和各级发展计划部门（或主要投资方）的评价。

第三节　石油工程的特点及分类

一、石油工程的特点

（一）建设规模浩大，投资规模巨大

石油天然气行业是一个高投入的行业，如西气东输一期工程仅施工费就一百多亿元，千万吨级的炼油厂投资需数百亿元。建设工程投资数额巨大的特点使它关系到国家、行业或地区的重大经济利益，对国计民生也会产生重大的影响。

（二）技术复杂、质量要求高、涉及的专业面广

石油行业工艺流程复杂，绝大多数流程是流体（液体和其他）流程，且具有高温、高压、易燃、易爆、生产连续性等特点，对管道的连接件法兰、阀门、管件的质量要求较高，涉及的专业众多，对电气、自控水平要求较高。

（三）工程分布广、地形复杂、施工条件恶劣

石油工程分布的范围很广，点多、线长、面广，且石油和天然气一般都存在于自然条件较为恶劣的地区，如高原、山区、沼泽、沙漠、戈壁等，施工条件恶劣。

（四）工艺管网多

由于流体流程多，造成工艺管道工程量大，不论从费用还是从工期角度来看，工艺管道工程工期长、用工多、费用高。净化厂装置的工艺管道每单位延长米中所含有的焊口量较高，而管道的工作量中 95% 以上是在焊口上。因此，当统计工程量时要重视阀门、管件、法兰等的数量，同时还要考虑

由于自动化水平的提高，管道上的流量孔板、调节阀、电磁阀以及压力、温度、液面、分析仪器的信号取源点，都将引起管道每单位延长米的焊口量的增加。

（五）超重超限设备多，分段、分片、现场组对设备多，工程难度大

近年来为了发挥投资效益，降低生产成本，装置的建设规模越来越大，致使设备的尺寸加大、器壁厚度加厚、重量增加，出现许多超重超限设备，单件设备重量500t的设备已不罕见。因规模的增大，装置的塔和储罐的长度、体积都很大，运输中受铁路弯道和涵洞的限制，超长的（大于20m）塔类设备需分段运输，直径超过3.8m的设备需分片运输。这些设备的运输、吊装、抱杆的组立和拆除以及在现场组对焊接安装的费用计算时必须给予充分的重视。

二、石油工程的分类

由于工程建设项目种类繁多，为了适应科学管理的需要，正确反映工程建设项目的性质、内容和规模，可从不同角度对工程建设项目进行分类。

（一）按建设性质划分

一般分为基本建设项目和更新改造项目。基本建设项目一般指在一个总体设计或初步设计范围内，由一个或几个单位工程组成，在经济上进行统一核算，行政上有独立组织形式，实行统一管理的建设单位。凡属于一个总体设计范围内分期分批进行建设的主体工程和附属配套工程、综合利用工程、供水供电工程等，均应作为一个工程建设项目，不能将其按地区或施工承包单位划分为若干个工程建设项目。此外，也不能将不属于一个总体设计范围内的工程，按各种方式归算为一个工程建设项目。

基本建设项目一般以新建、扩建等生产能力为目的，因此可分为新建项目、扩建项目、改建项目、迁建项目和恢复项目。

（1）新建项目指根据国民经济和社会发展的近远期规划，按照规定的程序立项，从无到有、"平地起家"的建设项目。

（2）扩建项目指现有企业、事业单位在原有场地内或其他地点，为扩大产品的生产能力或增加经济效益而增建的生产车间、独立的生产线或分厂的项目。事业和行政单位在原有业务系统的基础上扩充规模而进行的新增固定资产投资项目。

（3）改建项目指对企业、事业单位原有设施进行技术改造或固定资产更新辅助性生产项目和生活福利设施项目。通常以改进技术、增加产品品种、提高质量、治理"三废"、劳动安全、节约资源等为主要目的。改建项目包括挖潜工程、节能工程、安全工程、环境保护工程等。

（4）迁建项目指原有企业、事业单位根据自身生产经营和事业发展的要求，按照国家调整生产力布局的经济发展战略的需要或出于环境保护等其他特殊要求，搬迁到异地而建设的项目。

（5）恢复项目指原有企业、事业和行政单位，因在自然灾害或战争中使原有固定资产遭受全部或部分报废，需要进行投资重建来恢复生产能力和业务工作条件、生活福利设施等的建设项目。这类项目，不论是按原有规模恢复建设，还是在恢复过程中同时进行扩建，都属于恢复项目。但对尚未建成投产或交付使用的项目，受到破坏后，若仍按原设计重建的，原建设性质不变；如果按新设计重建，则根据新设计内容来确定其性质。

基本建设项目按其性质分为上述五类，一个基本建设项目只能有一种性质，在项目按总体设计全部建成以前，其建设性质是始终不变的。

（二）　按功能划分

按功能可划分为油气田、长距离输送管道、炼油化工、液化天然气、地下储气库、城市燃气、加油（气）站、油库、装备制造等建设项目。

（三）　按投资项目管理权限划分

中国石油天然气股份有限公司（以下简称股份公司）根据投资项目性质和规模，划分一类、二类、三类和四类项目，并按项目类别划分管理权限。

1. 一类项目

由股份公司常务会审批。其中紧急、保密性强的特殊海外项目，由股份公司主要领导组织有关领导和部门审批。一类项目包括：

（1）国内年产 100×10^4 t 及以上的新油田开发项目，国内年产 20×10^8 m^3 及以上的新气田开发项目；

（2）国内外新建炼油及扩建一次能力项目，新建乙烯及扩建乙烯能力项目，新建及扩建对二甲苯（PX）、对苯二甲酸（PTA）项目；

（3）国内新建跨省（自治区、直辖市）输油及输气干线管网项目，国内新建进口液化天然气接收、储运设施项目；

（4）股份公司投资 5 亿美元及以上的第二项以外的海外新建项目；

（5）股份公司投资 10 亿美元及以上的海外资产收购项目；

（6）其他须报股份公司常务会审批的项目。

2. 二类项目

二类项目由规划计划部或相关部门负责审查，股份公司领导审批。二类项目包括以下两种项目。

1）由规划计划部组织审查的项目

（1）需上报国家核准、备案的国内外投资项目；

（2）国内新申请勘查登记的勘探项目，煤层气、油页岩、生物质液体燃料等新能源开发新项目；

（3）国内投资1亿元及以上油气田产能地面建设之外的新建系统配套项目、油气储运项目、炼油化工及配套项目、销售网络及配套项目、安全环保隐患治理项目、节能减排项目、股份公司信息化建设项目、股份公司级重点实验室、中试基地和科研项目；

（4）海外投资3000万美元及以上销售网络及配套项目；

（5）投资5000万元及以上单台（套）非安装设备购置项目、股份公司级新技术推广项目；

（6）国内外油轮购置和更新项目；

（7）国内外办公、科研、培训用房等项目，小汽车购置项目，生产基地搬迁项目；

（8）上述各类项目中涉及有工程建设的股权投资项目；

（9）股份公司授权管理的其他建设项目。

2）由股份公司相关部门组织审查的项目

（1）财务部：国内资产收购项目资产评估；

（2）资本运营部：无工程建设的股权投资项目；

（3）科技管理部：投资1亿元以下股份公司级重点实验室、中试基地和科研项目，投资5000万元以下股份公司级新技术推广项目；

（4）信息管理部：投资1亿元以下股份公司信息化建设项目。

3. 三类项目

三类项目由专业分公司审批，包括：

（1）风险勘探项目、单井投资1亿元及以上钻井项目；

（2）国内年产$(20\sim100)\times10^4t$的新油田开发项目，国内年产$(5\sim20)\times10^8m^3$的新气田开发项目，油气开发现场试验专项项目，投资3000万元及以上生产支持性科研项目；

（3）国内投资3000万~1亿元的油气田产能地面建设之外的新建系统配

套项目、油气储运项目、炼油化工及配套项目、加油站及成品油销售配套项目、安全环保隐患治理项目、节能减排项目；

（4）国内投资 1 亿元以下成品油油库建设项目；

（5）投资 2000 万~5000 万元单台（套）非安装设备购置项目；

（6）除一类、二类以外的海外投资项目；

（7）除股份公司审批以外的有工程建设的股权投资项目；

（8）股份公司授权管理的其他项目。

4. 四类项目

四类项目由地区公司审批，包括：

（1）股份公司、专业分公司管理以外的油气田勘探开发项目；

（2）国内投资 3000 万元以下的油气储运项目、炼油化工及配套项目、加油站及成品油销售配套项目、安全环保隐患治理项目、节能减排项目、生产支持性科研项目；

（3）国内投资 2000 万元以下单台（套）非安装设备购置项目；

（4）股份公司及专业分公司授权管理的其他项目。

（四）投资体制改革后的核准制和备案制

1. 投资体制的改革

2004 年国务院下发了《关于投资体制改革的决定》（国发〔2004〕20号），概括地讲，《关于投资体制改革的决定》中新的举措主要体现在以下 4个方面：

（1）改企业投资项目的审批制为核准制和备案制。《关于投资体制改革的决定》要求，今后对企业不使用政府投资资金的建设项目，一律不再实行审批制，政府只对其中的重大项目和限制类项目进行核准，对其他项目实行备案制。

（2）合理界定了政府投资的职能。政府投资主要用于关系国家安全和市场不能有效配置资源的经济社会领域，用于加强公益性和公共基础设施建设、保护和改善生态环境、促进欠发达地区的经济社会发展、推进科技进步和高技术产业化。采取直接投资、资本金注入、投资补助、转贷和贷款贴息等方式，合理使用各类政府投资资金。对非经营性政府投资项目，加快推行代建制。

（3）完善投资宏观调控体系，改进调控方式。综合运用经济的、法律的和必要的行政手段，对全社会投资进行以间接调控方式为主的有效调控。

（4）完善对政府投资的监督管理，建立政府投资责任追究制度，健全政府投资制衡机制，建立政府投资项目后评估制度和社会监督机制；加强和改进对社会投资的监督管理，建立健全协同配合的企业投资监管体系，依法加强对企业投资活动的监督，建立企业投资诚信制度；加强对投资中介服务机构的监管，对咨询评估、招标代理等中介机构实行资质管理。

2. 核准制和审批制的区别

（1）适用的范围不同。

审批制只适用于政府投资项目和使用政府性资金的企业投资项目。

核准制则适用于企业不使用政府性资金投资建设的重大项目、限制类项目。

（2）审核的内容不同。

过去的审批制：政府既从社会管理者角度又从投资所有者的角度审核企业的投资项目。核准制：政府只是从社会和经济公共管理的角度审核企业的投资项目，审核内容主要是维护经济安全、合理开发利用资源、保护生态环境、优化重大布局、保障公共利益、防止出现垄断等方面，而不再代替投资者对项目的市场前景、经济效益、资金来源和产品技术方案等进行审核。

（3）审核的程序不同。

审批制一般要经过批准项目建议书、可行性研究报告和开工报告 3 个环节；而核准制只有项目申请报告一个环节。

3. 政府核准的投资项目

为进一步深化投资体制改革和行政审批制度改革，切实转变政府投资管理职能，使市场在资源配置中起决定性作用，确立企业投资主体地位，更好发挥政府作用，加强和改进宏观调控，发布了《政府核准的投资项目目录（2014 年版）》，该目录规定：

（1）液化石油气接收、存储设施（不含油气田、炼油厂的配套项目）：由省级政府核准。

（2）进口液化天然气接收、储运设施：新建（含异地扩建）项目由国务院行业管理部门核准，其中新建接收储运能力 $300 \times 10^4 t$ 及以上的项目报国务院备案。其余项目由省级政府核准。

（3）输油管网（不含油田集输管网）：跨境、跨省（自治区、直辖市）干线管网项目由国务院投资主管部门核准，其中跨境项目报国务院备案。其余项目由省级政府核准。

（4）输气管网（不含油气田集输管网）：跨境、跨省（自治区、直辖市）干线管网项目由国务院投资主管部门核准，其中跨境项目报国务院备案。其余项目由省级政府核准。

（5）炼油：新建炼油及扩建一次炼油项目由国务院投资主管部门核准，其中列入国务院批准的国家能源发展规划、石化产业规划布局方案的扩建项目由省级政府核准。

（6）变性燃料乙醇：由省级政府核准。

三、石油工程的层次划分

为了准确地表达工程内容和范围，以适应基本建设各方面管理工作的需要，国家统计部门统一规定将基本建设划分为建设项目、单项工程、单位工程和分部分项工程4个等级。

结合石油工业建设具体情况，油气田建设工程在建设项目和单项工程之间增加"项目工程"作为一个工程内容级别。长输油（气）管道以及炼油化工等建设工程仍然执行四级划分方法。

（一）建设项目

建设项目为基本建设项目的简称，是指在经济上实行统一核算，行政上有独立的组织形式并实行统一管理，编制和执行基层基本建设计划的单位。在一个总体设计或初步设计范围内，由若干单项工程所组成。一般以一个企业、事业单位或独立的工程作为一个建设项目。例如，石油基本建设中新建的油（气）田、长输油（气）管道、炼油厂和大中型规模的独立油品储库，都是建设项目。

（二）项目工程

项目工程为基本建设项目的组成部分，包括的工程内容范围介于建设项目与单项工程之间。项目工程专门适用于油（气）田建设工程，主要指的是以开发方案为依据划分的区块地面工程，油（气）田范围内的输油管道，天然气净化处理厂，$5 \times 10^4 kW$ 以上的大型自备电站，给排水、供电、通信系统工程，机修系统，电修厂，交通运输系统，矿区基地建设等。

（三）单项工程

单项工程为建设项目的组成部分，对于油（气）田建设来讲，则是项目工程的组成部分。一个单项工程一般有独立的设计文件（设计单元），建成后能够独立发挥生产能力和效益。

油（气）田建设区块地面工程中，原油集输、天然气集输、注水系统、供电系统、通信系统、道路工程、集油站、联合站、注水站、脱水转油站、油（气）集中处理站等，都是独立的单项工程。

长输管道建设项目工程中，首站，末站，各类中间站（如加热站、加压站、热泵站等），输油（气）管道，大型穿、跨越工程，通信，机修厂，基地建设，各为一个单项工程。

炼油厂基本建设项目中，常减压，催裂化，重整、加氢、焦化、沥青、叠合、白土、石蜡等各类独立的生产装置，原油、各类商品油罐区和中间灌区，全厂工艺管网，动力站，污水处理场，厂外供电，厂外供水，厂外输油，循环水场，全厂供电，全厂照明，全厂通信及广播，厂内专用电路，洗槽站，中心化验室，仓库，机修车，电修车，检修车间，行政管理区等，各为一个单项工程。

具有独立总体设计文件的居民区建设项目，每幢住宅、宿舍、学校、医院、剧院以及锅炉房等公共工程项目，各为一个单项工程。

（四）单位工程

单位工程为单项工程组成部分。按单项工程所包含的不同性质的工程内容，根据能否独立施工的要求，将一个单项工程划分成若干单位工程。工业项目的单位工程，既是设计单体，又是建设和施工管理的单体。

例如，民用建筑的土建、给排水、采暖、通风、照明各为一个单位工程，工业建设的单项工程中的土建工程、机电设备安装、工艺设备安装、工艺管道安装、给排水安装、采暖通风安装、电气安装、自控仪表安装等，各为一个单位工程。

（五）分部工程

分部工程为单位工程的组成部分，表明了建筑安装工程的结构情况和具体部位。以房屋建筑为例，按其结构可分为土方、基础、地面、墙体、楼板、门窗、屋面、钢筋混凝土、装饰等部分。例如，工艺管道安装内的管道安装、阀门安装、刷油、保温等各为一个分部工程的内容。

（六）分项工程

分项工程为分部工程的组成部分，是最基本的物理单位内容，即通常所指的工程实物量。例如，土方工程的挖地槽、挖地坑、回填土、运土以及管道安装和组对、焊接、无损检测、试压等。

第四节 设备与材料划分

凡是经过加工制造、由多种材料和部件按各自用途组成的具有功能、容量及能量传递或转换性能的机器、容器和其他机械以及其组成的成套装置等均为设备；设备分为标准设备和非标准设备。

标准设备：按国家规定的产品标准批量生产的、已进入设备系列的设备。

非标准设备：指国家未定型、使用量小、非批量生产、由设计单位提供制造图纸、委托承制单位或施工企业在工厂或施工现场加工制作的设备。

材料：为完成建筑、安装工程所需的经过工业加工的原料和在工艺安装生产过程中不起单元工艺安装生产作用的设备本体以外的零配件、附件、成品、半成品等均称为材料。

机械设备安装工程、静置设备安装工程等7个专业设备与材料划分如下。

一、机械设备安装工程

设备包括工业泵、风机、气体压缩机、制冷压缩机、气体分离及液化设备、干燥机、过滤机、光电分选机、电磁分选机、布袋除尘器、旋风除尘器、工业用水处理设备、水源水处理设备、废水处理设备、普通金属切削设备、数控及组合金属切削设备、机械压力机、液压机、锻机、剪板机、卷板机、各式抽油机、各式抽油泵、抽油杆、加药装置、润滑油循环装置、硫黄结片机、装袋机、捕集器、膨胀机、卧式净化离心机、再生吸附干燥器、浮选式喷射器、刮沫机、刮泥机、调节堰机、曝气机、防爆皮带输送机、防爆螺旋输送机、汽轮发电机、燃气轮发电机、内燃发电机组、天然气发电机组、手动卷扬机、手动梁式起重机、电动葫芦、电动梁式起重机、电梯、橡胶加工机械设备、产品成形包装设备、污水处理防治设备、固体废弃物处理设备、噪声震动控制设备、地衡、轨道衡等。

材料包括设备本体以外的行车轨道、滑触线、金属构件。不属于设备配套供货、由施工企业自行加工制作或委托加工制作的零部件。

二、静置设备安装工程

非标准设备包括管式换热器、板式换热器、回转式换热器、热管、蒸汽发生器、空气冷却器、各种工艺安装塔、反应器、反应釜、整体容器、分离器、缓冲器、冷却塔、工业用水箱、油冷却系统的油箱、酸碱储存槽等。随设备主体一起供货的配件、备件和梯子、平台、栏杆及阀门、法兰、管材管件。各种工艺安装设备首次性填料和各种化学药品，如各种催化剂、瓷环、钢环、塑料环、钢球、树脂、珠光砂、触媒、干燥剂等。

材料包括不属于设备配套供货、由施工企业自行加工制作或委托加工制作的平台、梯子、栏杆、支架、零部件及其他工艺金属构件。设备内由施工企业现场加工的衬里材料、填料（玻璃钢、塑料、橡胶板、瓷板、铝板、石墨板、铸石板等）。

三、炉类安装工程

非标准设备包括加热炉、转化炉、反应炉、工业锅炉、电站锅炉、废热锅炉、锅炉辅机、炉类循环水系统的旋转滤网、启闭装置的启闭机等。随设备供货的配件如反应器、换热器、炉门、烟道闸板、加煤装置、风机、吹灭器、点火器、油泵、缓冲器、过滤器、灭火器等。属于炉窑本体的金属铸件、加工件以及测温装置、仪器仪表、消烟装置、回收装置、除尘装置等。装置在炉窑中的成品炉管、电动机，鼓风机和炉窑转动、提升装置等；随炉供应已安装就位的金具、耐火衬里、炉体金属预埋件等。其他专业所包的设备不再重述。

材料包括设备内由施工企业现场加工的衬里材料、填料。循环水系统的钢板为闸门及拦污栅、启闭构架。现场制作安装的金属构件、钢平台、爬梯、栏杆、烟囱、吊支架、风管、炉管以及随炉砌筑时埋置的铸铁块、看火孔、窥视孔、人孔等各种成品埋件、挂钩等。各种管材管件、阀门、法兰、绝热防腐以及各种现场砌筑的材料、填料等。

四、管道安装工程

设备包括长距离输送管道工程，凡工程所用的构成长距离输送管道工程主体的防腐管段、管件（弯头、三通、冷弯管、绝缘接头）、清管器、收发球筒、机泵、加热炉、金属容器等。电动阀、气动阀、滑阀、安全阀、直径大于等于300mm的其他阀、所有引进阀、阀门驱动执行机构。其他专业所包括的设备不再重述。

材料包括管道安装所消耗的配件及现场制作的金属结构。其他管材和阀门、管件、配件、弹簧支吊架及金属结构。

五、采暖、通风、给排水及消防安装工程

设备包括消防泵、泡沫灭火设备、报警器、消防车辆等。其他专业所包括的设备不再重述。

材料包括各种管材、阀门管件、支架、栓类、民用水表、卫生器具、现场加工的各种水箱、喷嘴、曝气头、钢板闸门、拦污格栅、污水池内各种现场制作安装的非标准钢制件以及各种防腐绝缘材料等。

六、电气安装工程

设备包括磁力启动器、减压启动器、控制继电器、保护继电器、智能继电器、免维护酸铅蓄电池、日用制冷电器、日用空气调节器、电动机、变压器、互感器、电抗器、电力整流装置及整流器、电容器、冲击电压发生器、各类高压开关柜、高压负荷开关、高压隔离开关、高压多油断路器、高压少油断路器、高压六氟化断路器、各类低压开关柜（屏）、不间断电源装置、电解槽、电镀槽、继电器保护装置、变频器等。

材料包括各种电线、电缆、母线、管材及其管配件型钢、桥架、支吊架、槽盒、立柱、托臂、灯具及其开关、控制按钮、信号灯、荧光灯、灯座插头、蜂鸣器、P型开关、保险器、接线盒、熔断器、各种绝缘子、金具、电线杆、铁塔、杆上避雷器、各种避雷针、各种小型装在墙上的照明配电箱、电源插座箱、0.5kVA照明变压器、电扇、电铃等小型电器。

七、自控仪表、通信安装工程

设备包括计算机设备、存储设备、输入输出设备、终端设备、计算机网络设备、计算机操作和支撑及应用软件、视频制作和播控设备、石油产品分

析仪器、实验室专用仪器、温度仪表、压力仪表、流量仪表、物位仪表、机械量仪表、显示仪表、记录仪表、变送仪表、积算仪、给定器、转换器、巡回检测仪、执行机构、调节阀、仪表盘（柜、箱）及操作台、电子测量仪器、光学仪器、分析仪器、无线电通信设备、移动通信（网）设备、微波接力通信系统设备、卫星通信设备、载波通信系统设备、光纤通信设备、电话通信设备、传真通信设备、数字通信设备、通信专用仪器仪表等。

材料包括仪表、设备连接的测量管、气源和气信号连接用的管线、穿线管、保温伴热管等。连接管（缆）材及相应的阀门（不包括调节阀）管件、电缆桥架、各种支架、固定安装仪表盘箱用的钢材以及仪表加工件等。随管线同时组合安装的一次仪表、元件（包括就地安装的温度计、压力表）、配件等。通信铁塔、通信杆及附件、钢木横担、金具、各种线路（钢线、铜线、铝线、钢绞线、电信电缆线）、电缆挂钩、挂带瓷瓶、人手孔铁盖圈及附件、电缆桥架、各种材质电话管道、胶木绝缘板、插头、插座、信号灯、荧光灯、防爆灯、手灯、端子板、开关、按钮、按键、型钢等。

第五节 设备购置费用的构成

一、国产设备购置费的构成和计算

设备购置费是指为建设工程购置或自制的达到固定资产标准的设备的费用。所谓固定资产标准，是指使用年限在一年以上，单位价值在国家或各主管部门规定的限额以上。新建项目和扩建项目的新建车间购置或自制的全部设备，不论是否达到固定资产标准，均计入设备购置费中。设备购置费包括设备原价和设备运杂费，即：

$$设备购置费=设备原价+设备运杂费$$

上式中，设备原价系指国产标准设备、非标准设备的原价。设备运杂费系指设备原价中未包括的包装和包装材料费、运输费、装卸费、采购费及仓库保管费、供销部门手续费等。如果设备是由设备成套公司供应的，成套公司的服务费也应计入设备运杂费之中。

二、国产标准设备原价

国产标准设备是指按照主管部门颁布的标准图纸和技术要求，由设备生产厂批量生产的，符合国家质量检测标准的设备。国产标准设备原价一般指的是设备制造厂的交货价，即出厂价。如设备由设备成套公司供应，则以订货合同价为设备原价。有的设备有两种出厂价，即带有备件的出厂价和不带有备件的出厂价。在计算设备原价时，一般按带有备件的出厂价计算。

三、国产非标准设备原价

非标准设备是指国家尚无定型标准，各设备生产厂不可能在工艺过程中采用批量生产，只能按一次订货，并根据具体的设备图纸制造的设备。非标准设备原价有多种不同的计算方法，如成本计算估价法、系列设备插入估价法、分部组合估价法、定额估价法等。但无论哪种方法都应该使非标准设备计价的准确度接近实际出厂价，并且计算方法要简便。成本计算估价法是一种比较常用的估算非标准设备原价的方法。按成本计算估价法，非标准设备的原价由以下各项组成：

（1）材料费计算公式如下：

材料费=材料净重×（1+加工损耗系数）×每吨材料综合价

（2）加工费包括生产工人工资和工资附加费、燃料动力费、设备折旧费、车间经费等。其计算公式如下：

加工费=设备总重量（吨）×设备每吨加工费

（3）辅助材料费（简称辅材费）包括焊条、焊丝、氧气、氩气、氮气、油漆、电石等费用。其计算公式如下：

辅助材料费=设备总重量×辅助材料费指标

（4）专用工具费按第一至第三项之和乘以一定百分比计算。

（5）废品损失费按第一至第四项之和乘以一定百分比计算。

（6）外购配套件费按设备设计图纸所列的外购配套件的名称、型号、规格、数量、重量，根据相应的价格加运杂费计算。

（7）包装费按以上第一至第六项之和乘以一定百分比计算。

(8) 利润可按第一至第五项加第七项之和乘以一定利润率计算。

(9) 税金主要指增值税。计算公式为：

$$当期销项税额＝销售额×适用增值税率（％）$$
$$（销售额为第一至第八项之和）$$

(10) 非标准设备设计费按国家规定的设计费收费标准计算。

综上所述，单台非标准设备原价可用下面的公式表达：

$$单台非标准设备原价＝材料费+加工费+辅助材料费$$
$$+专用工具费+废品损失费+外购配套件费$$
$$+包装费+利润+税金+非标准设备设计费$$

【例1-1】某工厂采购一台国产非标准设备，制造厂生产该台设备所用材料费40万元，加工费4万元，辅助材料费8000元。专用工具费率1.5%，废品损失费率10%，外购配套件费5万元，包装费率1%，利润率为7%，增值税率为17%，非标准设备设计费2万元，求该国产非标准设备的原价。

解：专用工具费＝（40+4+0.8）×1.5%＝0.672万元

废品损失费＝（40+4+0.8+0.672）×10%＝4.547万元

包装费＝（44.8+0.672+4.547+5）×1%＝0.550万元

利润＝（44.8+0.672+4.547+0.55）×7%＝3.540万元

销项税额＝（44.8+0.672+4.547+5+0.55+3.540）×17%＝10.049万元

该国产非标设备的原价＝44.8+0.672+4.547+0.550+3.540+10.049+2+5＝71.158万元

四、设备运杂费

(一) 设备运杂费的构成

设备运杂费通常由下列各项构成：

(1) 国产标准设备由设备制造厂交货地点起至工地仓库（或施工组织设计指定的需要安装设备的堆放地点）止所发生的运费和装卸费。

(2) 在设备出厂价格中没有包含的设备包装和包装材料器具费；在设备出厂价中如已包括了此项费用，则不应重复计算。

(3) 供销部门的手续费，按有关部门规定的统一费率计算。

(4) 建设单位（或工程承包公司）的采购与仓库保管费，是指采购、验收、保管和收发设备所发生的各种费用，包括设备采购、保管和管理人员工资，工资附加费、办公费、差旅交通费，设备供应部门办公和仓库所占固定资产使用费、工具用具使用费、劳动保护费、检验试验费等。这些费用可按主管部门规定的采购保管费率计算。

（二）设备运杂费的计算

设备运杂费按设备原价乘以设备运杂费率计算。其计算公式为：

$$设备运杂费 = 设备原价 \times 设备运杂费率$$

设备运杂费率按本章第七节相关费率计取。

第六节　石油建设安装工程费用的构成

一、石油建设安装工程费用项目的组成

根据石油建设工程的特点，石油建设安装工程费由直接费、间接费、利润和税金等部分组成（图1-6-1）。

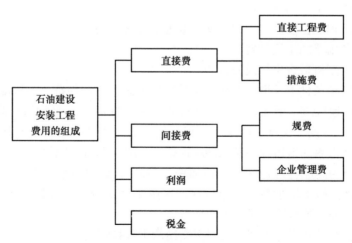

图1-6-1　石油建设安装工程费用的组成图

（一）直接费

由直接工程费和措施费组成。

1. 直接工程费

指施工过程中耗费的构成工程实体的各项费用，内容包括：

（1）人工费。

（2）材料费。

（3）施工机械使用费。

2. 措施费

指为完成工程项目施工，发生于该工程施工前和施工过程中非工程实体项目的费用，包括：

（1）健康安全环境施工保护费，包括文明施工费、施工环境保护费用、职工健康和安全施工费用。

（2）临时设施费，指施工企业为进行安装工程施工所必须搭设的生活和生产用的临时建筑物、构筑物和其他临时设施费用等。

临时设施包括临时宿舍、文化福利及公用事业房屋与构筑物，仓库、办公室、加工厂以及规定范围内道路、水、电、管线等临时设施和小型临时设施。临时设施费用包括临时设施的搭设、维修、拆除或摊销费。

（3）夜间施工费。

（4）二次搬运费。

（5）生产工具用具使用费。

（6）工程定位复测、工程点交、场地清理等费用。

（7）冬雨季施工增加费。

（8）大型机械进出场及安拆费。

（9）特定条件下计取的费用，包括特殊地区施工增加费、工程排污费。

①特殊地区施工增加费指石油建设安装工程在高原（平均海拔高度2000米及以上）、沙漠、戈壁、沼泽（常年有积水的泥沼地和常年屯水地带）、水田、滩海（沿海陆地边缘受潮水冲刷地带）、山区、丘陵等特殊地区施工增加的费用。分为高原特殊地区施工增加费、沙漠特殊地区施工增加费、沼泽与水田特殊地区施工增加费、戈壁特殊地区施工增加费、滩海特殊地区施工增加费、山区和丘陵特殊地区施工增加费。

②工程排污费指施工现场按规定缴纳的工程排污费。

（二）间接费

由规费和企业管理费组成。

1. 规费

指政府和有关权力部门规定必须缴纳的费用（简称规费）。内容包括：

（1）社会保障费。

①养老保险费：指施工企业按规定标准为职工缴纳的基本养老保险费。

②失业保险费：指施工企业按照国家规定标准为职工缴纳的失业保险费。

③医疗保险费：指施工企业按照规定标准为职工缴纳的医疗保险费。

④工伤保险费：指施工企业按照规定标准为职工缴纳的工伤保险费。

（2）住房公积金：指施工企业按规定标准为职工缴纳的住房公积金。

2. 企业管理费

具体含义详见表1-6-1相关内容。

（三）利润

指施工企业完成所承包工程获得的盈利。

（四）税金

指国家税法规定的应计入安装工程造价内的税金。

石油建设安装工程费用项目组成见表1-6-1。

表1-6-1 石油建设安装工程费用项目组成

安装工程费	直接费	直接工程费	（1）人工费	
			（2）材料费	
			（3）施工机械使用费	
		措施费	（1）健康安全环境施工保护费	①文明施工费
				②施工环境保护费
				③职工健康和安全施工费
			（2）临时设施费	
			（3）夜间施工费	
			（4）二次搬运费	
			（5）生产工具用具使用费	
			（6）工程定位复测、工程点交、场地清理等费用	
			（7）冬雨季施工增加费	
			（8）大型机械进出场及安拆费	
			（9）特定条件下计取的费用	①特殊地区施工增加费
				②工程排污费

安装工程费	间接费	规费	(1) 社会保障费	①养老保险费
				②失业保险费
				③医疗保险费
				④工伤保险费
			(2) 住房公积金	
		企业管理费	(1) 管理人员工资	
			(2) 办公费	
			(3) 差旅交通费	
			(4) 固定资产使用费	
			(5) 工具用具使用费	
			(6) 劳动保险费	
			(7) 工会经费	
			(8) 职工教育经费	
			(9) 财产保险费	
			(10) 财务费	
			(11) 税金	
			(12) 其他	
	利润			
	税金			

二、石油建设安装工程费用项目的计算

（一）安装工程费率标准

根据石油工程建设的具体情况，安装工程费用定额划分为3项费率标准：

（1）站场工程费率标准适用于油气田站内工程、长距离输送管道站场工程、液化天然气站库工程、地下储气库站场工程、油库工程、加油（气）站工程。

（2）输送管道工程费率标准适用于长距离输送管道工程（含阀室）、油气田输送管道工程、液化天然气输送管道工程、地下储气库输送管道工程。

（3）炼油化工工程费率标准适用于炼油化工工程、气田天然气集中处理工程。

石油建设安装工程费用标准及其计算程序表见表1-6-2。

表1-6-2 石油建设安装工程费用标准及其计算程序表

序号	费用项目名称	取费基数及计算公式	费率（%）			备注
			站场工程	输送管道工程	炼油化工工程	
一	直接费					
（一）	直接工程费					（1）以六类地区人工工日单价44.50元作为取费基数。
1	人工费					
2	材料费					
3	施工机械使用费					（2）本费率为Ⅱ类工程取费标准，Ⅰ类工程调整系数为1.08，Ⅲ类工程调整系数为0.86。
（二）	措施费					
4	健康安全环境施工保护费		9.5	11.5	9.5	
5	临时设施费		6.9	14.4	6.9	（3）高类别地区取费按六类地区费率标准乘以表1-6-4调整系数。
6	夜间施工增加费		2.0	3.8	2.0	
7	二次搬运费	人工工日单价×费率	0.7	1.2	0.7	（4）如表1-6-3、表1-6-4系数同时存在时，系数应连乘
8	生产工具用具使用费		1.7	2.9	1.7	
9	工程定位复测、工程点交、场地清理等费用		0.3	1.4	0.3	
10	冬雨季施工增加费		3.9	6.6	3.9	
11	大型机械进出场及安拆费					由甲乙双方协商确定
12	特定条件下计取的费用					
12.1	特殊地区施工增加费	（一+三）×费率				
12.2	工程排污费					按工程所在地省（自治区、直辖市）政府规定计取
二	间接费					
（一）	规费					
13	社会保障费、住房公积金	一×费率	37.0	47.2	37.7	
（二）	企业管理费					

序号	费用项目名称	取费基数及计算公式	费率（%）			备注
			站场工程	输送管道工程	炼油化工工程	
14	企业管理费（距企业基地≤25km）	一×费率	69.6	88.6	70.9	
15	企业管理费（25km＜距企业基地≤250km）		71.0	91.8	72.4	
16	企业管理费（250km＜距企业基地≤1000km）		72.5	95.0	73.8	
17	企业管理费（距企业基地＞1000km）		75.8	99.8	77.2	
三	利润	一×费率	25	30	25	
四	税金	（一+二+三）×费率				按规定计取

（二）工程类别取费等级划分

根据石油建设安装工程的特点，按工程类别等级取费方法如下：

（1）石油建设安装工程根据工程规模、技术难易、质量标准、施工条件及工期长短等综合划分为3个等级。

（2）为了保证石油建设工程质量，在取费等级计算上实行工程类别和企业资质等级相结合，高级别的施工企业可以承担低类别工程的施工任务，不允许低级别的施工企业承担高类别工程的施工任务。

（3）安装工程费用定额以Ⅱ类工程费率为基准，Ⅰ、Ⅲ两类工程按Ⅱ类工程费率乘系数调整。

石油建设安装工程类别取费调整系数见表1-6-3。

表1-6-3　石油建设安装工程类别取费调整系数表

类别	工程名称	取费调整系数
Ⅰ类	$\geq 50 \times 10^4 t/a$ 的联合站 $\geq 100 \times 10^4 m^3/d$ 的气体处理装置 $\geq 100km$ 且公称直径$\geq 500mm$ 的输送管道工程 $\geq 100m$ 的管道跨越工程 $\geq 150m$ 的管道穿越工程 炼油化工生产装置	1.08

类别	工程名称	取费调整系数
Ⅱ类	介于Ⅰ、Ⅲ类工程之间的所有工程	1.00
Ⅲ类	油（气）井口、计量站、加油站、加气站 单井拉油装置 井口至计量站的低压集油、气管线 单独施工的10kV以下（含10kV）输电线路工程 给排水管网及采暖工程	0.86

（三）高类别地区取费调整

高类别地区在计取各项费用（不包括特殊地区施工增加费、大型机械进出场及安拆费、工程定额测定费、利润、税金）按六类地区标准（表1-6-2）乘以调整系数（表1-6-4）计算。

表1-6-4　高类别地区取费调整系数表

高类别地区	站场工程输送管道工程	炼油化工工程
甘肃省庆阳地区、兰州市	1.04	1.02
内蒙古自治区	1.05	1.03
宁夏回族自治区、陕北地区	1.06	1.03
甘肃省玉门地区	1.08	1.04
新疆维吾尔自治区（不含塔里木地区）	1.12	1.06
新疆维吾尔自治区塔里木地区	1.18	1.09
青海省海西蒙古族藏族自治州地区	1.20	1.10

（四）计算的有关规定

1. 计取措施费的规定

（1）按工程综合计取包干使用的措施费的费用项目有：健康安全环境施工保护费、临时设施费、夜间施工费、二次搬运费、生产工具用具使用费、工程定位复测、工程点交、场地清理和冬雨季施工增加费等。

（2）大型机械进出场及安拆费由甲乙双方协商确定。

（3）特殊地区施工增加费。结合石油工程建设的具体情况，考虑到在下列特殊地区施工时人工、机械的降效因素，按下列规定计取特殊地区施工增加费：

①以直接工程费中的人工费和施工机械使用费之和作为计取本项费用的基数。

②各特殊地区计取的系数规定如下：高原特殊地区施工增加费分为两挡，平均海拔高度在2000m及以上至2500m：16%；平均海拔高度在2500m及以上：22%；沙漠：15%；沼泽与水田地区（指常年有积水的泥沼地、常年屯水地带及水田）：13%；戈壁地区：8%；滩海地区（指沿海陆地边缘受潮水冲刷的地带）：12%；山区及丘陵地区：6%。

③上述系数除高原地区以外，均不得累加计算。

④特殊地区施工增加费不作为计取各项费用基础，只计取税金。

⑤炼油化工工程只能计取高原特殊地区施工增加费，其他特殊地区施工增加费不能计取。

（4）工程排污费按工程所在地（省、自治区、直辖市）政府规定计取。

2. 计取间接费的规定

（1）规费：

①工程定额测定费一律按Ⅱ类工程计取，不再乘以表1-6-3、表1-6-4中的调整系数。

②社会保障费、住房公积金一律按Ⅱ类工程计取，只能乘以表1-6-4中的调整系数，不再乘以表1-6-3中的调整系数。

③规费为不可竞争费用，工程所在地政府（省、自治区、直辖市）如有新的规费项目需报本定额管理部门批准后方可调整。

（2）企业管理费：

该项费用中包括远地施工增加费的内容，不包括施工队伍调遣费，并按工程所在地距离企业基地的不同里程划分为4个费率标准。

3. 利润

以直接工程费中人工费为计算基数，按工程综合计取。

4. 税金

按国家有关规定计取。

5. 特殊取费规定

非石油施工企业和企业内部非石油专业安装队伍承担石油建设安装工程人工单价和取费，由各企业根据具体情况在低于本标准的前提下制定补充办法，报上级主管部门备案。

（五）人工工日单价

1. 人工工日单价的确定

（1）人工工日单价是根据中国石油企业工资标准确定的，人工工日单价不分工种以综合单价形式表现。石油建设安装工程人工工日单价见表1-6-5。

（2）定额六类地区人工工日单价为44.5元，是计算各项费用的基数。

（3）高类别地区的石油建设安装工程人工工日单价根据各企业的工资标准制定的，计取各项费用的基数按44.5元/工日乘以高类别地区取费调整系数（表1-6-4）。高类别地区人工单价与六类地区人工单价的价差只计取税金，不作为计取其他工程费用的基数。

表1-6-5　石油工程建设各地区人工工日单价表

序号	地区名称	人工工日单价（元）
一	六类地区	44.50
二	高类别地区	
1	甘肃省庆阳地区、兰州市	47.55
2	内蒙古自治区、宁夏回族自治区、陕北地区	49.20
3	甘肃省玉门地区	53.58
4	新疆维吾尔自治区乌鲁木齐市	56.70
5	新疆维吾尔自治区克拉玛依、吐哈等	61.31
6	新疆维吾尔自治区塔里木地区	62.54
7	青海省海西蒙古族藏族自治州地区	65.98

2. 人工工日单价的调整

（1）石油建设安装工程的人工工日单价实行动态管理，由中国石油天然气集团公司（以下简称集团公司）工程技术服务定额编制领导小组根据国家和集团公司工资制度改革等文件规定组织对人工工日单价进行测算，做出调整，报请集团公司批准后执行。

（2）表1-6-5以外其他地区由中国石油投资的建设项目，其定额人工工日单价由中国石油定额管理部门确定。

三、长距离输送管道土石方工程费用项目的计算

（一）取费标准

长距离输送管道土石方工程取费分为人工土石方工程和机械土石方工程，

取费规定详见表1-6-6。

表1-6-6　管道土石方工程取费标准表

序号	费用名称	人工土石方		机械土石方	
		取费基数及计算式	费率标准（%）	取费基数及计算式	费率标准（%）
1	一 直接工程费				
2	（一）基本直接费				
3	1 人工费				
4	2 材料费				
5	3 施工机械使用费				
6	4 主材费				
7	（二）其他直接费	人工费×费率	6	直接费×费率	2.6
8	（三）现场经费	人工费×费率	17	直接费×费率	7.6
9	二 间 接 费	人工费×费率	19	直接费×费率	8.2
10	三 计划利润	人工费×费率	10	直接费×费率	4.6
11	四 不取费项目				
12	五 税金	（一+二+三+四）×税率		（一+二+三+四）×税率	
13	六 工程造价	一+二+三+四+五		一+二+三+四+五	

（二）人工工日单价

人工单价按六类地区综合取定为20.27元/工日，并作为取费基数。高类别地区与六类地区人工工日单价的差额只计取税金并列入工程造价，但不作为计取其他费用的基数（表1-6-7）。

表1-6-7　高类别地区长距离输送管道土石方工程人工工日单价综合取定表

地区名称	人工工日单价（元）	地区名称	人工工日单价（元）
庆阳地区	21.28	玉门地区	22.30
宁夏地区	21.28	吐哈、准东、克拉玛依、库尔勒	23.11
榆林、延安地区	21.89	青海省	24.73
锡林郭勒盟	21.89	塔中地区	25.33

第七节 石油建设工程其他费用和相关费用的组成与计算

一、石油建设工程其他费用和相关费用的组成

工程建设其他费用是指从工程筹建到工程竣工验收交付使用的整个建设期间，除建筑安装工程费用和设备及工具器具购置费用以外的，为保证工程建设顺利完成和交付使用后能够正常发挥效用而发生的各项费用。其他费用包括建设用地费和赔偿费、前期工作费、建设管理费、专项评价及验收费、研究试验费、勘察设计费、场地准备费和临时设施费、引进技术和进口设备材料其他费、工程保险费、联合试运转费、特殊设备安全监督检验标定费、超限设备运输特殊措施费、施工队伍调遣费、专利及专有技术使用费及生产准备费等。

相关费用包括应列入工程费用中几项费用、预备费和应列入总投资中的几项费用。

应列入工程费用中的几项费用包括施工单位健康安全环境管理增加费、国内设备运杂费、国内主材运杂费、进口设备材料国内运杂费、绿化费和进口设备材料从属费用。预备费包括基本预备费和价差预备费。应列入总投资中的几项费用包括建设期利息、固定资产投资方向调节税和铺底流动资金和其他应列入费用。具体组成见图1-7-1。

二、石油建设工程其他费用

（一）建设用地费和赔偿费

1. 建设用地费

1）费用内容

建设用地费是指按照《中华人民共和国土地管理法》等规定，建设项目使用土地应支付的费用，分为取得土地使用权缴纳的费用和临时用地费两部分。国有土地使用权取得方式分为出让方式和划拨方式。建设单位为取得土

石油工程造价管理

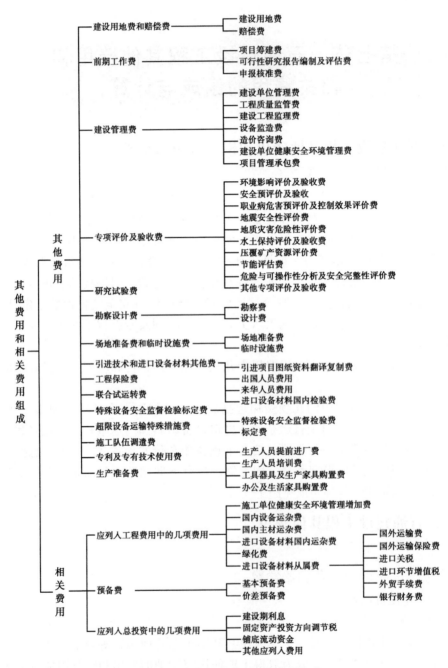

建设用地费和赔偿费 ── 建设用地费
                  └─ 赔偿费

前期工作费 ── 项目筹建费
          ├─ 可行性研究报告编制及评估费
          └─ 申报核准费

建设管理费 ── 建设单位管理费
          ├─ 工程质量监管费
          ├─ 建设工程监理费
          ├─ 设备监造费
          ├─ 造价咨询费
          ├─ 建设单位健康安全环境管理费
          └─ 项目管理承包费

专项评价及验收费 ── 环境影响评价及验收费
              ├─ 安全预评价及验收
              ├─ 职业病危害预评价及控制效果评价费
              ├─ 地震安全性评价费
              ├─ 地质灾害危险性评价费
              ├─ 水土保持评价及验收费
              ├─ 压覆矿产资源评价费
              ├─ 节能评估费
              ├─ 危险与可操作性分析及安全完整性评价费
              └─ 其他专项评价及验收费

研究试验费

勘察设计费 ── 勘察费
          └─ 设计费

场地准备费和临时设施费 ── 场地准备费
                    └─ 临时设施费

引进技术和进口设备材料其他费 ── 引进项目图纸资料翻译复制费
工程保险费   ├─ 出国人员费用
联合试运转费   ├─ 来华人员费用
                        └─ 进口设备材料国内检验费

特殊设备安全监督检验标定费 ── 特殊设备安全监督检验费
超限设备运输特殊措施费   └─ 标定费
施工队伍调遣费
专利及专有技术使用费

生产准备费 ── 生产人员提前进厂费
          ├─ 生产人员培训费
          ├─ 工具器具及生产家具购置费
          └─ 办公及生活家具购置费

应列入工程费用中的几项费用 ── 施工单位健康安全环境管理增加费
                        ├─ 国内设备运杂费
                        ├─ 国内主材运杂费
                        ├─ 进口设备材料国内运杂费
                        ├─ 绿化费
                        └─ 进口设备材料从属费 ── 国外运输费
                                            ├─ 国外运输保险费
                                            ├─ 进口关税
                                            ├─ 进口环节增值税
                                            ├─ 外贸手续费
                                            └─ 银行财务费

预备费 ── 基本预备费
       └─ 价差预备费

应列入总投资中的几项费用 ── 建设期利息
                      ├─ 固定资产投资方向调节税
                      ├─ 铺底流动资金
                      └─ 其他应列入费用

其他费用和相关费用组成
其他费用 ── 其他费用
相关费用

图 1-7-1 其他费用和相关费用组成

地使用权缴纳的费用包括土地使用权出让金等土地有偿使用费（划拨方式不缴纳）和其他费用。其他费用是指土地补偿费、安置补助费、征用耕地复垦费、土地上的附着物和青苗补偿费、土地预审登记及征地管理费、征用耕地按规定一次性缴纳的耕地占用税、征用城镇土地在建设期间按规定每年缴纳的城镇土地使用税、征用城市郊区菜地按规定缴纳的新菜地开发建设基金、契税等各项费用。临时用地费包括施工临时占地补偿费、租赁等费用。

2）计算方法

建设单位为取得土地使用权缴纳的费用和临时用地费用，根据建设用地面积，按照建设项目所在省（自治区、直辖市）人民政府有关规定计算。建设用地上的建（构）筑物如需迁建，其迁建补偿费应按迁建补偿协议计列或按新建同类工程造价计算。建设用地上的建（构）筑物如需建设单位自行拆除的，其拆除清理费在"场地准备费和临时设施费"中计算。

2. 赔偿费

1）费用内容

赔偿费是指对铁路、公路、管道、通信、电力、河道、水利、林区、保护区、矿区等相关设施或相关部门的赔偿费用。

2）计算方法

赔偿费按照国家和建设项目所在省（自治区、直辖市）人民政府有关规定计算。没有规定的可按相关协议计算。

（二）前期工作费

前期工作费包括项目筹建费、可行性研究报告编制及评估费和申报核准费。

1. 项目筹建费

1）费用内容

项目筹建费是指没有地区公司可依托的、新建的大型或特大型项目从筹备到可行性研究报告批复时为止，项目筹建单位所发生的费用，包括工作人员人工费（工资、奖金、津贴、补贴和职工福利费等）、社会保障费（养老保险费、医疗保险费、失业保险费、工伤保险费、生育保险费、住房公积金等）、工会经费、职工教育经费、差旅交通费、工具用具使用费、交通工具购置使用费、通信费、零星固定资产购置费、办公设备及用品购置费、技术图书资料费、固定资产使用费、会议及业务招待费、合同契约公证费、调研及公关费、法律顾问费、咨询费以及筹建期间办公及生活设施租赁费等。

2）计算方法

项目筹建费根据《中国石油天然气股份有限公司石油建设工程项目前期工作费用标准（试行）》中的项目经理部管理费标准和相关规定计算。有地区公司依托的建设项目一般不计取项目筹建费。

2. 可行性研究报告编制及评估费

1）费用内容

可行性研究报告编制及评估费是指在建设项目前期工作中，编制预可行性研究和可行性研究报告的费用以及评估的费用。

2）计算方法

可行性研究报告编制及评估费按照《建设项目工作咨询收费暂行规定》（计投资〔1999〕1283号）以及《关于实施<建设项目前期工作咨询收费暂行规定>的意见》有关规定计算。

3. 申报核准费

1）费用内容

申报核准费是根据《国务院关于投资体制改革的决定》（国发〔2004〕20号）的有关规定，需报国务院和省级投资主管部门核准的建设项目，编制项目申请报告费用以及为取得各项核准文件所发生的核准资料附件获取费。

2）计算方法

项目申请报告编制费按照《关于实施<建设项目前期工作咨询收费暂行规定>的意见》有关规定计算。报国务院和省级投资主管部门备案的建设项目不计取此项费用。核准资料附件获取费是指为了项目核准，需要取得相关资料和核准报告附件所发生的费用。除长输管道建设项目计算此项费用外，其他建设项目原则上不计取此项费用。

（三）建设管理费

建设管理费包括建设单位管理费、工程质量监管费、建设工程监理费、设备监造费、造价咨询费、建设单位健康安全环境管理费和项目管理承包费。

1. 建设管理费

1）费用内容

建设单位管理费是指建设单位从可行性研究报告批复时至交付生产为止发生的管理性质的开支以及由于竣工验收而发生的管理费用。包括建设单位管理工作人员人工费（工资、奖金、津贴、补贴和职工福利费等）、社会保障费（养老保险费、医疗保险费、失业保险费、工伤保险费、生育保险费、住房公积金等）、工会经费、职工教育经费、差旅交通费、工具用具使用费、交通工具购置使用费、通信费、零星固定资产购置费、办公设备及用品购置费、技术图书资料费、固定资产使用费、会议及业务招待费、设计审查费、工程招标费、咨询费、合同契约公证费、法律顾问费、竣工验收费（不包括环境、安全、职业卫生、水土保持等专项的验收费用）、生产工人招聘费、印花税及其他管理性质的开支。

2）计算方法

建设单位管理费=工程费用×建设单位管理费费率，建设单位管理费按表1-7-1费率采用直线内插法计算，同时考虑下列因素调整：建设项目中有进口设备材料的，按其货价的50%调整工程费用；不设置独立项目管理机构或由常设的工程建设管理部门代管的建设项目，按费率的40%计算。

表 1-7-1　建设单位管理费费率表

工程费用（万元）	费率（%）
500 及以下（≥80）	2.6
2000	2.2
5000	2.0
10000	1.8
30000	1.5
50000	1.25
100000	1.0
200000	0.9
500000	0.85
1000000 及以上	0.8

注：工程费用 80 万元以下的建设项目，建设单位管理费按不大于 2 万元计算。

2. 工程质量监管费

1）费用内容

工程质量监管费是指集团公司内的工程质量监督机构接受委派，按照相关法律、法规异地承担所属地区公司外建设项目的质量监察、督导等管理工作所收取的费用。

2）计算方法

工程质量监管费=工程费用×工程质量监管费费率，工程质量监管费按表1-7-2费率采用直线内插法计算。

表 1-7-2　工程质量监督费费率表

工程费用（万元）	费率（%）
10000 及以下	0.2
200000	0.12
500000	0.1
1000000 及以上	0.07

【例 1-2】某净化厂工程费用 20833 万元，求该项目的建设单位管理费。

解：（1）首先根据工程费用和表 1-7-1 费率采用直线内插法计算费率：

1.8%-（1.8%-1.5%）×（20833-10000）÷（30000-10000）=1.638%

（2）建设单位管理费=工程费用×建设单位管理费费率

= 20833×1.638%

= 341.24 万元

3. 建设工程监理费

1）费用内容

建设工程监理费是指为提供建设项目施工阶段的质量、进度、费用控制管理和安全生产监督管理、合同、信息等方面协调管理服务，以及勘察、设计、保修等阶段的相关工程服务所需的费用，包括工程监理、环境监理、水土保持监理等。

2）计算方法

建设工程监理费按照国家发展和改革委员会、建设部《建设工程监理与相关服务收费管理规定》（发改价格〔2007〕670 号）以及《关于实施<建设工程监理与相关服务收费管理规定>的意见》有关规定计算。

4. 设备监造费

1）费用内容

设备监造费是指按照法律、法规和标准对产品制造过程的质量实施监督服务所发生的费用。

2）计算方法

设备监造费=需监造的设备出厂价×设备监造费费率。设备监造费费率为 0.4%~0.9%。油气输送管监造费=需监造的管段重量×监造费指标，监造费指标（含防腐）为 22 元/t。需监造设备范围执行《中国石油天然气集团公司产品驻厂监造管理规定》（质字〔2007〕12 号）。

5. 造价咨询费

1) 费用内容

造价咨询费是指无地区公司依托的新建特大型或大型建设项目，由于项目建设单位的造价管理力量不能满足项目建设需要时，经集团公司投资主管部门批准，委托第三方造价咨询单位在建设项目中从事清单和预算文件编制、费用控制、竣工决算等工程造价管理所发生的费用。未经集团公司投资主管部门批准不得计列该项费用。

2) 计算方法

$$造价咨询费 = 设计费 \times 造价咨询费费率$$

造价咨询费费率：油气田和长输管道建设项目按不大于 6% 计算；炼油化工建设项目按不大于 3.5% 计算。

6. 建设单位健康安全环境管理费

1) 费用内容

建设单位健康安全环境（英文缩称 HSE：Health，Safety，Environment）管理费是指建设单位按照健康安全环境管理规定要求进行管理所发生的费用。包括由建设单位组织的健康安全环境管理入场培训；建设单位人员劳动保护防护用品费用（劳保服装、特殊防护用品等）；建设单位配置的健康安全环境管理设备、设施（标识、专栏）费用，现场医疗站费用以及由建设单位负责的工地安保等费用。

2) 计算方法

建设单位健康安全环境管理费 = 建设单位管理费 × 建设单位健康安全环境管理费费率。建设单位健康安全环境管理费费率为 5%~8%。

7. 项目管理承包费

1) 费用内容

项目管理承包（英文缩称 PMC：Project Management Contract）费是指项目业主委托工程公司或咨询公司在业主的授权下对项目全过程进行管理，并承担对 EPC 总承包商的管理和监督等项目管理的费用。

2) 计算方法

项目管理承包费根据管理方式和承包范围按照《关于加强石油建设工程项目管理承包及工程总承包工作的通知》规定计算。不发生时不计取。

(四) 专项评价及验收费

专项评价及验收费包括环境影响评价及验收费、安全预评价及验收费、职业病危害预评价及控制效果评价费、地震安全性评价费、地质灾害危险性评价费、水土保持评价及验收费、压覆矿产资源评价费、节能评估费、危险与可操作性分析及安全完整性评价费以及其他专项评价及验收费。

1. 环境影响评价及验收费

1）费用内容

环境影响评价及验收费是指为全面、详细评价建设项目对环境可能产生的污染或造成的重大影响，而编制环境影响报告书（含大纲）、环境影响报告表和评估等所需的费用，以及在竣工验收阶段环境保护验收调查和环境监测、编制环境保护验收报告的费用。

2）计算方法

环境影响评价费按照原国家计委、国家环境保护总局《关于规范环境影响咨询收费有关问题的通知》（计价格〔2002〕125号）规定计算。

验收费：油气田及长输管道建设项目按环境影响评价费的0.8~1.1倍计算，炼油化工、油库、加油（气）站和其他建设项目按环境影响评价费的0.6~1倍计算。

2. 安全预评价及验收费

1）费用内容

安全预评价及验收费是指为预测和分析建设项目存在的危害因素种类和危险危害程度，提出先进、科学、合理可行的安全技术和管理对策，编制评价大纲、编写安全评价报告书和评估等所需的费用，以及在竣工阶段验收时所发生的费用。

2）计算方法

安全预评价及验收费按照建设项目所在省（自治区、直辖市）人民政府有关规定计算。没有具体收费规定的，执行以下标准：长输管道建设项目按表1-7-3的计费标准采用直线内插法计算，油气田、炼油化工、油库、加油（气）站建设项目按表1-7-4的计费标准采用直线内插法计算。不需安全预评价的建设项目不计取此项费用。

表1-7-3　安全预评价及验收费计费标准表（长输管道）

序号	管线长度（km）	计费标准	备注
1	500以内	40万~105万元	含500km
2	500~1000	2100~1600元/km	含1000km
3	1000~3000	1600~1200元/km	含3000km
4	3000以上	不大于1200元/km	

表 1-7-4　安全预评价及验收费计费标准表

[油气田、炼油化工、油库、加油（气）站]

序号	工程费用	计费标准	备注
1	0.3 亿元以内	不大于 10 万元	含 0.3 亿元
2	0.3 亿~1 亿元	10 万~20 万元	含 1 亿元
3	1 亿~2 亿元以内	20 万~55 万元	含 2 亿元
4	2 亿~10 亿元	55 万~110 万元	含 10 亿元
5	10 亿~50 亿元	110 万~230 万元	含 50 亿元
6	50 亿~100 亿元以内	230 万~340 万元	含 100 亿元

注：工程费用大于 100 亿元的建设项目，按超出工程费用的 0.12‰增加评价及验收费用。

3. 职业病危害预评价及控制效果评价费

1）费用内容

职业病危害预评价及控制效果评价费是指建设项目因为可能产生职业病危害，而编制职业病危害预评价书、职业病危害控制效果评价书和评估所需的费用。

2）计算方法

职业病危害预评价及控制效果评价费按两种计费标准分别计算。长输管道建设项目按表 1-7-5 计费标准采用直线内插法计算，油气田、炼油化工、油库、加油（气）站建设项目按表 1-7-6 计费标准采用直线内插法计算。不需职业病危害预评价和控制效果评价的建设项目不计取此项费用。

表 1-7-5　职业病危害预评价及控制效果评价费计费标准表（长输管道）

序号	管线长度（km）	计费标准	备注
1	500 以内	40 万~90 万元	含 500km
2	500~1000	1800~1400 元/km	含 1000km
3	1000~3000	1400~900 元/km	含 3000km
4	3000 以上	不大于 900 元/km	

表 1-7-6　职业病危害预评价及控制效果评价费计费标准表

（油气田、炼油化工、油库、加油（气）站）

序号	工程费用	计费标准	备注
1	0.3 亿元以内	不大于 8 万元	含 0.3 亿元
2	0.3 亿~1 亿元	8 万~15 万元	含 1 亿元

序号	工程费用	计费标准	备注
3	1亿~2亿元	15万~25万元	含2亿元
4	2亿~10亿元	25万~50万元	含10亿元
5	10亿~50亿元	50万~100万元	含50亿元
6	50亿~100亿元以内	100万~200万元	含100亿元

注：工程费用大于100亿元的建设项目，按超出工程费用的0.007%增加评价费用。

4. 地震安全性评价费

1) 费用内容

地震安全性评价费是指通过对建设场地和场地周围的地震活动与地震、地质环境的分析，而进行的地震活动环境评价、地震地质构造评价、地震地质灾害评价，编制地震安全评价报告书和评估所需的费用。

2) 计算方法

地震安全性评价费按两种计费标准分别计算。长输管道建设项目按表1-7-7计费标准采用直线内插法计算，油气田、炼油化工、油库建设项目按表1-7-8计费标准采用直线内插法计算。不需地震安全性评价的建设项目不计取此项费用。

表1-7-7 地震安全性评价费计费标准表（长输管道）

序号	管线长度（km）	计费标准	备注
1	500以内	20万~60万元	含500km
2	500~1000	1200~1000元/km	含1000km
3	1000~3000	1000~800元/km	含3000km
4	3000以上	不大于800元/km	

表1-7-8 地震安全性评价费计费标准表（油气田、炼油化工、油库）

序号	工程费用	计费标准	备注
1	5亿元以内	不大于10万元	含5亿元
2	5亿~10亿元	10万~20万元	含10亿元
3	10亿~50亿元	20万~40万元	含50亿元
4	50亿~100亿元	40万~80万元	含100亿元
5	100亿元以上	不大于100万元	

5. 地质灾害危险性评价费

1）费用内容

地质灾害危险性评价费是指在灾害易发区对建设项目可能诱发的地质灾害和建设项目本身可能遭受的地质灾害危险程度的预测评价，编制评价报告书和评估所需的费用。

2）计算方法

地质灾害危险性评价费按长输管道建设项目和油气田、炼油化工、油库建设项目两种计费标准分别计算。长输管道建设项目按表 1-7-9 计费标准采用直线内插法计算，油气田、炼油化工、油库建设项目按表 1-7-10 计费标准采用直线内插法计算。不在灾害易发区的建设项目不计取此项费用。

表 1-7-9　地质灾害危险性评价费计费标准表（长输管道）

序号	管线长度（km）	计费标准	备注
1	500 以内	10 万~80 万元	含 500km
2	500~3000	1300~1550 元/km	含 3000km
3	3000 以上	不大于 1300 元/km	

表 1-7-10　地质灾害危险性评价费计费标准表（油气田、炼油化工、油库）

序号	工程费用	计费标准	备注
1	1 亿元以内	不大于 10 万元	含 1 亿元
2	1 亿~2 亿元	10 万~15 万元	含 2 亿元
3	2 亿~10 亿元	15 万~20 万元	含 10 亿元
4	10 亿~50 亿元	20 万~25 万元	含 50 亿元
5	50 亿~100 亿元	25 万~30 万元	含 100 亿元
6	100 亿元以上	不大于 50 万元	

6. 水土保持评价及验收费

1）费用内容

水土保持评价及验收费是指对建设项目在生产建设过程中可能造成水土流失进行预测，编制水土保持方案和评估所需的费用以及在施工期间的监测、竣工阶段验收时所发生的费用。

2）计算方法

水土保持评价及验收费按长输管道建设项目和油气田、炼油化工建设项目两种计费标准分别计算。长输管道建设项目按表1-7-11计费标准采用直线内插法计算，油气田、炼油化工建设项目按表1-7-12计费标准采用直线内插法计算。不需水土保持评价的建设项目不计取此项费用。

表1-7-11 水土保持评价及验收费计费标准表（长输管道）

序号	管线长度（km）	计费标准	备注
1	500 以内	40 万~160 万元	含 500km
2	500~1000	2650~3200 元/km	含 1000km
3	1000~3000	2100~2650 元/km	含 3000km
4	3000 以上	不大于 2100 元/km	

表1-7-12 水土保持评价及验收费计费标准表（油气田、炼油化工）

序号	工程费用	计费标准	备注
1	0.3 亿元以内	不大于 5 万元	含 0.3 亿元
2	0.3 亿~1 亿元	5 万~15 万元	含 1 亿元
3	1 亿~2 亿元	15 万~35 万元	含 2 亿元
4	2 亿~10 亿元	35 万~80 万元	含 10 亿元
5	10 亿~50 亿元	80 万~110 万元	含 50 亿元
6	50 亿~100 亿元	110 万~150 万元	含 100 亿元
7	100 亿元以上	不大于 180 万元	

7. 压覆矿产资源评价费

1）费用内容

压覆矿产资源评价费是指对需要压覆重要矿产资源的建设项目，编制压覆重要矿床评价和评估所需的费用。

2）计算方法

压覆矿产资源评价费按长输管道建设项目和油气田、炼油化工建设项目两种计费标准分别计算。长输管道建设项目按表1-7-13计费标准采用直线内插法计算，油气田、炼油化工建设按照国家、集团公司以及建设项目所在省（自治区、直辖市）人民政府有关规定执行。不压覆重要矿产资源的建设项目不计取此项费用。

表 1-7-13　压覆矿产资源评价费计费标准表（长输管道）

序号	管线长度（km）	计费标准	备注
1	500 以内	20 万~50 万元	含 500km
2	500~1000	900~1000 元/km	含 1000km
3	1000~3000	550~900 元/km	含 3000km
4	3000 以上	不大于 550 元/km	

8. 节能评估费

1）费用内容

节能评估费是指对建设项目的能源利用是否科学合理进行分析评估，编制节能评估报告以及评估所发生的费用。

2）计算方法

节能评估费按表 1-7-14 计费标准采用直线内插法计算。不需节能评估的建设项目不计取此项费用。

表 1-7-14　节能评估费计费标准表

序号	工程费用	计费标准	备注
1	2 亿元以内	≤10 万元	含 2 亿元
2	2 亿~10 亿元	10 万~20 万元	含 10 亿元
3	10 亿~50 亿元	20 万~50 万元	含 50 亿元
4	50 亿~100 亿元	50 万~70 万元	

注：工程费用在 100 亿元以上的，按不大于工程费用的 0.007% 计算。

9. 危险与可操作性分析及安全完整性评价费

1）费用内容

危险与可操作性分析（英文缩称 HAZOP）及安全完整性评价（英文缩称 SIL）费是指对应用于油气集输、油气处理、炼化生产、油气储运等具有流程性工艺特征的新建、改建、扩建项目进行工艺危害分析和对安全仪表系统的设置水平及可靠性进行定量评估所发生的费用。

2）计算方法

危险与操作性分析及安全完整性评价费，根据建设项目的不同按表 1-7-15 计费标准采用直线内插法计算。不需危险与操作性分析及安全完整性评价的建设项目不计取此项费用。

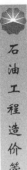

表 1-7-15　危险与操作性分析及安全完整性评价费计费标准表

序号	建设投资	计费标准		备注
		长输管道建设项目	油气田、炼油化工、油库、加油(气)站建设项目	
1	2 亿元以内	≤18 万元	≤20 万元	含 2 亿元
2	2 亿~10 亿元	18 万~60 万元	20 万~75 万元	含 10 亿元
3	10 亿~20 亿元	60 万~80 万元	75 万~100 万元	含 20 亿元

注：投资总额在 20 亿元以上的，长输管道建设项目按不大于建设投资额的 0.04%，油气田、炼油化工建设项目按不大于建设投资额的 0.05%计算。

10. 其他专项评价及验收费

1）费用内容

其他专项评价及验收费是指除以上 9 项评价及验收费外，根据国家法律法规、集团公司以及建设项目所在省（自治区、直辖市）人民政府有关规定，需进行其他专项评价、评估、咨询和验收（如重大投资项目社会稳定风险评估、防洪评价等）所需的费用。

2）计算方法

其他专项评价及验收费按照国家、集团公司以及建设项目所在省（自治区、直辖市）人民政府有关规定计算。

（五）研究试验费

1. 费用内容

研究试验费是指为建设项目提供和验证设计参数、数据、资料等进行必要的研究和试验以及设计规定在施工中必须进行试验、验证所需要费用。包括自行或委托其他部门的专题研究、试验所需人工费、材料费、试验设备及仪器使用费等。不包括应由科技三项费用（即新产品试制费、中间试验费和重要科学研究补助费）开支的费用和应在建筑安装费中列支的施工企业对建筑材料、构件和建筑物进行一般鉴定、检查所发生的费用，以及应由勘察设计费或工程费用中开支的费用。

2. 计算方法

研究试验费按照设计提出的需要研究试验内容和要求计算。

（六）勘察设计费

勘察设计费包括勘察费和设计费。

1. 勘察费

1) 费用内容

勘察费是指为建设项目完成勘察作业，编制工程勘察文件和岩土工程设计文件等所需的费用。

2) 计算方法

勘察费按照原国家计委、建设部《关于发布（工程勘察设计收费管理规定）的通知》（计价格〔2002〕10 号）有关规定计算。

2. 设计费

1) 费用内容

设计费是指为建设项目提供初步设计文件、施工图设计文件、非标准设备设计文件、施工图预算文件、竣工图文件、设备采购技术服务等所需的费用。

2) 计算方法

设计费按照原国家计委、建设部《关于发布（工程勘察设计收费管理规定）的通知》（计价格〔2002〕10 号）以及《关于实施<工程勘察设计收费管理规定>的意见》有关规定计算。

（七）场地准备费和临时设施费

1. 场地准备费

1) 费用内容

场地准备费是指建设项目为达到工程开工条件所发生的、未列入工程费用的场地平整以及对建设场地余留的有碍于施工建设的设施进行拆除清理的费用。

2) 计算方法

场地平整费一般不计列，如有特殊情况需计列的，应按建设项目所在省（自治区、直辖市）颁发的定额及相关规定计算；拆除清理费根据现场实际情况按表 1-7-16 费率计算。

表 1-7-16 拆除清理费费率表

序号	项目名称	费率（%）	计算式
1	一般砖木结构，混合结构的建筑工程	10	工程费×费率
2	混凝土及钢筋混凝土结构	20	工程费×费率
3	金属结构	22	直接工程费×费率
4	工艺管道	20	直接工程费×费率

序号	项目名称	费率（%）	计算式
5	机电设备及装置	15	直接工程费×费率
6	电气设备及装置	22	直接工程费×费率
7	输电线路及通信线路	32	直接工程费×费率
8	工业锅炉及炉墙	32	直接工程费×费率
9	容器（不包括储罐）	20	直接工程费×费率

注：（1）工程费是指工程所在地新建同类工程的建筑工程费。

（2）直接工程费是指按概算指标计算的安装费（不包括主材费）。

（3）金属结构、工艺管道和容器的拆除清理费只能在搬迁利旧的情况下计算，即拆除的金属结构、工艺管道和容器仍用于同一建设项目。非搬迁利旧拆除原则上不考虑拆除清理费用。

（4）拆除清理费中不包括运距超过 5km 的渣土外运费用。

2. 临时设施费

1）费用内容

临时设施费是指建设单位为满足施工建设需要而提供到场地界区的未列入工程费用的临时水、电、路、通信、气等工程和临时仓库、办公、生活等建（构）筑物的建设、维修、拆除、摊销费用或租赁费用，以及铁路、码头租赁等费用。临时设施工程应尽量与永久性工程统一考虑。

2）计算方法

临时设施费＝工程费用×临时设施费费率

临时设施费费率：油气田新区建设项目为 0.4%～0.6%，老区改扩建项目原则上不计取此项费用；炼油化工、油库、加油（气）站和其他能建设项目的新建项目为 0.2%～0.4%，改扩建原则上不计取此项费用；长输管道新建项目为 0.2%～0.4%，改扩建项目原则上不计取此项费用。

（八）引进技术和进口设备材料其他费

引进技术和进口设备材料其他费包括引进项目图纸资料翻译复制费、出国人员费用、来华人员费用、进口设备材料国内检验费。

1. 引进项目图纸资料翻译复制费

1）费用内容

引进项目图纸资料翻译复制费是指对标准、规范、图纸、操作规程、技术文件等资料的翻译、复制费用。

2）计算方法

引进项目图纸资料翻译复制费根据引进项目的具体情况计算。

2. 出国人员费用

1）费用内容

出国人员费用是指因出国设计联络、出国考察、技术交流等所发生的差旅费、生活费等。

2）计算方法

出国人员费用根据合同或协议规定的出国人次、期限以及相应的费用标准计算。境外住宿费、伙食费、公杂费按照集团公司规定的现行标准计算，旅费按国内出发地至目的地的票价计算。

3. 来华人员费用

1）费用内容

来华人员费用是指外国来华工程技术人员往返现场交通、现场接待服务等费用。

2）计算方法

来华人员费用根据合同或协议有关条款及来华技术人员派遣计划进行计算。

4. 进口设备材料国内检验费

1）费用内容

进口设备材料国内检验费是指进口设备材料根据国家有关文件规定的检验项目进行检验所发生的费用。

2）计算方法

进口设备材料国内检验费＝进口设备材料到岸价（CIF）×人民币外汇牌价（中间价）×进口设备材料国内检验费费率

进口设备材料国内检验费费率为0.4%。

（九）工程保险费

1. 费用内容

工程保险费是指建设项目在建设期间根据需要对建筑工程、安装工程及机器设备和人身安全进行投保而发生的保险费用，包括建筑安装工程一切险、进口设备财产保险和人身意外伤害险等。

2. 计算方法

$$工程保险费＝工程费用×工程保险费费率$$

根据集团公司工程保险有关规定选择投保险种，工程保险费费率不大于0.3%。不投保的建设项目不计取此项费用。

（十）联合试运转费

1. 费用内容

联合试运转费是指建设项目在交付生产前按照批准的设计文件所规定的工程质量标准和技术要求，进行整个生产线或装置的负荷联合试运转或局部联动试车所发生的净支出费用（试运转支出大于收入的差额部分费用）。试运转支出包括试运转所需材料、燃料及动力消耗、低值易耗品、其他物料消耗、机械使用费、联合试运转人员工资、施工单位参加试运转人员人工费、专家指导费以及必要的工业炉烘炉费。不包括由安装工程费项下开支的调试费及试车费用。

2. 计算方法

联合试运转费＝（建筑工程费＋安装工程费）×联合试运转费费率

联合试运转费费率：

（1）油气田、长输管道、液化天然气和地下储气库建设项目为0.5%。

（2）炼油化工、油库、加油（气）站以及其他建设项目（液化天然气和地下储气库建设项目除外）原则上不计取此项费用，由投料试车和生产考核期间产品销售收入补偿。在收入不能弥补支出情况下，可适当延长试运期，直到收支相抵为止。个别新工艺、新产品项目联合试运转发生的费用大于收入的差额，不能通过适当延长试运期弥补的，由建设单位组织编制投料试车计划和预算，经投资主管部门审定后列入设计概算。

（十一）特殊设备安全监督检验标定费

特殊设备安全监督检验标定费包括特殊设备安全监督检验费和标定费。

1. 特殊设备安全监督检验费

1）费用内容

特殊设备安全监督检验是指对在施工现场安装的列入国家特种设备检验检测和监督检查范围的锅炉及压力容器、消防设备、燃气设备、起重设备、电梯、安全阀等特殊设备和设施进行安全检验、检测所发生的费用。

2）计算方法

锅炉及压力容器安全监督检验费原则上按受检设备安装费的3%计取。压力管道安装不计取该项费用。其他设备安全监督检验费按受检设备的设备费1%计算。

2. 标定费

1）费用内容

标定费是指列入国家和集团公司计量标定范围的计量器具，进行计量标定所发生的费用。

2）计算方法

标定费根据国家或所在省（自治区、直辖市）人民政府有关规定计算。不发生时不计取此项费用。

（十二）超限设备运输特殊措施费

1. 费用内容

超限设备运输特殊措施费是指当设备质量、尺寸超过铁路、公路等交通部门所规定的限度，在运输过程中需进行路面处理、桥涵加固、铁路设施改造或造成正常交通中断进行补偿所发生的费用。

2. 计算方法

超限设备运输特殊措施费根据超限设备运输方案计算。

（十三）施工队伍调遣费

1. 费用内容

施工队伍调遣费是指施工企业因建设任务的需要，由已竣工的建设项目所在地或企业驻地调往新的建设项目所在地所发生的费用，包括调遣期间职工的差旅费、职工工资以及施工机械设备（不包括特大型吊装机械）、工具用具、生活设施、周转材料运输费和调遣期间施工机械的停滞台班费等。不包括应由施工企业自行负担的、在规定距离范围内调动施工力量以及内部平衡施工力量所发生的调遣费用。

2. 计算方法

施工队调遣费=（建筑工程费+安装工程费）×施工队伍调遣费费率

根据建设项目所在地的地理位置，施工队伍调遣费费率为 0.4%~0.75%。

（十四）专利及专有技术使用费

1. 费用内容

专利及专有技术使用费包括国外工艺包费、设计及技术资料费、有效专利使用费、专有技术使用费、技术保密费和技术服务费等；国内有效专利、专有技术使用费；商标权、商誉和特许经营权费等。

2. 计算方法

专利及专有技术使用费按专利使用许可协议或专有技术使用合同规定计算，凡合同规定在生产期支付的专利或专有技术使用费应在生产成本中核算。

国外工艺包费、设计及技术资料费、有效专利使用费和专有技术使用费、技术保密费和技术服务费还需另行计算外贸手续费和银行财务费两项费用。

（十五）生产准备费

生产准备费包括生产人员提前进厂费、生产人员培训费、工具器具及生产家具购置费和办公及生活家具购置费。

1. 生产人员提前进厂费

1）费用内容

生产人员提前进厂费是指生产单位人员为熟悉工艺流程、设备性能、生产管理等，提前进厂参与工艺设备、电气、仪表安装调试等生产准备工作而发生的人工费和社会保障费用。

2）计算方法

提前进厂费=新增设计定员（人）×提前进厂指标［元/（人·年）×提前进厂期（年）］

提前进厂指标为38000元/（人·年）。提前进厂期油气田、油库、加油（气）站建设项目一般为6个月，长输管道建设项目一般为6个月，炼油化工建设项目一般为1年。

2. 生产人员培训费

1）费用内容

生产人员培训费是指生产人员的培训费和学习资料费，以及异地培训发生的住宿费、伙食补助费、交通费等。

2）计算方法

生产人员培训费=新增设计定员×培训费指标

无地区公司依托的建设项目培训费指标：油气田建设项目为6000元/人；长输管道建设项目为7000元/人；炼油化工和液化天然气建设项目为14000元/人。有地区公司依托的建设项目培训费指标：油气田、油库、加油（气）站建设项目为3100元/人；长输管道建设项目为4100元/人；炼油化工和液化天然气建设项目为6100元/人。

3. 工具器具及生产家具购置费

1）费用内容

工具器具及生产家具购置费是指为保证建设项目初期正常生产所必须购置的第一套不够固定资产标准的设备、仪器、工卡模具、器具等费用。

2）计算方法

工具器具及生产家具购置费=新增设计定员×工具器具及生产家具购置费指标

工具器具及生产家具购置费指标为2000元/人。

4. 办公及生活家具购置费

1）费用内容

办公及生活家具购置费是指为保证建设项目初期正常生产（或营业、使用）所必须购置的生产、办公、生活家具用具等费用。

2）计算方法

办公及生活家具购置费=新增设计定员×办公及生活家具购置费指标

办公及生活家具购置费指标为 4000 元/人。

三、相关费用

石油建设工程相关费用包括应列入工程费用中的几项费用、预备费和应列入总投资中的几项费用。

应列入工程费用中的几项费用包括施工单位健康安全环境管理增加费、国内设备运杂费、国内主材运杂费、进口设备材料国内运杂费、绿化费和进口设备材料从属费用。预备费包括基本预备费和价差预备费。应列入总投资中的几项费用包括建设期利息、固定资产投资方向调节税、铺底流动资金和其他应列入费用。

（一）应列入工程费用中的几项费用

1. 施工单位健康安全环境管理增加费

1）费用内容

施工单位健康安全环境管理增加费是指施工单位根据集团公司有关健康安全环境管理规定，在石油建设安装工程施工过程中，为达到规定的标准而增加的有关管理费用、脚手架搭拆和使用等措施费用，以及超出《石油建设安装工程费用定额》标准规定的健康安全环境施工保护费和临时设施费。

2）计算方法

施工单位健康安全环境管理增加费=安装工程费（不含主材费）×施工单位健康安全环境管理增加费费率。

施工单位健康安全环境管理增加费费率：油气田、油库、加油（气）站建设项目为1.8%；长输管道建设项目为1.3%；炼油化工建设项目为3.5%。

2. 国内设备运杂费

1）费用内容

国内设备运杂费是指从国内制造厂家运至施工现场所发生的运输费、装卸费、包装费、采购管理费（含采购代理费）、保管费、港口建设费、运输保险费等。不包括超限设备运输特殊措施费。

2）计算方法

国内设备（长输管道管段除外）运杂费＝设备出厂价

×国内设备运杂费费率

国内设备运杂费按表1-7-17费率计算。

表1-7-17　国内设备运杂费费率表

类别	工程所在地区	运杂费费率（%）
一	吉林、辽宁、河北、山东、江苏、浙江、安徽、北京、天津、上海、河南、黑龙江	4
二	山西、陕西、湖北、江西、湖南、福建、广东、四川、重庆	5
三	甘肃（玉门以东不含玉门）、宁夏、广西、贵州、内蒙古	6
四	青海、甘肃（玉门以西含玉门）、海南、云南、新疆	7.5
六	西藏	10

长输管道管段运杂费按从钢管制造厂至中转库的运输实际情况计算。

3. 国内主材运杂费

1）费用内容

国内主材运杂费是指安装工程中主材从国内制造厂家或供货地点运至施工现场或油气田企业的中心仓库所发生的运输费、装卸费、包装费、采购管理费（含采购代理费）、保管费、港口建设费、运输保险费等。

2）计算方法

国内主材运杂费＝主材出厂价×国内主材运杂费费率

国内主材运杂费按表1-7-18费率计算。

表1-7-18　国内主材运杂费费率表

类别	工程所在地区	运杂费费率（%）
一	吉林、辽宁、河北、山东、江苏、浙江、安徽、北京、天津、上海、河南、黑龙江、山西、陕西、湖北、江西、湖南、福建、广东、四川、重庆	5.5
二	甘肃（玉门以东不含玉门）、宁夏、广西、贵州、内蒙古	6.5
三	青海、甘肃（玉门以西含玉门）、海南、云南、新疆	8
四	西藏	10.5

注：油气田企业中心仓库至施工现场的短运费发生时另计。

4. 进口设备材料国内运杂费

1) 费用内容

进口设备材料国内运杂费是指从合同确定的我国到岸港口或我国接壤的陆地交货地点至施工现场所发生运输费、装卸费、包装费、采购管理费、保管费、运输保险费以及在港口所发生的费用等。不包括超限设备运输特殊措施费。

2) 计算方法

进口设备材料国内运杂费＝进口设备材料到岸价（CIF）×人民币外汇牌价（中间价）×进口设备材料国内运杂费费率

进口设备材料国内运杂费按表 1-7-19 费率计算。

表 1-7-19　进口设备材料国内运杂费费率表

类别	工程所在地区	运杂费费率（%）
一	上海、天津、青岛、烟台、大连、汕头、秦皇岛、连云港、南京、南通、温州、宁波、广州、湛江、北海、营口、海口、梧州等沿海港口城市以及陆地交货地点	1.5
二	北京、河北、山东、江苏、辽宁、吉林、广东、福建、广西、浙江、海南	2
三	湖南、湖北、河南、陕西、江西、山西、安徽、黑龙江、内蒙古	2.5
四	重庆、云南、四川、贵州、宁夏、甘肃	3
五	青海、新疆	3.5
六	西藏	4

5. 绿化费

1) 费用内容

绿化费是指新建、改扩建项目按照设计在竣工验收前，进行种植树木、草皮等绿化所需的费用。

2) 计算方法

$$绿化费＝绿化面积×绿化费用指标$$

绿化费指标为 50 元/m^2。

6. 进口设备材料从属费用

参照第七章第三节相关内容。

（二）预备费

预备费包括基本预备费和价差预备费。

1. 基本预备费

基本预备费是指在预可行性研究阶段、可行性研究阶段或初步设计阶段难以预料的工程费用和其他费用。基本预备费内容包括：

（1）在项目实施中可能增加的工程和费用。

（2）一般自然灾害所造成损失和预防自然灾害所采取的措施费用。

（3）竣工验收时为鉴定工程质量对隐蔽工程进行必要挖掘和修复的费用。

2. 计算方法

基本预备费＝（工程费用＋其他费用）×基本预备费费率

石油建设项目基本预备费费率见表1-7-20。

表1-7-20　基本预备费费率表

序号	建设项目	项目建议书或预可行性研究阶段	可行性研究阶段	初步设计阶段
一	项目人民币部分			
1	油气田和地下储气库	10%~12%	8%~10%	6%~7%
2	长输管道	10%~12%	8%~10%	4%~5%
3	炼油化工和液化天然气	10%~12%	8%~10%	5%~6%
4	其他建设项目（地下储气库和液化天然气建设项目除外）	10%~12%	8%~10%	4%~5%
二	项目外汇部分	4%~6%	2%~4%	0~1%

注：项目外汇部分包括进口设备材料的货价和从属费用，不包括国外专利及专有技术使用费。

【例1-3】某油气田工程费用20833万元，其中，引进设备的货价为401.91万美元，汇率为6.7，引进设备折合人民币（含从属费用）3482.70万元；其他费用7281.5万元，其中引进国外工艺包费221.04万美元，出国人员费用20.90万美元，基本预备费人民币部分和外汇部分的费率分别为7%和1%，求该项目的基本预备费。

解：基本预备费＝（工程费用＋其他费用）×费率，项目人民币部分和外币部分分别按不同的费率计算。项目外汇部分包括进口设备材料的货价和从属费用，不包括国外专利及专有技术使用费。

（1）本项目基本预备费（人民币部分）＝（工程费用＋其他费用－引进设

备材料的货价及从属费–国外专利和专有技术使用费–出国人员费用）×费率

= ［20833+7281.5–3482.7–（221.04+20.9）×6.7］×7%=1610.76（万元）

（2）本项目基本预备费（外汇部分）=（引进设备材料的货价及从属费+出国人员费用）

= （3482.70+20.9×6.7）×1%=36.23 万元

（3）预备费=基本预备费（人民币部分）+基本预备费（外汇部分）

= 1610.76 万元+36.23 万元

=1646.99 万元

3. 价差预备费

1）费用内容

价差预备费是指建设期内由于人工、设备、材料、机械等价格上涨以及政策调整、费率、利率、汇率变化等引起工程造价变化的预留费用。

2）计算方法

$$P = \sum_{t=1}^{n} I_t \left[(1 + f)^{t-1} - 1 \right]$$

式中　P——价差预备费；

　　　n——建设期；

　　　I_t——建设期第 t 年的工程费用（不包括进口设备材料购置费）；

　　　f——投资价格指数；

　　　t——建设期第 t 年。

投资价格指数由集团公司批准发布。目前投资价格指数为零。

（三）应列入总投资中的几项费用

1. 建设期利息

建设期利息是指在建设期内发生，并应计入固定资产的建设项目的贷款利息。

2. 计算方法

1）国内贷款利息计算方法

根据资金来源、贷款利率和建设期各年投资比例逐年计算。当总贷款是分年均衡发放时，建设期利息的计算可按当年借款在年中支用考虑，即当年贷款按半年计息，上年贷款按全年计息。

各年应计借款利息=（年初借款本息累计+本年借款额/2）×实际年利率

金融机构对外公布的年利率一般是名义年利率，而实际借款时应根据结息时间的不同换算成实际年利率，换算公式为：

$$实际年利率 = (1 + \frac{r}{m})^m - 1$$

式中　r——名义年利率；

　　　m——每年计息次数。

2）国外贷款利息计算方法

石油建设工程若有国外贷款，国外贷款的建设期利息按约定的计息方式和利率计算。对多种贷款可采用分别计算利息的方法，也可按综合贷款利率计算。

在国外贷款利息的计算中，还应包括国外贷款银行根据贷款协议向贷款方以年利率的方式收取的手续费、管理费、承诺费，以及国内代理机构经国家主管部门批准的以年利率的方式向贷款单位收取的转贷费、担保费、管理费等。

【例1-4】某新建项目，建设期为3年，分年均衡进行贷款，第一年贷款400万元，第二年贷款500万元，第三年贷款200万元，年利率为10%，建设期内利息只计息不支付，计算建设期利息。

解：在建设期，各年利息计算如下：

$Q_1 = (1/2)A_1 \cdot i = (1/2) \times 400 \times 10\% = 20$ 万元

$Q_2 = [P_1 + (1/2)A_2] \cdot i = [400 + 20 + (1/2) \times 500] \times 10\% = 67$ 万元

$Q_3 = [P_2 + (1/2)A_3] \cdot i = [420 + 500 + 67 + (1/2) \times 200] \times 10\% = 108.7$ 万元

所以，建设期利息 $= Q_1 + Q_2 + Q_3 = 20 + 67 + 108.7 = 195.7$ 万元

3. 固定资产投资方向调节税

1）费用内容

固定资产投资方向调节税是指国家为贯彻产业政策、引导投资方向、调整投资结构而征收的税金。

2）计算方法

固定资产投资方向调节税 = 建设投资×固定资产投资方向调节税税率

为贯彻国家宏观调控政策，扩大内需，鼓励投资，根据财政部、国家税务总局、国家计委《关于暂停征收固定资产投资方向调节税的通知》（财税字〔1999〕299号），对《中华人民共和国固定资产投资方向调节税暂行条例》规定的纳税义务人，其固定资产投资应税项目自2000年1月1日起新发生的

投资额，暂停征收固定资产投资方向调节税。但该税种并未取消。

4. 铺底流动资金

1）费用内容

铺底流动资金是指按规定应列入建设项目总投资中的流动资金。流动资金是指运营期内长期占用并周转使用的资金。

2）计算方法

铺底流动资金按全额流动资金的30%计算。

第二章　工程造价计价依据与计价方法

第一节　工程定额计价依据与方法

一、定额的概念

建设工程定额是指在正常的施工条件下，完成规定计量单位的合格建筑安装产品所必须消耗的劳动力、材料、机械设备及其资金的数量标准。在我国，定额是根据国家一定时期的管理体制和管理制度，根据不同定额的用途和适用范围，由指定的机构按照一定的程序制定的，并按照规定的程序审批和颁发执行。不论定额的表现形式如何，其基本性质是一种规定的额度和计算规则。这种规定的额度和规则，虽然是人们遵循一定的编制原则，通过某种计算方法制定出来的，是主观对客观事物的反映，但是，它又是具体的、客观的，有着很强的针对性、实用性。它应能正确地反映工程建设和各种资源消耗之间的客观规律。

二、定额的地位和作用

（一）建设工程定额是宏观调控的有效手段

建设工程定额是一种衡量标准，是一种计算规则。如果同一建设工程使用的衡量标准不同，计算规则各异，标准和规则就没有比较的实际意义，使用上就会造成混乱。因此，政府必须有效地利用建设工程定额来调控经济，用建设工程定额标准来统一工程计价标准和工程量计算规则，掌握市场的调控权和主导权，维护社会公正。

（二）建设工程定额是自主报价的重要基准

建设工程定额虽然是按照正常的条件下社会平均消耗标准制定的，有着非常客观的现实基础，但也会受到人们认识的局限，难以体现众多企业的个别成本和技术差异，因此根据国家有关部门发布的建设工程定额的规定，制定各自的企业定额是非常必要的。企业定额是企业为了提高自身的劳动生产率，强化内部的经济考核结算，以及对外自主报价等企业的经营管理需要而制定的技术依据。

（三）建设工程定额是价格评判的社会尺度

建设工程定额是根据工程建设不同阶段和用途，按照一定的程序和编制方法，制定的不同用途和适用范围的定额标准和计价方式，这种定额标准和计价方式通过公开发布的方式公布执行，具有一定的社会公信力和约束力。所以，在当前市场不规范的情况下，赋予建设工程定额的某些规定为强制性是十分必要的，它不仅是定额作用得以充分发挥的有力保证，而且有利于理顺建设各方的经济关系和利害关系，有利于形成平等竞争的良好市场环境。

（四）建设工程定额是执法监督的技术依据

建设工程定额管理是工程建设的重要基础性工作，建设工程定额是政府宏观调控和执法监督的重要技术依据。它为建设项目的效益评估、投资控制、检查监督、工程结算提供了客观公正的社会评价尺度，为建设工程的规划、设计、施工、竣工验收提供量化的统一计价标准，为建设工程的纠纷处理、维护各方的合法权益提供了技术保障和专业支撑。

（五）建设工程定额是工程量清单计价依据之一

2013 年 12 月 11 日中华人民共和国住房和城乡建设部发布《建筑工程施工发包与承包计价管理办法》，规定：建筑工程施工发包承包价在政府宏观调控下，由市场形成。尽管如此，并不是说现行定额的法定性就不存在了，工程量清单与定额都是工程造价计价的依据，定额作为工程造价的计价基础之一，目前在我国还有其不可取代的地位和作用。计算清单单价的依据之一就是现行在全国统一基础定额，消耗定额也是工程计价时的参考依据。所以说，清单计价不可能不要定额或抛弃定额。相反，应进一步认识和理解定额的性质和作用，在目前建筑企业的发展状况下，大部分企业还不具备建立和拥有自己企业定额的条件，国家基础定额，尤其是消耗量定额，仍然是企业投标报价的计算基础，也是编制工程量清单进行项目划分和组合的基础。

三、定额的分类和特点

（一）定额的分类

为对建设工程定额有全面的了解，可以按照不同的原则和方法对其进行科学分类。建设工程定额的分类有以下4种：

1. 按生产要素分类

可分为劳动消耗定额、材料消耗定额和机械台班消耗定额。

（1）劳动消耗定额简称劳动定额，是在正常的施工技术和组织条件下，完成规定计量单位合格的建筑安装产品所需要的劳动消耗标准或规定在一定劳动时间内，生产合格产品的数量标准。为了便于综合和核算，劳动定额大多采用工作时间消耗量来计算劳动消耗的数量。所以劳动定额主要表现形式是时间定额，但同时也表现为产量定额。它们两者之间的关系是互为倒数，即：

$$时间定额 = \frac{1}{产量定额} \quad 或 \quad 产量定额 = \frac{1}{时间定额}$$

（2）材料消耗定额简称材料定额，是在正常的施工技术和组织条件下，完成规定计量单位合格的建筑安装产品所必须消耗的原材料、成品、半成品、构配件、燃料，以及水、电等动力之一的数量标准。

（3）机械消耗定额简称机械定额，由于我国机械消耗定额是以一台机械一个工作班为计算单位，所以又称为机械台班消耗定额。机械消耗定额是指为完成一定合格产品（工程实体或劳务）所规定的施工机械台班消耗的数量标准。机械消耗定额的主要表现形式是机械时间定额，但同时也以产量定额表现。

2. 按编制程序和定额的用途分类

可分为施工定额、预算定额、概算定额、概算指标、投资估算指标、万元指标和工期定额等。

（1）施工定额。这是施工企业（建筑安装企业）组织生产加强管理在企业内部使用的一种定额，属于企业生产定额的性质。它由劳动定额、机械定额和材料定额3个相对独立的部分组成。施工定额的项目划分很细，是工程建设定额中分项最细、定额子目最多的一种定额，也是工程建设定额中的基础性定额。在预算定额的编制过程中，施工定额的劳动、机械、材料消耗的数量标准，是计算预算定额中劳动、机械、材料消耗数量标准的重要依据。

（2）预算定额。这是在编制施工图预算时，计算工程造价和计算工程中劳动、机械台班、材料需要量使用的一种定额。预算定额是一种计价性的定额。在工程委托承包的情况下，它是确定工程造价的主要依据。在招标承包的情况下，它是计算标底和确定报价的主要依据。从编制程序看，施工定额是预算定额的编制基础，而预算定额则是概算定额或估算指标的编制基础。可以说预算定额在计价定额中是基础性定额。

（3）概算定额。这是编制扩大初步设计概算时，计算和确定工程概算造价、计算劳动、机械台班、材料需要量所使用的定额。它一般是在预算定额的基础上编制的，比预算定额综合扩大。概算定额是控制项目投资的重要依据，在工程建设的投资管理中有重要作用。

（4）概算指标。概算指标是在初步设计阶段编制工程概算所采用的一种定额，是以整个建筑物、构筑物或石油安装工程中成套设备、长距离输送管道等为对象，以 m^2、m^3、座、套、台、橇、km 等为计量单位规定人工、材料、机械台班耗用量的数量标准。它比概算定额更加扩大。

（5）万元指标。它是以万元建筑安装工作量为单位，制定的人工、材料和机械台班消耗数量的标准，它是以实物量指标表示的。万元指标是一种计划定额，主要是为国家综合部门、主管部门和地方提供编制长期计划和年度计划的依据。

（6）投资估算指标。它是在项目建议书可行性研究和编制设计任务书阶段编制投资估算、计算投资需要量时使用的一种定额。它非常概略，往往以独立的单项工程或完整的工程项目为计算对象。它的概略程度与可行性研究阶段相适应。它的主要作用是为项目决策和投资控制提供依据。投资估算指标虽然往往根据历史的预算、决算资料和价格变动等资料编制，但其编制基础仍然离不开预算定额、概算定额。

（7）工期定额。它是为各类工程规定的施工期限的定额天数。包括建设工期定额和施工工期定额两个层次。建设工期是指建设项目或独立的单项工程在建设过程中所耗用的时间总量。它是从开工建设时起，到全部建成投资或交付使用时止所经历的时间。但不包括由于计划调整而停、缓建所延误的时间。施工工期一般是指单项工程或单位工程从开工到完工所经历的时间。

3. 按专业分类

可分为建筑工程定额、安装工程定额。

（1）建筑工程定额按专业对象分为建筑及装饰工程定额、房屋修缮工程定额、市政工程定额、铁路工程定额、公路工程定额、矿山井巷工程定额等。

（2）安装工程定额按专业对象分为电气设备安装工程定额、机械设备安装工程定额、热力设备安装工程定额、通信设备安装工程定额、化学工业设备安装工程定额、工业管道安装工程定额、工艺金属结构安装工程定额等。

4. 按主编单位及执行范围分类

可分为全国统一定额、行业统一定额、地区统一定额、企业定额和补充定额。

（1）全国统一定额是由国家建设行政主管部门，综合全国工程建设中技术和施工组织管理的情况编制，并在全国范围内执行的定额。

（2）行业统一定额是考虑到各行业部门专业工程技术的特点，以及施工生产和管理水平编制的。

（3）地区统一定额包括省、自治区、直辖市定额。地区统一定额主要是考虑地区性特点和全国统一定额水平做适当调整补充编制的。

（4）企业定额是指施工企业考虑本企业具体情况，参照国家、部门或地区定额的水平制定的定额。企业定额只在企业内部使用。

（5）补充定额是指随着设计、施工技术的发展，现行定额不能满足需要的情况，为了补充缺项所编制的定额。

（二）定额的特点

1. 科学性

工程建设定额的科学性包括两重含义。一重含义是指工程建设定额和生产力发展水平相适应，反映出工程建设中生产消费的客观规律。另一重含义是指工程建设定额管理在理论、方法和手段上适应现代科学技术和信息社会发展的需要。

2. 系统性

工程建设定额是相对独立的系统。它是由多种定额结合而成的有机的整体。它的结构复杂，有鲜明的层次，有明确的目标。

工程建设定额的系统性是由工程建设的特点决定的。按照系统论的观点，工程建设就是庞大的实体系统。工程建设定额是为这个实体系统服务的。工程建设本身的多种类、多层次就决定了以它为服务对象的工程建设定额的多种类、多层次。

3. 统一性

工程建设定额的统一性，主要是由国家对经济发展的有计划的宏观调控职能决定的。工程建设定额的统一性按照其影响力和执行范围来看，有全国统一定额、地区统一定额和行业统一定额等；按照定额的制定、颁布和贯彻使用来看，有统一的程序、统一的原则、统一的要求和统一的用途。

4. 权威性

工程建设定额具有很大权威，这种权威在一些情况下具有经济法规性质。权威性反映统一的意志和统一的要求，也反映信誉和信赖程度以及定额的严肃性。

工程建设定额的权威性的客观基础是定额的科学性。只有科学的定额才具有权威。但是在社会主义市场经济条件下，它必然涉及各有关方面的经济关系和利益关系。赋予工程建设定额以一定的权威性，就意味着在规定的范围内，对于定额的使用者和执行者来说，不论主观上愿意不愿意，都必须按定额规定执行。

5. 稳定性与实效性

工程建设定额中的任何一种都是一定时期技术发展和管理水平的反映，因而在一段时间内都表现出稳定的状态。稳定的时间有长有短，一般在 5 年到 10 年之间。保持定额的稳定性是维护定额的权威性所必需的，更是有效地贯彻定额所必要的。但是工程建设定额的稳定性是相对的。当生产力向前发展了，定额就会与已经发展了的生产力不相适应。这样，它原有的作用就会逐步减弱以至消失，需要重新编制或修订。

四、工程定额计价的基本方法和程序

工程定额计价实际上是国家通过颁布统一的计价定额或指标，如估算指标、概算指标、预算定额、估价表等来对建筑产品价格进行有计划的管理。国家以假定的建筑安装产品为对象，制定统一的预算和概算定额、指标，计算出每一单元子项的费用后，再综合形成整个工程的价格。工程计价的基本程序如图 2-1-1 所示。

从图 2-1-1 中可以看出，编制建设工程造价最基本的过程有两个：工程量计算和工程计价。为统一口径，工程量的计算按照统一的项目划分和工程量计算规则计算。工程量确定后，就可以按照一定的方法确定出工程的成本和盈利，最终就可以确定出工程预算造价或投标报价。

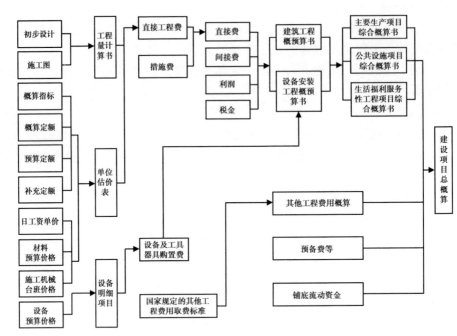

图 2-1-1　工程造价定额计价程序示意图

定额计价方法的特点就是一个量与价结合的问题。概预算的单位价格的形成过程，就是依据概预算定额所确定的消耗量乘以定额单价或市场价，经过不同层次的计算达到量与价的最优结合过程。

可以用公式来进一步表明确定建筑产品价格定额计价的基本方法和程序：

每一计量单位建筑产品的基本构造要素（假定建筑产品）的直接工程费单价=人工费+材料费+施工机械使用费

其中：　　人工费=∑（人工工日数量×人工日工资标准）

材料费=∑（材料用量×材料基价）

机械使用费=∑（机械台班×台班单价）

单位工程直接费=∑（假定建筑产品工程量×直接工程费单价）+措施费

单位工程概预算造价=单位工程直接费+间接费+利润+税金

单项工程概算造价=∑单位工程概预算造价+设备、工器具购置费

建设项目全部工程概算造价=∑单项工程的概算造价+预备费+有关的其他费用

由此可见，要确定每一计量单位建筑产品的基本构造要素，即直接工程费单价，首先就要确定建筑安装人工、材料、机械台班定额的消耗量及其单价。

五、建筑安装工程人工、材料、机械台班定额消耗量确定方法

（一）确定人工定额消耗量的方法

1. 人工定额消耗量的内容

主要包括拟定正常的施工条件以及拟定定额时间两项工作。但拟定定额时间的前提是对工人工作时间按其消耗性质进行分类研究。

1）工人工作时间消耗的分类

工人在工作班内消耗的工作时间，按其消耗的性质，基本可以分为两类：必需消耗的时间和损失时间。工人工作时间的分类一般如图 2-1-2 所示。

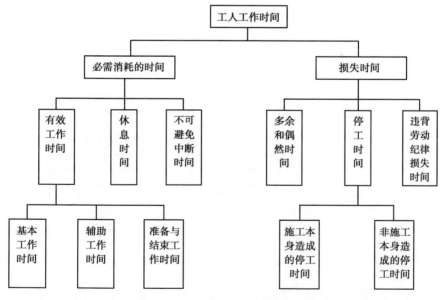

图 2-1-2　工人工作时间分类图

（1）必需消耗的工作时间是工人在正常施工条件下，为完成一定合格产品（工作任务）所消耗掉的时间，是制定定额的主要依据，包括有效工作时间、休息时间和不可避免中断时间的消耗。

（2）损失时间是与产品生产无关，而与施工组织和技术上的缺陷有关，与工人在施工过程中的个人过时或某些偶然因素有关的时间消耗，损失时间中包括有多余和偶然工作、停工、违背劳动纪律所引起的工时损失。

2）拟定正常的施工作业条件

拟定施工的正常条件，就是要规定执行定额时应该具备的条件，正常条件若不能满足，则可能达不到定额中的劳动消耗量标准，因此正确拟定施工的正常条件有利于定额的实施。

拟定施工的正常条件包括拟定施工作业的内容、施工作业的方法、施工作业地点的组织、施工作业人员的组织等。

3）拟定施工作业的定额时间

施工作业的定额时间是在拟定基本工作时间、辅助工作时间、准备与结束时间、不可避免的中断时间以及休息时间的基础上编制的。

上述各项时间是以时间研究为基础，采用计时测定方法，得出相应的观测数据，经加工整理计算后得到的。计时测定的方法有许多种，最主要的有 3 种，见图 2-1-3。

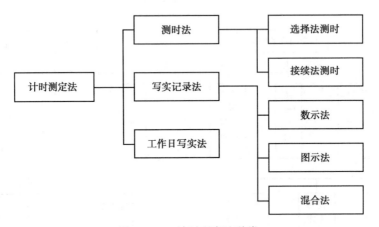

图 2-1-3　计时观察法种类

（1）测时法主要适用于测定定时重复的循环工作的工时消耗，是精确度比较高的一种计时观察法，一般可达到 0.2～15s。测时法只用来测定施工过程中循环组成部分工作时间消耗，不研究工人休息、准备与结束即其他非循环的工作时间。测时法根据具体测时手段不同，可分为选择法和接续法。

（2）写实记录法是一种研究各种性质的工作时间消耗的方法，包括基本工作时间、辅助工作时间、不可避免中断时间，准备与结束时间以及各种损失时间。采用这种方法，可以获得分析工作时间消耗和制定定额所必需的全部资料。这种测定方法比较简便、易于掌握，并能保证必需的精确度。因此，写实记录法在实际中得到了广泛应用。写实记录法的观察对象，可以是一个工人，也可以是一个工人小组。当观察由一个人单独操作或产品数量可单独计算时，采用个人写实记录。如果观察工人小组的集体操作，而产品数量又无法单独计算时，可采用集体写实记录。写实记录法的种类按记录时间的方法不同分为数示法、图示法和混合法 3 种，计时一般采用有秒针的普通计时表即可。

（3）工作日写实法是一种研究整个工作班内的各种工时消耗的方法。运用工作日写实法主要有两个目的，一是取得编制定额的基础资料；二是检查定额的执行情况，找出缺点，改进工作。当用于第一个目的时，工作日写实的结果要获得观察对象在工作班内工时消耗的全部情况，以及产品数量和影响工时消耗的各种因素。其中，工时消耗应该按工时消耗的性质分类记录。在这种情况下，通常需要测定 3~4 次。当用于第二个目的时，通过工作日写实应该做到：查明工时损失量和引起工时损失的原因，制订消除工时损失、改善劳动组织和工作地点组织的措施，查明熟练工人是否能发挥自己的专长。确定合理的小组编制和合理的小组分工；确定机器在时间利用和生产率方面的情况，找出使用不当的原因，订出改善机器使用情况的技术组织措施，计算工人或机器完成定额的实际百分比和可能百分比。在这种情况下，通常需要测定 1~3 次。工作日写实法与测时法、写实记录法相比较，具有技术简便、费力不多、应用面广和资料全面的优点，在我国是一种采用较广的编制定额的方法。

2. 人工定额的形式

人工定额按表现形式不同，可分为时间定额和产量定额两种形式：

（1）时间定额就是某种专业、某种技术等级工人班组或个人，在合理的劳动组织和合理使用材料的条件下，完成单位合格产品所必需的工作时间，包括准备与结束时间、基本工作时间，辅助工作时间、不可避免的中断时间及工人必需的休息时间。时间定额以工日为单位，每一工日按 8 小时计算。其计算方法如下：

$$单位产品时间定额（工日）= \frac{1}{每工产量}$$

或　　　　　单位产品时间定额（工日）= $\dfrac{\text{小组成员工日数总和}}{\text{小组产量}}$

（2）产量定额指在合理的劳动组织和合理使用材料的条件下，某种专业、某种技术等级的工人班组或个人在单位工日中所应完成的合格产品的数量。其计算公式如下：

$$\text{每工产量} = \dfrac{1}{\text{单位产品时间定额（工日）}}$$

产量定额的计量单位有 m、m^2、m^3、t、块、根、件等。

时间定额与产量定额互为倒数，即：

$$\text{时间定额} \times \text{产量定额} = 1$$

因此只要确定了时间定额，就能直接求得产量定额。例如安装 $10m\phi57mm$ 管线需 0.7 工日（时间定额）则：

$$\text{每工产量} = \dfrac{1}{0.70} \times 10 = 14.3m \text{（产量定额）}$$

3. 人工定额的制定方法

（1）技术测定法是根据生产技术和施工组织条件，对施工过程中各工序采用测时法、写实记录法、工作日写实法，测出各工序的工时消耗等资料，再对所获得的资料进行科学的分析，制定出人工定额的方法。

（2）统计分析法是把过去施工生产中的同类工程或同类产品的工时消耗的统计资料，与当前生产技术和施工组织条件的变化因素结合起来，进行统计分析的方法。这种方法简单易行，适用于施工条件正常、产品稳定、工序重复量大和统计工作制度健全的施工过程。

（3）比较类推法是以同类型工序和同类型产品的实耗工时为标准，类推出相似项目定额水平的方法。此法必须掌握类似的程度和各种影响因素的异同程度。

（4）经验估计法是根据定额专业人员经验丰富的工人和施工技术人员的实际工作经验，参考有关定额资料，对施工管理组织和现场技术条件进行调查、讨论和分析制定定额的方法。经验估计法通常作为一次性定额使用。

（二）确定机械台班定额消耗量的方法

1. 确定机械 1h 纯工作正常生产率

机械纯工作时间就是指机械的必须消耗时间。机械 1h 纯工作正常生产率，就是在正常施工组织条件下具有必需的知识和技能的技术工人操纵机械 1h 的生产率。根据机械工作特点的不同，机械 1h 纯工作正常生产率的确定方法也有所不同。

（1）对于循环动作机械，确定机械纯工作 1h 正常生产率的计算公式如下：

$$\text{机械 1 次循环的正常延续时间} = \sum \left(\text{循环各组成部分正常延续时间} \right) - \text{交叠时间}$$

$$\text{机械纯工作 1h 循环次数} = \frac{60 \times 60 \text{s}}{1 \text{ 次循环的正常延续时间}}$$

$$\text{机械纯工作 1h 正常生产率} = \text{机械纯工作 1h 正常循环次数} \times \text{1 次循环生产的产品数量}$$

（2）对于连续动作机械，确定机械纯工作 1h 正常生产率要根据机械的类型和结构特征，以及工作过程的特点来进行。计算公式如下：

$$\text{连续动作机械纯工作 1h 正常生产率} = \frac{\text{工作时间内生产的产品数量}}{\text{工作时间（h）}}$$

工作时间内的产品数量和工作时间的消耗，要通过多次现场观察和机械说明书来取得数据。

2. 确定施工机械的正常利用系数

确定施工机械的正常利用系数是指机械在工作班内对工作时间的利用率。机械的利用系数和机械在工作班内的工作状况有着密切的关系。所以，要确定机械的正常利用系数，首先要拟定机械工作班的正常工作状况，保证合理利用工时。机械正常利用系数的计算公式如下：

$$\text{机械正常利用系数} = \frac{\text{机械在 1 个工作班内纯工作时间}}{\text{1 个工作班延续时间（8h）}}$$

3. 计算施工机械台班定额

计算施工机械台班定额是编制机械定额工作的最后一步。在确定了机械工作正常条件、机械 1h 纯工作正常生产率和机械正常利用系数之后，采用下列公式计算施工机械的产量定额：

$$\text{施工机械台班产量定额} = \text{机械 1h 纯工作正常生产率} \times \text{工作班纯工作时间}$$

$$\text{或}\quad \frac{\text{施工机械}}{\text{台班产量定额}} = \frac{\text{机械 1h 纯工作}}{\text{正常生产率}} \times \frac{\text{工作班}}{\text{延续时间}} \times \frac{\text{机械正常}}{\text{利用系数}}$$

$$\text{施工机械时间定额} = \frac{1}{\text{机械台班产量定额指标}}$$

例如，26kW 的直流电焊机，焊接 10mϕ60.3mm 碳钢管，正常生产率是每小时综合焊接钢管长度为 15m，工作班内实际工作时间为 7h，每台班产量定额应为 15×7 = 105m，所以每米管线焊接的施工机械时间定额为 1÷105 ≈ 0.01 台班。

（三）确定材料定额消耗量的方法

1. 材料的分类

合理确定材料消耗定额，必须研究和区分材料在施工过程中的类别。

（1）根据材料的消耗可分为必需消耗的材料和损失的材料两类性质。

必需消耗的材料是指在合理用料的条件下，生产合格产品所需消耗的材料，属于施工正常消耗，是确定材料消耗定额的基本数据。

（2）根据材料消耗与工程实体的关系划分。

施工中的材料可分为实体材料和非实体材料两类。实体材料是指构成工程实体的材料，它包括工程直接性材料和辅助材料。非实体材料是指在施工中必须使用但又不能构成工程实体的施工措施性材料，非实体材料主要是指周转性材料，如模板、脚手架等。

2. 确定材料消耗量的基本方法

确定直接使用在工程上的材料净用量和材料损耗定额的计算数据，是通过现场技术测定、实验室试验法、现场统计和理论计算等方法获得的。

六、建筑安装工程人工、材料、机械台班单价确定方法

（一）人工日工资单价的组成和确定方法

1. 人工日工资单价组成内容

人工日工资单价是指施工企业平均技术熟练程度的生产工人在每工作日（国家法定工作时间内）按规定从事施工作业应得的日工资总额。合理确定人工日工资单价是正确计算人工费和工程造价的前提和基础。

按照现行规定，生产工人的人工日工资单价组成内容见表 2-1-1。

表 2-1-1　人工日工资单价组成表

计时工资或计件工资	按计时工资标准和工作时间或对已做工作按计件单价支付给个人的劳动报酬
奖金	因超额劳动和增收节支支付给个人的劳动报酬，如节约奖、劳动竞赛奖等
津贴补贴	为补偿职工特殊或额外的劳动消耗和因其他原因支付给个人的津贴，以及为保证职工工资水平不受物价影响支付给个人的物价补贴，如流动施工津贴、特殊地区施工津贴、高温（寒）作业临时津贴、高空津贴等
劳动保护费	根据国家法律、法规和政策规定，因病、工伤、产假、计划生育假、婚丧假、事假、探亲假、定期休假、停工学习、执行国家或社会任务等原因按计时工资标准或计时工资标准的一定比例支付的工资

2. 人工日工资单价确定方法

（1）年平均每月法定工作日。由于人工日工资单价是每一个法定工作日的工资总额，因此需要对年平均每月法定工作日进行计算。

$$年平均每月法定工作日 = \frac{全年日历日 - 法定假日}{12}$$

（2）日工资单价的计算。确定了年平均每月法定工作日后，将上述工资总额进行分摊，即形成了人工日工资单价。

$$\frac{日工资}{单价} = \frac{生产工人平均月工资 + 平均月（奖金 + 津贴 + 特殊情况下支付的工资）}{年平均每月法定工作日}$$

（3）日工资单价的管理。虽然施工企业投标报价时可以自主确定人工费，但由于人工日工资单价在我国有一定的政策性，因此工程造价管理机构也需要确定人工日工资单价。工程造价管理机构确定日工资单价应通过市场调查，根据工程项目的技术要求，参考实物工程量人工单价综合分析确定，发布的最低日工资单价不得低于工程所在地人力资源和社会保障部门所发布的对应工种最低工资的相应倍数。

3. 影响人工日工资单价的因素

影响建筑安装工人人工日工资单价的因素很多，归纳起来有以下方面：

（1）社会平均工资水平。

（2）生活消费指数。

（3）人工日工资单价的组成内容。

（4）劳动力市场供需变化。

（5）政府推行的社会保障和福利政策。

（二）材料价格的组成和确定方法

在建筑工程中，材料费约占总造价的60%~70%，在金属结构工程中所占比重还要大，是直接工程费的主要组成部分。因此，合理确定材料价格构成，正确计算材料价格，有利于合理确定和有效控制工程造价。

1. 材料价格的构成和分类

1）材料价格的构成

材料价格是指材料（包括构件、成品及半成品等）从其来源地（或交货地点、供应者仓库提货地点）到达施工工地仓库（施工地点内存放材料的地点）后出库的综合平均价格。材料价格一般由材料原价（或供应价格）、材料运杂费、运输损耗费、采购及保管费组成。上述四项构成材料基价。

2）材料价格的分类

材料价格按适用范围划分为地区材料价格和某项工程使用的材料价格，地区材料价格是按地区（城市或建设区域）编制，供该地区所有工程使用，某项工程（一般指大、中型重点工程）使用的材料价格，是以一个工程为编制对象，专供该工程项目使用。

地区材料价格与某项工程使用的材料价格的编制原理和方法是一致的，只是在材料来源地、运输数量权数等具体数据上有所不同。

2. 材料价格的编制依据和确定方法

1）材料基价

材料基价是由材料原价（或供应价格）、材料运杂费，运输损耗费以及采购保管费合计而成的。

（1）材料原价（或供应价格）。材料原价是指材料的出厂价格，进口材料抵岸价或销售部门的批发牌价和市场采购价格。

（2）材料运杂费。材料运杂费是指材料自来源地运至工地仓库或指定堆放地点所发生的全部费用。含外埠中转运输过程中所发生的一切费用和过境过桥费用，包括调车和驳船费、装卸费、运输费及附加工作费等。

（3）运输损耗。在材料的运输中应考虑一定的场外运输损耗费用。这是指材料在运输装卸进程中不可避免的损耗。运输损耗的计算公式是：

$$运输损耗＝（材料原价+运杂费）×相应材料损耗率$$

（4）采购及保管费。采购及保管费是指材料供应部门（包括工地仓库及其以上各级材料主管部门）在组织采购、供应和保管材料过程中所需的各项费用，包括采购费、仓储费、工地管理费和仓储损耗。采购及保管费一般按照材料到库价格以费率取定。材料采购及保管费计算公式如下：

采购及保管费＝材料运到工地仓库价格×采购及保管费率

或　　　　　采购及保管费＝（材料原价＋运杂费＋运输损耗费）
　　　　　　　　　　　×采购及保管费率

综上所述，材料基价的一般计算公式为：

材料基价＝［（供应价格十运杂费）×（1＋运输损耗率）］
　　　　　×（1＋采购及保管费率）

由于我国幅员广大，建筑材料产地与使用地点的距离，各地差异很大，且采购、保管、运输方式也不尽相同，因此材料价格原则上按地区范围编制。

2）影响材料价格变动的因素

（1）市场供需变化。材料原价是材料价格中最基本的组成。市场供大于求价格就会下降；反之，价格就会上升，从而影响材料价格的涨落。

（2）材料生产成本的变动直接带动材料价格的波动。

（3）流通环节的多少和材料供应体制也会影响材料价格。

（4）运输距离和运输方法的改变会影响材料运输费用的增减，从而也会影响材料价格。

（5）国际市场行情、外汇波动会对进口材料价格产生影响。

（三）机械台班单价组成和确定方法

施工机械使用费是根据施工中耗用的机械台班数量和机械台班单价确定的。施工机械台班耗用量按有关定额规定计算；施工机械台班单价是指一台施工机械，在正常运转条件下—个工作班中所发生的全部费用，每台班按 8h 工作制计算。正确制定施工机械台班单价是合理控制工程造价的重要方面。

根据《2001 年全国统一施工机械台班费用编制规则》的规定，施工机械台班单价由 7 项费用组成，包括折旧费、大修理费、经常修理费、安拆费及场外运费、人工费、燃料动力费、其他费用。

1. 折旧费的组成和确定

折旧费是指施工机械在规定使用期限内，陆续收回其原值及购置资金的时间价值。计算公式如下：

$$台班折旧费＝\frac{机械预算价格×（1-残值率）×时间价值系数}{耐用总台班}$$

2. 大修理费的组成和确定

大修理费是指机械设备按规定的大修间隔台班进行必要的大修理，以恢复机械正常功能所需的费用。台班大修理费是机械使用期限内全部大修理费之和在台班费用中的分摊额，它取决于一次大修理费用、大修理次数和耐用总台班的数量。其计算公式为：

$$台班大修理费 = \frac{一次修理费 \times 寿命期内大修理次数}{耐用总台班}$$

3. 经常修理费的组成和确定

指施工机械除大修理以外的各级保养和临时故障排除所需的费用。包括为保障机械正常运转所需替换与随机配备工具附具的摊销和维护费用，机械运转及日常保养所需润滑与擦拭的材料费用及机械停滞期间的维护和保养费用等。各项费用分摊到台班中即为台班经常修理费。其计算公式为：

台班经常修理费

$$= \frac{\sum (各级保养一次费用 \times 寿命期各级保养总次数) + 临时故障排除费}{耐用总台班}$$
$$+ 替换设备和工具附具台班摊销数 + 例保辅料费$$

当台班经常修理费计算公式中各项数值难以确定时，也可按下列公式计算：

$$台班经常修理费 = 台班大修费 \times K$$

其中 K 为台班经常修理费系数。

4. 安拆费及场外运费的组成和确定

安拆费指施工机械在现场进行安装与拆卸所需的人工、材料、机械和试运转费用以及机械辅助设施的折旧、搭设、拆除等费用；场外运费指施工机械整体或分体自停放地点运至施工现场或由一施工地点运至另一施工地点的运输、装卸、辅助材料及架线等费用。

安拆费及场外运费根据施工机械不同分为计入台班单价、单独计算和不计算 3 种类型。

5. 人工费的组成和确定

人工费指机上司机（司炉）和其他操作人员的工作日人工费及上述人员在施工机械规定的年工作台班以外的人工费。按下列公式计算：

$$台班人工费=人工消耗量×\left(1+\frac{年制度工作日-年工作台班}{年工作台班}\right)×人工日工资单价$$

6. 燃料动力费的组成和确定

燃料动力费是指施工机械在运转作业中所耗用的固体燃料（煤、木柴）、液体燃料（汽油，柴油）及水、电等费用。计算公式如下：

$$台班燃料动力费=台班燃料动力消耗量×相应单价$$

7. 其他费用的组成和确定

其他费用是指按照国家和有关部门规定应缴纳的养路费、车船使用税、保险费及年检费用等。其计算公式为：

$$台班其他费用=\frac{年养路费+年车船使用费+年保险费+年检费用}{年工作台班}$$

第二节　　工程量清单计价依据与方法

一、工程量清单定义

工程量清单是指载明建设工程分部分项工程项目、措施项目、其他项目名称和相应数量以及规费和税金项目等内容的明细清单。它包括分部分项工程量清单、措施项目清单、其他项目清单、规费、税金项目清单组成。

工程量清单是按照招标要求和施工设计图纸要求，以及施工现场实际情况，将拟建招标工程的全部项目和内容依据统一的工程量计算规则和子目分项要求，计算分部分项工程实物量，列在清单上作为招标文件的组成部分，供投标单位逐项填写单价用于投标报价，一经中标且签订合同，即成为合同的组成部分，因此，无论招标人还是投标人都应该慎重对待。

二、工程量清单的特点

工程量清单特点主要体现在以下方面：

（1）工程量清单应由具有编制招标文件能力的招标人，或受其委托具有相应资质的中介机构进行编制。

(2) 采用工程量清单方式招标，工程量清单必须作为招标文件的组成部分，其准确性和完整性由招标人负责。

(3) 工程量清单是投标人编制投标报价的基础和依据；是招标过程中评标和询标的基础；是发包人与承包人签订施工合同、支付工程进度款和办理工程结算的依据；是核实工程变更和处理索赔事件时，调整工程量或费用的依据。

三、工程量清单计价适用范围

全部使用国有资金（含国家融资资金）投资或国有资金投资为主（以下两者简称国有资金投资）的工程建设项目应执行工程量清单计价方式确定和计算工程造价。

（一）国有资金投资的工程建设项目内容

(1) 使用各级财政预算资金的项目。

(2) 使用纳入财政管理的各种政府性专项建设资金的项目。

(3) 使用国有企事业单位自有资金，并且国有资产投资者实际拥有控制权的项目。

（二）国有融资资金投资的工程建设项目内容

(1) 使用国家发行债券所筹资金的项目。

(2) 使用国家对外借款或者担保所筹资金的项目。

(3) 使用国家政策性贷款的项目。

(4) 国家授权投资主体融资的项目。

(5) 国家特许的融资项目。

（三）国有资金为主的工程建设项目内容

国有资金（含国家融资资金）为主的工程建设项目是指国有资金占投资总额50%以上，或者不足50%但国有投资者实质上拥有控股权的工程建设项目。

四、工程量清单作用

（一）为投标者提供一个公开、公平、公正的竞争环境

工程量清单是由招标人编制，将要求投标人完成的工程项目及其相应工

程实体数量全部列出，为投标人提供拟建工程的基本内容、实体数量和质量要求等的基础信息。这样，在建设工程的招标投标中，投标人的竞争活动就有了一个共同基础，投标人机会均等。工程量清单使所有参加投标的投标人均是在拟完成相同的工程项目、相同的工程实体数量和质量要求的条件下进行公平竞争，每一个投标人所掌握的信息和受到待遇是客观、公正和公平的。工程量清单是建设工程计价的依据。在招标投标过程中，招标人根据工程量清单编制招标工程的标底价格；投标人按照工程量清单所表述的内容，依据企业定额计算投标价格，自主填报工程量清单所列项目的单价与合价。

（二）有利于提高工程计价效率，真正实现快速报价

采用工程量清单计价方式，避免了传统计价方式下招标人与投标人在工程量计算上的重复工作，各投标人以招标人提供的工程量清单为统一平台，结合自身的管理水平和施工方案进行报价，促进了各投标企业定额的完善和工程造价信息的积累和整理，体现了现代工程建设中快速报价的要求。

（三）有利于工程款的拨付和工程造价的最终结算

在工程的施工阶段，发包人根据承包人是否完成工程量清单规定的内容以及投标时在工程量清单中所报的单价作为支付工程进度款和进行结算的依据。工程结算时，发包人按照工程量清单计价表中的序号对已实施的分部分项工程或计价项目，按合同单价和相关的合同条款计算应支付给承包人的工程款项。

（四）调整工程量、进行工程索赔的依据

在发生工程变更、索赔、增加新的工程项目等情况时，可以选用或者参照工程量清单中的分部分项工程或计价项目与合同单价来确定变更项目或索赔项目的单价和相关费用。为施工过程中支付工程进度款提供依据。

（五）有利于业主对投资的控制

采用现在的施工图预算形式，业主因对设计变更、工程量的增减所引起的工程造价变化不敏感，往往等到竣工结算时才知道这些变更对项目投资的影响有多大，但此时常常为时已晚。采用工程量清单报价的方式则可对投资变化一目了然，在要进行设计变更时，能马上知道它对工程造价的影响，业主能根据投资情况来决定是否变更或进行方案比较，以决定最恰当的处理方法。

五、工程量清单计价的基本方法

工程量清单计价方法是一种区别于定额计价模式的新计价模式，是一种主要由市场定价的计价模式，是由建设产品的买方和卖方在建设市场上根据供求状况、信息状况进行自由竞价，从而最终能够签订工程合同价格的方法。因此，可以说工程量清单的计价方法是在市场的建立、发展和完善过程中的必然产物。随着社会主义市场经济的发展，自 2003 年在全国范围内开始逐步推广建设工程工程量清单计价法，至 2013 年推出新版建设工程工程量清单计价规范和计算规范，标志着我国工程量清单计价方法的应用逐渐完善。从定额计价方法到工程量清单计价方法的演变是伴随着我国建设产品价格的市场化过程进行的。

工程量清单计价的基本过程可以描述为：在统一的工程量清单项目设置的基础上，制定工程量清单计量规则。根据具体工程的施工图纸计算出各个清单项目的工程量，再根据各种渠道所获得的工程造价信息和经验数据计算得到工程造价。这一基本的计算过程如图 2-2-1 所示。

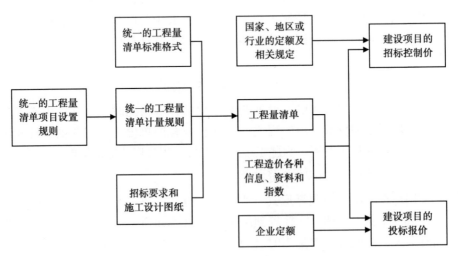

图 2-2-1　工程造价工程量清单计价过程示意

从工程量清单计价的过程示意图中可以看出，其编制过程可以分为两个阶段：工程量清单的编制和利用工程量清单来编制投标报价（或招标控制价）。投标报价是在业主提供的工程量计算结果的基础上，根据企业自身所掌握的各种信息、资料，结合企业定额编制得出的。

六、工程量清单的编制

工程量清单一般由封面、填表须知、总说明、分部分项工程量清单、措施项目清单和其他项目清单组成。

（一）封面

封面由招标人填写、签字、盖章，见图 2-2-2。

```
┌──────────────────────────────────────────────┐
│                                                │
│            _____工程          │
│                                                │
│               招标工程量清单                    │
│       招 标 人： _____              │
│                    （单位盖章）                 │
│                                                │
│       造价咨询人： _____            │
│                    （单位盖章）                 │
│                                                │
│               年    月    日                    │
│                                                │
└──────────────────────────────────────────────┘
```

图 2-2-2 工程量清单封面

（二）扉页

扉页上载明填表须知事项。

（三）总说明

总说明包括工程概况、编制依据、工程量清单在合同中的地位、计算原则、应摊入单价内的费用内容、清单中没有列入和漏报项目的处理原则以及使用工程量清单应注意问题等。

（四）分部分项工程量清单

1. 分部分项工程量清单的内容

分部分项工程量清单应包括项目编码、项目名称、项目特征、计量单位和工程量。

1）项目编码

分部分项工程量清单项目编码以五级编码设置，用 12 位阿拉伯数字表示。一、二、三、四级编码为全国统一；第五级编码应根据拟建工程的工程量清单项目名称设置。各级编码代表的含义如下：

（1）第一级表示专业工程代码（分2位）；房屋建筑与装饰工程为01、仿古建筑工程为02、通用安装工程为03、市政工程为04、园林绿化工程为05、矿山工程为06、构筑物工程为07、城市轨道交通工程为08、爆破工程为09。

（2）第二级表示附录分类顺序码（分2位）。

（3）第三级表示分部工程顺序码（分2位）。

（4）第四级表示分项工程项目名称顺序码（分3位）。

（5）第五级表示工程量清单项目名称顺序码（分3位）。项目编码结构如图2-2-3所示，以安装工程为例。

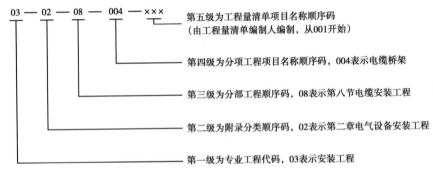

图 2-2-3　工程量清单项目编码结构

当同一标段或合同段的一份工程量清单中含有多个单位工程且工程量清单是以单位工程为编制对象时，应特别注意对项目编码第十至十二位的设置不得有重号的规定。例如，一个标段（或合同段）的工程量清单中含有3个单位工程，每一单位工程中都有项目特征相同的实心砖墙砌体，在工程量清单中又需反映3个不同单位工程的实心砖墙砌体工程量时，则第一个单位工程的实心砖墙的项目编码应为010302001001，第二个单位工程的实心砖墙的项目编码应为010302001002，第三个单位工程的实心砖墙的项目编码应为010302001003，并分别列出各单位工程实心砖墙的工程量。

2）项目名称

分部分项工程量清单的项目名称应按计价规范附录的项目名称结合拟建工程的实际确定。计价规范附录表中的"项目名称"为分项工程项目名称，是形成分部分项工程量清单项目名称的基础，在此基础上增填相应项目特征，即为清单项目名称。清单项目名称应表达详细、准确。计价规范中的分项工程项目名称如有缺陷，招标人可作补充，并报当地工程造价管理机构（省级）备案。

　　3）项目特征

　　项目特征是对项目的准确描述，是确定一个清单项目综合单价不可缺少的重要依据，是区分清单项目的依据，是履行合同义务的基础。分部分项工程量清单的项目特征应按清单计价规范附录中规定的项目特征，结合技术规范、标准图集、施工图纸，按照工程结构、使用材质及规格或安装位置等，予以详细而准确的表述和说明。凡项目特征中未描述到的其他独有特征，由清单编制人视项目具体情况确定，以准确描述清单项目为准。

　　例如，计价规范在"实心砖墙"的"项目特征"及"工程内容"栏内均包含有"勾缝"，但两者的性质完全不同。"项目特征"栏的勾缝体现的是实心砖墙的实体特征，是个名词，体现的是用什么材料勾缝。而"工程内容"栏内的勾缝表述的是操作工序或称操作行为，在此处是个动词，体现的是怎么做。因此，如果需要勾缝，就必须在项目特征中描述，而不能以工程内容中有而不描述，否则，将视为清单项目漏项，而可能在施工中引起索赔。

　　4）计量单位

　　计量单位应采用基本单位，除各专业另有特殊规定外均按以下单位计量：

　　（1）以重量计算的项目——t 或 kg。

　　（2）以体积计算的项目——m^3。

　　（3）以面积计算的项目——m^2。

　　（4）以长度计算的项目——m。

　　（5）以自然计量单位计算的项目——个、套、块、栓、组、台等。

　　（6）没有具体数量的项目——宗、项等。

　　各专业有特殊计量单位的，另外加以说明，当计量单位有两个或两个以上时，应根据所编工程量清单项目的特征要求，选择最适宜表现该项目特征并方便计量的单位。

　　5）工程数量的计算

　　工程数量主要通过工程量计算规则计算得到。工程量计算规则是指对清单项目工程量的计算规定。除另有说明外，所有清单项目的工程量应以实体工程量为准，并以完成后的净值计算。投标人投标报价时，应在单价中考虑施工中的各种损耗和需要增加的工程量。

清单计算规范中给出了各专业工程的项目设置和计价规则，包括房屋建筑与装饰工程、仿古建筑工程、通用安装工程、市政工程、园林绿化工程、矿山工程、城市轨道交通工程、爆破工程几个部分。

2. 分部分项工程量清单的标准格式

分部分项工程量清单是指表示拟建工程分项实体工程项目名称和相应数量的明细清单，应包括项目编码、项目名称、项目特征、计量单位和工程量5个部分的要件。其格式如表2-2-1所示，在分部分项工程量清单的编制过程中，由招标人负责前六项内容填列，金额部分在编制招标控制价或投标报价时填列。

表2-2-1　分部分项工程量清单与计价表

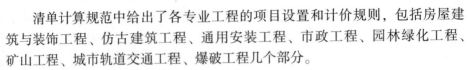

工程名称：			标段：			第　页　共　页		
序号	项目编码	项目名称	项目特征描述	计量单位	工程量	金额		
						综合单价	合价	其中：暂估价

分部分项工程量清单的编制应注意以下问题：

（1）分部分项工程量清单应根据计算规范规定的项目编码、项目名称、项目特征、计量单位和工程量计算规则进行编制。

（2）分部分项工程量清单的项目编码，应采用12位阿拉伯数字表示。一至九位应按附录的规定设置；十至十二位为清单项目编码，应根据拟建工程的工程量清单项目名称设置，不得有重号。这三位清单项目编码由招标人针对招标工程项目具体编制，并应自001起顺序编制。

（3）分部分项工程量清单的项目名称应按附录的项目名称结合拟建工程的项目实际确定。分部分项工程量清单编制时，以计算规范中的分项工程项目名称为基础，考虑该项目的规格、型号、材质等特征要求，结合拟建工程的实际情况，使其工程量清单项目名称具体化、细化，能够反映影响工程造价的主要因素。

（4）分部分项工程量清单中所列工程量应按计算规范中规定的工程量计算规则计算。

（5）分部分项工程量清单的计量单位的有效位数应遵守下列规定：

①以t为单位，应保留三位小数，第四位小数四舍五入。

②以m^3、m^2，m，kg为单位，应保留两位小数，第三位小数四舍五入。

③以个、项等为单位，应取整数。附录中有两个或两个以上计量单位的，应结合拟建工程项目的实际选择其中一个确定。

（6）分部分项工程量清单项目特征应按附录中规定的项目特征，结合拟建工程项目的实际予以描述，满足确定综合单价的需要。在进行项目特征描述时，可掌握以下要点：

①必须描述的内容。涉及正确计量的内容，如门窗洞口尺寸或框外围尺寸；涉及结构要求的内容，如混凝土构件的混凝土的强度等级；涉及材质要求的内容，如油漆的品种、管材的材质等；涉及安装方式的内容，如管道工程中的钢管的连接方式。

②可不描述的内容。对计量计价没有实质影响的内容，如对现浇混凝土柱的高度、断面大小等特征可以不描述；应由投标人根据施工方案确定的内容，如对石方的预裂爆破的单孔深度及装药量的特征规定；应由投标人根据当地材料和施工要求确定的内容，如对混凝土构件中的混凝土拌和料使用的石子种类及粒径、砂的种类的特征规定；应由施工措施解决的内容，如对现浇混凝土板、梁的标高的特征规定。

③可不详细描述的内容。无法准确描述的内容，如土壤类别，可考虑将土壤类别描述为综合，注明由投标人根据地勘资料自行确定土壤类别，决定报价；施工图纸、标准图集标注明确的，对这些项目可描述为见××图集××页号及节点大样等；清单编制人在项目特征描述中应注明由投标人自定的，如土方工程中的取土运距、弃土运距等。

（7）编制工程量清单出现附录中未包括的项目，编制人应作补充，并报省级或行业工程造价管理机构备案，省级或行业工程造价管理机构应汇总报住房和城乡建设部标准定额研究所。补充项目的编码由计量规范的代码与 B 和三位阿拉伯数字组成，并应从 B001 起顺序编制，不得重号。工程量清单中需附有补充项目的名称、项目特征、计量单位、工程量计算规则、工作内容。

（五）措施项目清单

1. 措施项目列项

《建设工程工程量清单计价规范》（GB 50500—2013）中将实体项目划分为分部分项工程量清单，非实体项目划分为措施项目。措施项目清单指为完成工程项目施工，发生于该工程施工前和施工过程中技术、生活、文明、安全等方面的非工程实体项目清单。根据措施项目的通用性和安装的专业性，将措施项目分为专业措施项目和安全文明施工及其他措施项目。

2. 措施项目清单的标准格式

1）措施项目清单的类别

措施项目费用的发生与使用时间、施工方法或者两个以上的工序相关，并大都与实际完成的实体工程量的大小关系不大，如大、中型机械进出场及安拆、安全文明施工和安全防护、临时设施等，但是有些非实体项目则是可以计算工程量的项目，典型的是混凝土浇筑的模板工程，与完成的工程实体具有直接关系，并且是可以精确计量的项目，用分部分项工程量清单的方式采用综合单价，更有利于措施费的确定和调整。措施项目中可以计算工程量的项目清单宜采用分部分项工程量清单的方式编制，列出项目编码、项目名称、项目特征、计量单位和工程量计算规则（表2-2-2）；不能计算工程量的项目清单，以"项"为计量单位进行编制（表2-2-3）。

表 2-2-2　措施项目清单与计价表（一）

工程名称：			标段：			第　页　共　页	
序号	项目编码	项目名称	项目特征描述	计量单位	工程量	金额	
						综合单价	合价

注：本表适用于以综合单价形式计价的措施项目。

表 2-2-3　措施项目清单与计价表（二）

工程名称：		标段：		第　页　共　页
序号	项目名称	计算基础	费率（%）	金额（元）

注：本表适用于以"项"计价的措施项目；计算基础可以为"直接费""人工费"或"人工费+机械费"。

2）措施项目清单的编制

措施项目清单的编制需考虑多种因素，除工程本身的因素外，还涉及水文、气象、环境、安全等因素。措施项目清单应根据拟建工程的实际情况列项。若出现清单计价规范中未列的项目，可根据工程实际情况补充。

（1）措施项目清单的编制依据：拟建工程的施工组织设计，拟建工程的施工技术方案，与拟建工程相关的工程施工规范和工程验收规范，招标文件，设计文件。

（2）措施项目清单设置时应注意的问题：参考拟建工程的施工组织设计，以确定环境保护、安全文明施工、材料的二次搬运等项目；参阅施工技术方案，以确定夜间施工、大型机械设备进出场及安拆、混凝土模板与支架、脚手架、施工排水、施工降水、垂直运输机械等项目；参阅相关的施工规范与工程验收规范，以确定施工技术方案没有表述，但是为了实现施工规范与工程验收规范要求而必须发生的技术措施；确定招标文件中提出的某些必须通过一定的技术措施才能实现的要求；确定设计文件中一些不足以写进技术方案，但是要通过一定的技术措施才能实现的内容。

（六）其他项目清单

其他项目清单是指分部分项工程量清单、措施项目清单所包含的内容以外，因招标人的特殊要求而发生的与拟建工程有关的其他费用项目和相应数量的清单。工程建设标准的高低、工程的复杂程度、工程的工期长短、工程的组成内容、发包人对工程管理要求等都直接影响其他项目清单的具体内容，其他项目清单宜按照表2-2-4的格式编制，出现未包含在表格中内容的项目，可根据工程实际情况补充。

表2-2-4　其他项目清单与计价汇总表

序号	项目名称	计量单位	金额（元）	备注
1	暂列金额			
2	暂估价			
2.1	材料暂估价			
2.2	各专业工程暂估价			
3	计日工			
4	总承包服务费			
合计				

注：材料暂估价进入清单项目综合单价，此处不汇总。

1. 暂列金额

暂列金额是指招标人暂定并包括在合同中的一笔款项。不管采用何种合同形式，其理想的标准是，一份合同的价格就是其最终的竣工结算价格，或者至少两者应尽可能接近。我国规定对政府投资工程实行概算管理，经项目审批部门批复的设计概算是工程投资控制的刚性指标，即使商业性开发项目也有成本的预先控制问题，否则，无法相对准确预测投资的收益和科学合理地进行投资控制。但工程建设自身的特性决定了工程的设计需要根据工程进展不断地进行优化和调整，业主需求可能会随工程建设进展出现变化，工程建设过程还会存在一些不能预见、不能确定的因素。消化这些因素必然会影响合同价格的调整，暂列金额正是因这类不可避免的价格调整而设立，以便达到合理确定和有效控制工程造价的目标。设立暂列金额并不能保证合同结算价格就不会再出现超过合同价格的情况，是否超出合同价格完全取决于工程量清单编制人对暂列金额预测的准确性，以及工程建设过程是否出现了其他事先未预测到的事件。暂列金额可按照表2-2-5的格式列示。

表 2-2-5　暂列金额明细表

工程名称：		标段：		第　页　共　页	
序号	项目名称	计量单位	暂定金额（元）	备注	
1					
2					
3					
合计					

注：此表由招标人填写，如不能详列，也可只列暂列金额总数，投标人应将上述暂列金额计入投标总价中。

2. 暂估价

暂估价是指招标阶段直至签订合同协议时，招标人在招标文件中提供的用于支付必然要发生但暂时不能确定价格的材料以及专业工程的金额，包括材料暂估单价、专业工程暂估价；暂估价类似于 FIDIC 合同条款中的 Prime Cost Items，在招标阶段预见肯定要发生，只是因为标准不明确或者需要由专业承包人完成，暂时无法确定价格。暂估价数量和拟用项目应当结合工程量清单中的暂估价表予以补充说明。为方便合同管理，需要纳入分部分项工程量清单项目综合单价中的暂估价应只是材料费，以方便投标人组价。

专业工程的暂估价一般应是综合暂估价，应当包括除规费和税金以外的管理费、利润等取费。总承包招标时，专业工程设计深度往往是不够的，一般需要交由专业设计人设计。国际上，出于提高可建造性考虑，一般由专业承包人负责设计，以发挥其专业技能和专业施工经验的优势。这类专业工程交由专业分包人完成是国际工程的良好实践，目前在我国工程建设领域也已经比较普遍。公开透明地合理确定这类暂估价的实际开支金额的最佳途径就是通过施工总承包人与工程建设项目招标人共同组织的招标。暂估价可按照表2-2-6、表2-2-7的格式列示。

表 2-2-6　材料暂估价表

工程名称：		标段：	第　页　共　页	
序号	材料名称、规格、型号	计量单位	单价（元）	备注
1				
2				
3				
合计				

注：（1）此表由招标人填写，并在备注栏说明暂估价的材料拟用在哪些清单项目上，投标人应将上述材料暂估单价计入工程量清单综合单价报价中。

（2）材料包括原材料、燃料、构配件以及规定应计入建筑安装工程造价的设备。

表 2-2-7　专业工程暂估价表

工程名称：		标段：	第　页　共　页	
序号	工程名称	工程内容	金额（元）	备注
1				
2				
3				
合计				

注：此表由招标人填写，投标人应将上述专业工程暂估价计入投标总价中。

3. 计日工

计日工是为了解决现场发生的零星工作的计价而设立的。国际上常见的标准合同条款中，大多数都设立了计日工（Daywork）计价机制。计日工对完成零星工作所消耗的人工工时、材料数量、施工机械台班进行计量，并按照计日工表中填报的适用项目的单价进行计价支付。计日工适用的所谓零星工作一般是指合同约定之外的或者因变更而产生的、工程量清单中没有相应项目的额外工作，尤其是那些难以事先商定价格的额外工作。计日工可按照表 2-2-8 的格式列示。

表 2-2-8　计日工表

工程名称：		标段：		第　页　共　页	
序号	项目名称	单位	暂定数量	综合单价	合价
一	人工				
1					

工程名称：		标段：		第 页 共 页	
序号	项目名称	单位	暂定数量	综合单价	合价
2					
...					
人工小计					
二	材料				
1					
2					
...					
材料小计					
三	施工机械				
1					
2					
...					
施工机械小计					
总计					

注：此表项目名称、数量由招标人填写，编制招标控制价时，单价由招标人按有关规定确定；投标时，单价由投标人自主报价，计入投标总价中。

4. 总承包服务费

总承包服务费是为了解决招标人在法律、法规允许的条件下进行专业工程发包以及自行供应材料、设备，并需要总承包人对发包的专业工程提供协调和配合服务，对供应的材料、设备提供收发和保管服务以及进行施工现场管理时发生并向总承包人支付的费用。招标人应预计该项费用并按投标人的投标报价向投标人支付该项费用。总承包服务费按照表2-2-9的格式列示。

表 2-2-9　总承包服务费计价表

工程名称：		标段：		第 页 共 页	
序号	项目名称	项目价值(元)	服务内容	费率（%）	金额（元）
1	发包人发包专业工程				
2	发包人供应材料				
合计					

（七）规费、税金项目清单

规费项目清单应按照下列内容列项：社会保险费，包括养老保险费、失业保险费、医疗保险费、生育保险费、工伤保险费；住房公积金；工程排污费。出现未包含在上述规范中的项目，应根据省级政府或省级有关权力部门的规定列项。

税金项目清单应包括以下内容：营业税，城市建设维护税，教育费附加及地方教育费附加。如国家税法发生变化，税务部门依据职权增加了税种，应对税金项目清单进行补充。规费、税金项目清单与计价表如2-2-10所示。

表2-2-10 规费、税金项目清单与计价表

工程名称：		标段：	第 页 共 页	
序号	项目名称	计算基础	费率（%）	金额（元）
1	规费			
1.1.1	社会保险费			
（1）	养老保险费			
（2）	失业保险费			
（3）	医疗保险费			
（4）	生育保险费			
（5）	工伤保险费			
1.2	住房公积金			
1.3	工程排污费			
2	税金	分部分项工程费+措施项目费+其他项目费+规费-按规定不计税的工程设备金额		
合计				

注："计算基础"可为"直接费""人工费"或"人工费+机械费"。

七、工程定额计价方法与工程量清单计价方法的联系与区别

（一）工程定额计价方法与工程量清单计价方法的联系

工程造价的计价就是指按照规定的计算程序和方法，用货币的数量表示建设项目（包括拟建、在建和已建的项目）的价值。无论是工程定额计价方法还是工程量清单计价方法。它们的工程造价计价都是一种从下而上的分部组合计价方法。

工程造价计价的基本原理就在于项目的分解与组合。建设项目是兼具单件性与多样性的集合体。每一个建设项目的建设都需要按业主的特定需要进行单独设计、单独施工，不能批量生产和按整个项目确定价格，只能采用特殊的计价程序和计价方法，即将整个项目进行分解，划分为可以按有关技术经济参数测算价格的基本构造要素（或称分部、分项工程），这样就很容易地计算出基本构造要素的费用。一般来说，分解结构层次越多，基本子项也越细，计算也更精确。

在我国，工程造价计价的主要思路也是将建设项目细分至最基本的构成单位（如分项工程），用其工程量与相应单价相乘后汇总，即为整个建设工程造价。

工程造价计价的基本原理是：

建筑安装工程造价 = $\sum$ ［单位工程基本构造要素工程量（分项工程）
×相应单价］

无论是定额计价还是清单计价，公式都同样有效，只是公式中的各要素有不同的含义：

（1）单位工程基本构造要素即分项工程项目。定额计价时是按工程定额划分的分项工程项目；清单计价时是指清单项目。

（2）工程量是指根据工程项目的划分和工程量计算规则，按照施工图或其他设计文件计算的分项工程实物量。工程实物量是计价的基础，不同的计价依据有不同的计算规则。目前，工程量计算规则包括两大类：①国家标准《建设工程工程量清单计价规范》（GB 50500—2013）各附录中规定的计算规则。②各类工程定额规定的计算规则。

（3）工程单价是指完成单位工程基本构造要素的工程量所需要的基本费用。

①工程定额计价方法下的分项工程单价是指概算、预算定额基价，通常是指工料单价，仅包括人工、材料、机械台班费用，是人工、材料、机械台班定额消耗量与其相应单价的乘积。用公式表示：

$$定额分项工程单价 = \sum （定额消耗量 \times 相应单价）$$

定额消耗量包括人工消耗量、各种材料消耗量、各类机械台班消耗量。消耗量的大小决定定额水平。定额水平的高低，只有在两种及两种以上的定额相比较的情况下才能区别。对于消耗相同生产要素的同一分项工程，消耗量越大、定额水平越低；反之，则越高。但是，有些工程项目（单位工程或分项工程）因为在编制定额时采用的施工方法、技术装备不同，而使不同定额分析出来的消耗量之间没有可比性，则可以同一水平的生产要素单价分别乘以不同定额的消耗量，经比较确定。

相应单价是指生产要素单价，是某一时点上的人工，材料、机械台班单价。同一时点上的人工、材料、机械台班单价的高低反映出不同的管理水平。在同一时期内，人工、材料、机械台班单价越高，则表明该企业的管理技术水平越低；人工、材料、机械台班单价越低，则表明该企业的管理技术水平越高。

②工程量清单计价方法下的分项工程单价是指综合单价，包括人工费、材料费、机械台班费，还包括企业管理费、利润和风险因素，综合单价应该是根据企业定额和相应生产要素的市场价格来确定。

（二）工程定额计价方法与工程量清单计价方法的区别

工程量清单计价方法与工程定额计价方法相比有一些重大区别，这些区别也体现出了工程量清单计价方法的特点。

1. 两种模式的最大差别

两种模式的最大差别在于体现了我国建设市场发展过程中的不同定价阶段。

（1）我国建筑产品价格市场化经历了"国家定价→国家指导价→国家调控价"3个阶段。定额计价是以概预算定额、各种费用定额为基础依据，按照规定的计算程序确定工程造价的特殊计价方法。因此，利用工程建设定额计算工程造价就价格形成而言，介于国家定价和国家指导价之间。在工程定额计价模式下，工程价格或直接由国家决定，或是由国家给出一定的指导性标准，承包商可以在该标准的允许幅度内实现有限竞争。例如，在我国的招投标制度中，一度严格限定投标人的报价必须在限定标底的一定范围内波动，超出此范围即为废标，这一阶段的工程招标投标价格即属于国家指导性价格，体现出在国家宏观计划控制下的市场有限竞争。

（2）工程量清单计价模式则反映了市场定价阶段。在该阶段中，工程价格是在国家有关部门间接调控和监督下，由工程承包发包双方根据工程市场中建筑产品供求关系变化自主确定工程价格。其价格的形成可以不受国家工程造价管理部门的直接干预，而此时的工程造价是根据市场的具体情况，有竞争形成、自发波动和自发调节的特点。

2. 两种模式的主要计价依据及其性质不同

（1）工程定额计价模式的主要计价依据为国家、省、有关专业部门制定的各种定额，其性质为指导性，定额的项目划分一般按施工工序分项，每个分项工程项目所含的工程内容一般是单一的。

（2）工程量清单计价模式的主要计价依据为清单计价规范，其性质是含有强制性条文的国家标准，清单的项目划分一般是按"综合实体"进行分项的，每个分项工程一般包含多项工程内容。工程量清单计价模式是一种与市场经济相适应的，允许施工单位自主报价的，通过市场竞争确定价格的一种计价方式，它比定额计价更进一步接近市场。清单计价并不是说不要定额或抛弃定额，相反，应进一步认识和理解定额的性质和作用，使清单与定额有机结合起来。

3. 编制工程量的主体不同

在定额计价方法中，建设工程的工程量由招标人和投标人分别按图计算。而在清单计价方法中，工程量由招标人统一计算或委托有关工程造价咨询资质单位统一计算，工程量清单是招标文件的重要组成部分，各投标人根据招标人提供的工程量清单，根据自身的技术装备、施工经验、企业成本、企业定额、管理水平自主填写单价与合价。

4. 单价与报价的组成不同

定额计价法的单价包括人工费、材料费、机械台班费；而清单计价方法采用综合单价形式，综合单价包括人工费、材料费、机械使用费、管理费、利润，并考虑风险因素。工程量清单计价法的报价除包括定额计价法的报价外，还包括预留金、材料购置费和零星工作项目费等。

5. 适用阶段不同

从目前我国现状来看，工程定额主要用于在项目建设前期各阶段对于建设投资的预测和估计，在工程建设交易阶段，工程定额通常只能作为建设产品价格形成的辅助依据，而工程量清单计价依据主要适用于合同价格形成以及后续的合同价格管理阶段，体现出我国对于工程造价的一词两义采用了不同的管理方法。

6. 合同价格的调整方式不同

定额计价方法形成的合同价格，其主要调整方式有变更签证、定额解释、政策性调整。工程量清单计价方法在一般情况下单价是相对固定的，减少了在合同实施过程中的调整活口，通常情况下，如果清单项目的数量没有增减，能够保证合同价格基本没有调整，保证了其稳定性，也便于业主进行资金准备和筹划。

7. 工程量清单计价把施工措施性消耗单列并纳入了竞争的范畴

定额计价未区分施工实体性损耗和施工措施性损耗，而工程量清单计价把施工措施与工程实体项目进行分离，这项改革的意义在于突出了施工措施费用的市场竞争性。工程量清单计价规范的工程量计算规则的编制原则一般是以工程实体的净尺寸计算，也没有包含工程最合理损耗。这一特点也就是定额计价的工程量计算规则与工程量清单计价规范的工程量计算规则的本质区别。

（三）石油天然气建设工程计价方法

石油天然气行业充分结合本行业投资数额大、工艺流程复杂、专业众多、施工条件恶劣等特点，工程计价体系日趋完善，已形成一套成熟的工程计价体系。石油建设工程领域中长距离输送管道工程率先开展了工程量清单计价模式，油气田建设其他工程目前以定额计价模式为主，逐步向清单计价模式过渡。

第三节　其他依据

一、工程技术文件

工程技术文件是反映建设工程项目的规模、内容、标准、功能等的文件。只有根据工程技术文件，才能对工程结构做出分解，得到计算的基本子项，才能计算出工程实物量，因此，工程技术文件是建设工程投资确定的重要依据。

在工程建设的不同阶段所产生的工程技术文件是不同的。

（1）项目决策阶段，包括项目意向、项目建议书、可行性研究等阶段，工程技术文件表现为项目策划文件、功能描述书、项目建议书或可行性研究报告等。

（2）初步设计阶段，工程技术文件主要表现为初步设计所产生的初步设计图纸及有关设计资料。

（3）随着工程设计的深入，进入详细设计即施工图设计阶段，工程技术文件又表现为施工图设计资料，包括建筑安装施工图纸、其他施工图纸和设计资料。

（4）工程招标阶段，工程技术文件主要是以招标文件、建设单位的特殊要求、相应的工程设计文件等来体现。

（5）工程施工阶段，工程技术文件主要是以施工图设计、施工组织设计、施工方案等相应的工程设计文件等来体现。

二、要素市场价格信息

构成建设工程投资的要素包括人工、材料、施工机械等，要素价格是影响建设工程投资的关键因素，要素价格是由市场形成的。建设工程投资采用的基本子项所需资源的价格来自市场，随着市场的变化，要素价格亦随之发生变化。因此，建设工程投资必须随时掌握市场价格信息，了解市场价格行情，熟悉市场上各类资源的供求变化及价格动态。这样，得到的建设工程投资才能反映市场，反映工程建设所需的真实费用。

（一）人工价格信息

根据《关于开展建筑工程实物工程量与建筑工种人工成本信息测算和发布工作的通知》（建办标函［2006］765号），我国自2007年起开展建筑工程实物工程量与建筑工种人工成本信息（也即人工价格信息）的测算和发布工作。其目的是引导建筑劳务合同双方合理确定建筑工人工资水平的基础，为建筑业企业合理支付工人劳动报酬，调解、处理建筑工人劳动工资纠纷提供依据，也为工程招标投标中评定成本提供依据。

1. 建筑工程实物工程量人工价格信息

这种价格信息是以建筑工程的不同划分标准为对象，反映了单位实物工程量的人工价格信息。根据工程不同部位、作业难易并结合不同工种作业情况将建筑工程划分为土石方工程、架子工程、砌筑工程、模板工程、钢筋工程、混凝土工程、防水工程、抹灰工程、木作与木装饰工程、油漆工程、玻璃工程、金属制品制作及安装、其他工程共 13 项。

2. 建筑工种人工成本信息

它是按照建筑工人的工种分类，反应不同工种的单位人工工日工资单价。建筑工种是根据《中华人民共和国劳动法》和《中华人民共和国职业教育法》的有关规定，对从事技术复杂、通用性广，涉及国家财产、人民生命安全和消费者利益的职业（工种）的劳动者实行就业准入的规定，结合建筑行业实际情况确定的。

（二）材料价格信息

在材料价格信息的发布中，应披露材料类别、规格、单价、供货地区、供货单位以及发布日期等信息。

（三）机械价格信息

机械价格信息包括设备市场价格信息和设备租赁市场价格信息两部分。相对而言，后者对于工程计价更为重要，发布的机械价格信息应包括机械种类、规格型号、供货厂商名称、租赁单价、发布日期等内容。

三、建设工程环境条件

建设工程所处的环境和条件，也是影响建设工程投资的重要因素。环境和条件的差异或变化，会导致建设工程投资大小的变化。工程的环境和条件，包括工程地质条件、气象条件、现场环境与周边条件，也包括工程建设的实施方案、组织方案、技术方案等，如工程所在国的政治情况、法律情况、交通、运输、通信情况，生产要素市场情况，水文、气象资料，工程现场地形地貌、周围道路等。

四、其他

国家对建设工程费用计算的有关规定，按国家税法规定须计取的相关税费等，都构成了建设工程投资确定的依据。

五、其他确定依据的计价方法

其他确定依据的计价方法包括成本加成定价方法、实报实销方法和成本加利润定价方法。

第三章 建设项目投资决策阶段造价编制

一、建设项目决策的含义

建设项目决策是选择和决定投资行动方案的过程，是对拟建项目的必要性和可行性进行技术经济论证，对不同建设方案进行技术经济比较及作出判断和决定的过程。正确的项目投资行动来源于正确的项目投资决策。项目决策正确与否，直接关系到项目建设的成败，关系到工程造价的高低及投资效果的好坏。正确决策是合理确定与控制工程造价的前提。

二、项目决策阶段影响工程造价的主要因素

（一）项目合理规模的确定

项目合理规模的确定，就是要合理选择拟建项目的生产规模，解决"生产多少"的问题。每一个建设项目都存在着一个合理规模的选择问题。生产规模过小，使得资源得不到有效配置，单位产品成本较高，经济效益低下；生产规模过大，超过了项目产品市场的需求量，将会导致产品积压或降价销售，致使项目经济效益低下。因此，项目规模的合理选择关系着项目的成败，决定着工程造价合理与否。

在确定项目规模时，不仅要考虑项目内部各因素之间的数量匹配、能力协调，还要使所有生产力因素共同形成的经济实体（如项目）在规模上大小适应，合理确定和有效控制工程造价，以提高项目的经济效益。但同时也须注意，规模扩大所产生效益不是无限的，它受到技术进步、管理水平、项目经济技术环境等多种因素的制约。超过一定限度，规模效益将不再出现，甚至可能出现

单位成本递增和收益递减的现象。项目规模合理化的制约因素如下。

1. 市场因素

市场因素是项目规模确定中需考虑的首要因素。其中，项目产品的市场需求状况是确定项目生产规模的前提。一般情况下，项目的生产规模应以市场预测的需求量为限，并根据项目产品市场的长期发展趋势作相应调整。除此之外，还要考虑原材料市场、资金市场、劳动力市场等，它们也对项目规模的选择起着程度不同的制约作用。如项目规模过大可能导致材料供应紧张和价格上涨，项目所需投资资金的筹集困难和资金成本上升等。

2. 技术因素

先进的生产技术及技术装备是项目规模效益赖以存在的基础，而相应的管理技术水平则是实现规模效益的保证。若与经济规模生产相适应的先进技术及其装备的来源没有保障，或获取技术的成本过高，或管理水平跟不上，则不仅预期的规模效益难以实现，还会给项目的生存和发展带来危机，导致项目投资效益低下，工程支出浪费严重。

3. 环境因素

项目的建设、生产和经营离不开一定的社会经济环境，项目规模确定中需考虑的主要环境因素有政策因素、燃料动力供应、协作及土地条件、运输及通信条件。其中，政策因素包括产业政策、投资政策、技术经济政策，以及国家、地区及行业经济发展规划等。特别是为了取得较好的规模效益，国家对部分行业的新建项目规模作了下限规定，选择项目规模时应予以遵照执行。

（二）建设标准水平的确定

建设标准的主要内容有建设规模、占地面积、工艺装备、建筑标准、配套工程、劳动定员等方面的标准或指标。建设标准是编制、评估、审批项目可行性研究的重要依据，是衡量工程造价是否合理及监督检查项目建设的客观尺度。

建设标准能否起到控制工程造价、指导建设投资的作用，关键在于标准水平定得合理与否。标准水平定得过高，会脱离我国的实际情况和财力、物力的承受能力，增加造价；标准水平定得过低，将会妨碍技术进步，影响国民经济的发展和人民生活的改善。因此，建设标准水平应从我国目前的经济发展水平出发，区别不同地区、不同规模、不同等级、不同功能，合理确定。大多数工业交通项目应采用中等适用的标准，对少数引进国外先进技术和设备的项目或少数有特殊要求的项目，标准可适当高些。在建筑方面，应坚持经济、适用、安全、朴实的原则。建设项目标准中的各项规定，能定量的应尽量给出指标，不能规定指标的要有定性的原则要求。

（三）建设地区及建设地点（厂址）的选择

一般情况下，确定某个建设项目的具体地址（或厂址），需要经过建设地区选择和建设地点选择（厂址选择）两个不同层次的、相互联系又相互区别的工作阶段。这两个阶段是一种递进关系。其中，建设地区选择是指在几个不同地区之间对拟建项目适宜配置在哪个区域范围的选择，建设地点选择是指对项目具体坐落位置的选择。

1. 建设地区的选择

建设地区选择得合理与否，在很大程度上决定着拟建项目的命运；影响着工程造价的高低、建设工期的长短、建设质量的好坏，还影响到项目建成后的经营状况。因此，建设地区的选择要充分考虑各种因素的制约，具体要考虑以下因素：

（1）要符合国民经济发展战略规划、国家工业布局总体规划和地区经济发展规划的要求。

（2）要根据项目的特点和需要，充分考虑原材料条件、能源条件、水源条件、各地区对项目产品需求及运输条件等。

（3）要综合考虑气象、地质、水文等建厂的自然条件。

（4）要充分考虑劳动力来源、生活环境、协作、施工力量、风俗文化等社会环境因素的影响。

因此，在综合考虑上述因素的基础上，建设地区的选择要遵循以下两个基本原则：

（1）靠近原料、燃料提供地和产品消费地的原则。满足这一要求，在项目建成投产后，可以避免原料、燃料和产品的长期远途运输，减少费用，降低产品的生产成本，缩短流通时间，加快流动资金的周转速度。但这一原则并不是意味着项目安排在距原料、燃料提供地和产品消费地的等距离范围内，而是根据项目的技术经济特点和要求具体对待。例如，对农产品、矿产品的初步加工项目，由于大量消耗原料，应尽可能靠近原料产地；对于能耗高的项目，如铝厂、电石厂等，宜靠近电厂，它们所取得廉价电能和减少电能运输损失所获得的利益，通常大大超过原料、半成品调运中的劳动耗费；对于技术密集型的建设项目，由于大中城市工业和科学技术力量雄厚，协作配套条件完备、信息灵通，所以其选址宜在大中城市。

（2）工业项目适当聚集的原则。在工业布局中，通常是一系列相关的项目聚成适当规模的工业基地和城镇，从而有利于发挥集聚效益。集聚效益形成的客观基础是：第一，现代化生产是一个复杂的分工合作体系，只有相关企业集中配置，才能对各种资源和生产要素充分利用，便于形成综合生产能力，尤其对那些具有密切投入产出链环关系的项目，集聚效益尤为明显。第二，现代产业需要有相应的生产性和社会性基础设施相配合，其能力和效率才能充分发挥，企业布点适当集中，才有可能统一建设比较齐全的基础设施，避免重复建设，节约投资，提高这些设施的效益。第三，企业布点适当集中，才能为不同类型的劳动者提供多种就业机会。

2. 建设地点（厂址）的选择

建设地点的选择是一项极为复杂、技术经济综合性很强的系统工程，它不仅涉及项目建设条件、产品生产要素、生态环境和未来产品销售等重要问题，受社会、政治、经济、国防等多因素的制约，而且还直接影响到项目建设投资、建设速度和施工条件，以及未来企业的经营管理及所在地点的城乡建设规划与发展。因此，必须从国民经济和社会发展的全局出发，运用系统观点和方法对其分析决策。

（1）选择建设地点的要求：

①节约土地。项目的建设应尽可能节约土地，尽量把厂址放在荒地和不可耕种的地点，避免大量占用耕地，节省土地的补偿费用。

②应尽量选在工程地质、水文地质条件较好的地段，土壤耐压力应满足拟建厂的要求，严防选在断层、熔岩、流沙层与有用矿床上以及洪水淹没区、已采矿坑塌陷区、滑坡区。厂址的地下水位应尽可能低于地下建筑物的基准面。

③厂区土地面积与外形能满足厂房与各种构筑物的需要，并适合于按科学的工艺流程布置厂房与构筑物。

④厂区地形力求平坦而略有坡度，以减少平整土地的土方工程量，节约投资，又便于地面排水。

⑤应靠近铁路、公路、水路，以缩短运输距离，减少建设投资。

⑥应便于供电、供热和其他协作条件的取得。

⑦应尽量减少对环境的污染。

上述条件能否满足，不仅关系到建设工程造价的高低和建设期限的长短，对项目投产后的运营状况也有很大影响。因此，在确定厂址时也应进行方案的技术经济分析、比较，选择最佳厂址。

（2）厂址选择时的费用分析。在进行厂址多方案技术经济分析时，除比较上述厂址条件外，还应从以下两方面进行分析：

①项目投资费用。包括土地征购费、拆迁补偿费、土石方工程费、运输设施费、排水及污水处理设施费、动力设施费、生活设施费、临时设施费、建材运输费等。

②项目投产后生产经营费用比较。包括原材料、燃料运输及产品运输费用，给水、排水、污水处理费用，动力供应费用等。

(四) 工程技术方案的确定

工程技术方案的确定主要包括生产工艺方案的确定和主要设备的选择两部分内容。

1. 生产工艺方案的确定

生产工艺是指生产产品所采用的工艺流程和制作方法。工艺流程是指投入物（原料或半成品）经过有次序的生产加工，成为产出物（产品或加工品）的过程。评价及确定拟采用的工艺是否可行，主要有两项标准：先进适用和经济合理。

(1) 先进适用。这是评定工艺的最基本的标准。先进与适用，是对立的统一。保证工艺的先进性是首先要满足的，它能够带来产品质量、生产成本的优势。但是不能单独强调先进而忽视适用，还要考察工艺是否符合我国国情和国力，是否符合我国的技术发展政策。就引进工艺技术来讲，世界上最先进的工艺，往往由于对原材料要求过高，国内设备不配套或技术不容易掌握等原因而不适合我国的实际需要。因此，一般来说，引进的工艺和技术既要比国内现有的工艺先进，又要注意在我国的适用性，并不是越先进越好。有的引进项目，可以在主要工艺上采用先进技术，而其他部分则采用适用技术。总之，要根据国情和建设项目的经济效益，综合考虑先进与适用的关系。对于拟采用的工艺，除了必须保证能用指定的原材料按时生产出符合数量、质量要求的产品外，还要考虑与企业的生产和销售条件（包括原有设备能否配套、技术和管理水平、市场需求、原材料种类等）是否相适应，特别要考虑到原有设备能否利用，技术和管理水平能否跟上等。

(2) 经济合理。经济合理是指所用的工艺应能以尽可能小的消耗获得最大的经济效果，要求综合考虑所用工艺所能产生的经济效益和国家的经济承受能力。在可行性研究中可能提出几种不同的工艺方案，各方案的劳动需要量、能源消耗量、投资数量等可能不同，在产品质量和产品成本等方面可能也有差异，因而应反复进行比较，从中挑选最经济合理的工艺。

2. 主要设备的选用

在设备选用中，应注意处理好以下问题：

（1）要尽量选用国产设备。凡国内能够制造，并能保证质量、数量和按期供货的设备，或者进口一些技术资料就能仿制的设备，原则上必须国内生产，不必从国外进口；凡只引进关键设备就能由国内配套使用的，就不必成套引进。

（2）要注意进口设备之间以及国内外设备之间的衔接配套问题。有时一个项目从国外引进设备时，为了考虑各供应厂家的设备特长和价格等问题，可能分别向几家制造厂购买，这时，就必须注意各厂所供设备之间技术、效率等方面的衔接配套问题。为了避免各厂所供设备不能配套衔接，引进时最好采用总承包的方式。还有一些项目，一部分为进口国外设备，另一部分则引进技术由国内制造。这时，也必须注意国内外设备之间的衔接配套问题。

（3）要注意进口设备与原有国产设备、厂房之间的配套问题。主要应注意本厂原有国产设备的质量、性能与引进设备是否配套，以免因国内外设备能力不平衡而影响生产；有的项目利用原有厂房安装引进设备，就应把原有厂房的结构、面积、高度以及原有设备的情况了解清楚，以免设备到厂后安装不下或互不适应而造成浪费。

（4）要注意进口设备与原材料、备品备件及维修能力之间的配套问题。应尽量避免引进的设备所用主要原料需要进口。如果必须从国外引进时，应安排国内有关厂家尽快研制这种原料。在备品备件供应方面，随机引进的备品备件数量往往有限，有些备件在厂家输出技术或设备之后不久就被淘汰，因此，采用进口设备还必须同时组织国内研制所需备品备件问题，以保证设备长期发挥作用。另外，对于进口的设备，还必须懂得如何操作和维修，否则不能发挥设备的先进性。在外商派人调试安装时，可培训国内技术人员及时学会操作，必要时也可派人出国培训。

第二节　建设项目投资估算的编制

一、概述

投资估算是指在项目投资决策过程中，依据现有的资料和特定的方法，对建设项目的投资数额进行的估计。它是项目建设前期编制项目建议书和可行性研究报告的重要组成部分，是项目决策的重要依据之一。投资估算的准确与否不仅影响到可行性研究工作的质量和经济评价结果，而且也直接关系到下一阶段设计概算和施工图预算的编制，对建设项目资金筹措方案也有直接的影响。因此，全面准确地估算建设项目的工程造价，是可行性研究乃至整个决策阶段造价管理的重要任务。投资估算在项目开发建设过程中的作用有以下几点：

（1）项目建议书阶段的投资估算是项目主管部门审批项目建议书的依据之一，对项目的规划、规模起参考作用。

（2）项目可行性研究阶段的投资估算是项目投资决策的重要依据，也是研究、分析、计算项目投资经济效果的重要条件。当可行性研究报告被批准之后，其投资估算额就作为设计任务书中下达的投资限额，即作为建设项目投资的最高限额，不得随意突破。

（3）项目投资估算对工程设计概算起控制作用，设计概算不得突破批准的投资估算额，并应控制在投资估算额以内。

（4）项目投资估算可作为项目资金筹措及制订建设贷款计划的依据，建设单位可根据批准的项目投资估算额进行资金筹措和向银行申请贷款。

（5）项目投资估算是核算建设项目固定资产投资需要额和编制固定资产投资计划的重要依据。

二、国内外投资估算的阶段划分和精度要求

（一）国外项目投资估算的阶段划分与精度要求

在国外，如英、美等国，对一个建设项目从开发设想直至施工图设计，这期间各个阶段的项目投资的预计额均称估算，只是各阶段的设计深度不同，技术条件不同，对投资估算的准确度要求不同。英、美等国把建设项目的投资估算分为以下 5 个阶段：

（1）第一阶段是项目的投资设想时期。在尚无工艺流程图、平面布置图，也未进行设备分析的情况下，即根据假想条件比照同类型已投产项目的投资额，并考虑涨价因素来编制项目所需要的投资额，所以这一阶段称为毛估阶段，或称比照估算。这一阶段投资估算的意义是判断一个项目是否需要进行下一步的工作，对投资估算精度的要求允许误差为±30%。

（2）第二阶段是项目的投资机会研究时期。此时应有初步的工艺流程图、主要生产设备的生产能力及项目建设的地理位置等条件，故可套用相近规模

厂的单位生产能力建设费来估算拟建项目所需要的投资额，据以初步判断项目是否可行，或据以审查项目引起投资兴趣的程度。这一阶段称为粗估阶段，或称因素估算。其对投资估算精度的要求为误差控制在±30%以内。

（3）第三阶段是项目的初步可行性研究时期。此时已具有设备规格表、主要设备的生产能力和尺寸、项目的总平面布置、各建筑物的大致尺寸、公用设施的初步位置等条件。此时期的投资估算额可据以决定拟建项目是否可行，或据以列入投资计划。这一阶段称为初步估算阶段或称认可估算。其对投资估算精度的要求为误差控制在±20%以内。

（4）第四阶段是项目的详细可行性研究时期。此时项目的细节已经清楚，并已经进行了建筑材料、设备的询价，亦已进行了设计和施工的咨询，但工程图纸和技术说明尚不完备。可根据此时期的投资估算额进行筹款。这一阶段称为确定估算，或称控制估算。其对投资估算精度的要求为误差控制在±10%以内。

（5）第五阶段是项目的工程设计阶段。此时应具有工程的全部设计图纸、详细的技术说明、材料清单，工程现场勘察资料等，故可根据单价逐项计算而汇总出项目所需要的投资额，可据此投资估算控制项目的实际建设。这一阶段称为详细估算，或称投标估算。其对投资估算精度的要求为误差控制在±（4%~5%）以内。

（二）国内项目投资估算的阶段划分与精度要求

我国建设项目的投资估算分为以下几个阶段：机会研究（方案、规划）阶段的投资估算，项目建议书或预可行性研究阶段的投资估算，可行性研究阶段的投资估算。各阶段对投资估算的要求见表3-2-1。

表3-2-1　投资估算阶段划分与误差允许范围

序号	投资估算阶段	误差率（%）
1	机会研究（方案、规划）	±30
2	项目建议书或预可行性研究	±20
3	可行性研究	±10

三、投资估算的内容

根据国家规定，从满足建设项目投资设计和投资规模的角度考虑，建设项目投资的估算包括固定资产投资估算和流动资金估算两部分。

固定资产投资估算的内容按照费用的性质划分，包括建筑安装工程费、设备购置费、工程建设其他费用（此时不含流动资金）、基本预备费、价差预备费、建设期贷款利息、固定资产投资方向调节税（现已停征）等。其中，建筑安装工程费、设备购置费形成固定资产；工程建设其他费用可分别形成固定资产、无形资产及其他资产。基本预备费、价差预备费、建设期贷款利息，在可行性研究阶段为简化计算，一并计入固定资产。

固定资产投资可分为静态部分和动态部分。价差预备费、建设期贷款利息和固定资产投资方向调节税构成动态投资部分；其余为静态投资部分。

流动资金是指生产经营性项目投产后，用于购买原材料、燃料、支付工资及其他经营费用等所需的周转资金。它是伴随着固定资产投资而发生的长期占用的流动资产投资，流动资金＝流动资产－流动负债。其中，流动资产主要考虑现金、应收账款和存货；流动负债主要考虑应付账款。因此，流动资金的概念，实际上就是财务中的营运资金。建设项目投资估算构成见图 3-2-1。

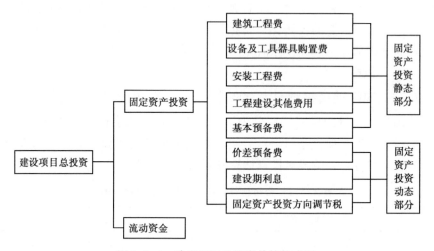

图 3-2-1　建设项目总投资估算构成图

四、投资估算编制方法

（一）生产规模指数法（又称指数估算法）

根据已建成的类似项目生产能力和投资额来粗略估算拟建项目投资额的

方法。计算公式如下：

$$C_2 = C_1(Q_2/Q_1)^x f \qquad (3-1)$$

式中　C_2——拟建项目的投资额；

C_1——已建类似项目的投资额；

Q_1——已建类似项目的处理规模；

Q_2——拟建项目的处理规模；

x——生产能力指数；

f——新老项目建设间隔期内定额、单价、费用变更等的综合调整系数。

一般来说，项目是通过增大主要设备的尺寸或提高主要设备的功率来扩大生产能力，x 的取值为 0.6~0.7。

生产能力指数法的误差在±20%以内，尽管估价误差很大，但有它独特的好处：即这种估价方法不需要详细的工程设计资料，只知道工艺流程及规模就可以；其次对于总承包工程而言，可作为估价的旁证，在总承包工程报价时，承包商大都采用这种方法估价。

【例3-1】已知建设 50t/d 硫黄回收装置的投资额为 5000 万元，现拟建一 80t/d 硫黄回收装置，采用的工艺方法与已建装置相同，试估算拟建装置的投资额（$x = 0.65$，$f = 1.1$）。

【解答】：根据公式（3-1），则有：

$$C_2 = C_1 (Q_2/Q_1)^x f = 5000 \times (80 \div 50)^{0.65} \times 1.1 = 7465 \text{ 万元}$$

（二）　单位处理规模估算法

依据调查的统计资料，利用相近规模的单位生产能力投资与拟建项目建设规模计算拟建项目投资。计算公式如下：

$$C_2 = (C_1/Q_1) Q_2 f \qquad (3-2)$$

式（3-2）中符号含义与式（3-1）同。这种方法把项目的建设投资与其生产能力的关系视为简单的线性关系，估算结果精确度较差，误差较大，可达±30%，即精度达 70%。此法只能是粗略地快速估算，误差大。

这种方法十分简便迅速，但要求估价人员掌握足够的典型工程的历史数据，而且必须是新建项目与所选取项目的历史资料相类似，仅存在规模大小和时间上的差异。

通常情况下，拟建项目的生产能力与已建项目生产能力的比值在 0.5~2

时，可采用此法，超出此范围，建议采用规模指数法。

【例3-2】已知建设50t/d硫黄回收装置的投资额为5000万元，现拟建一80t/d硫黄回收装置，采用的工艺方法与已建装置相同，试估算拟建装置的投资额（$f=1.1$）。

【解答】：根据公式（3-2），则有：

$$C_1 = (C_1/Q_1)\ Q_2 f = (5000 \div 50) \times 80 \times 1.1 = 8800\ \text{万元}$$

（三）比例估算法

首先计算出拟建项目的相应设备费，根据统计资料，按已建同类项目各专业主要设备投资占工程费用的比例来估算拟建项目的工程费用。计算公式如下：

$$C_2 = C_1(S_2/S_1)(1+X)^t d \qquad (3-3)$$

式中　S_1——已建项目设备费；

　　　S_2——拟建项目设备费；

　　　X——价格年变动指数；

　　　t——已建项目的建成时间至拟建项目投资估算编制年的年数；

　　　d——地区差价系数。

C_1、C_2含义与式（3-1）同。

【例3-3】已知建设50t/d硫黄回收装置的投资额为5000万元，其中设备投资为3700万元，现拟建一80t/d硫黄回收装置，设备投资为5800万元，采用的工艺方法与已建装置相同，试估算拟建装置的投资额（$X=5\%$，$t=1$，$d=1.1$）。

【解答】：根据公式（3-3），则有：

$$\begin{aligned}C_2 &= C_1(S_2/S_1)(1+X)^t d\\ &= 5000 \times (5800 \div 3700) \times (1+5\%) \times 1.1 = 9053\ \text{万元}\end{aligned}$$

（四）朗格系数法

这种方法是以设备费为基数，乘以适当系数来推算项目的投资额。其计算公式如下：

$$C = E(1 + \sum K_i)K_c \qquad (3-4)$$

式中　C——拟建项目投资额；

　　　E——主要设备费；

　　　K_i——管线、仪表、建筑物等项费用的估算系数；

K_c——管理费、合同费、应急费等项费用的总估算系数。

应用朗格系数法进行装置估价的精度仍不是很高，其原因如下：装置规模大小发生变化的影响；不同地区自然地理条件的影响；不同地区经济地理条件的影响；不同地区气候条件的影响；主要设备材质发生变化时，设备费用变化较大而安装费变化不大所产生的影响。

尽管如此，由于朗格系数法是以设备费为计算基础，设备费在一项工程中所占的比重大，同时一个装置中每台设备所含有的管道、电气、自控仪表、绝热、油漆、建筑等，都有一定的规则。所以，只要对各种项目的朗格系数掌握准确，估算精度仍可较高。朗格系数法估算误差为±（10%~15%）。

【例3-4】某新建硫黄回收装置设备投资为5800万元，根据已建同类项目统计情况，一般建筑工程占设备投资的2%，安装工程占设备投资的40%，试估算该装置的投资额（$K_c = 1.15$）。

【解答】：根据公式（3-4），则有：

$$C = E(1 + \sum K_i)K_c = 5800 \times (1 + 2\% + 40\%) \times 1.15 = 9471 \, 万元$$

（五）指标估算法

估算指标是一种比概算指标更为扩大的单位工程指标或单项工程指标。编制方法是采用有代表性的单位或单项工程的实际资料，采用现行的概预算定额编制概预算，或收集有关工程的施工图预算或结算资料，经过修正、调整反复综合平衡，以单项工程为扩大单位，以"量"和"价"相结合的形式，用货币来反映活劳动与物化劳动。指标的单位可以根据工艺流程的需要而分区切块，按需要而变动。指标的"量"和"价"受扩大指标单位规定的内容和范围的影响而变化。在规定的范围内，"量"是不变的，而"价"是受单价波动的，必须进行必要的调整。估算指标应是以定"量"为主，故在估算指标中应有人工数、主要设备规格表、主要材料量、主要实物工程量、各专业工程的投资等。对单项工程，应作简洁的介绍，必要时还要附工艺流程图、物料平衡表及消耗指标。这样，就能为动态计算和经济分析创造条件。

使用估算指标法应根据不同地区、不同年份进行调整。因为地区、年份不同，设备与材料的价格均有差异，调整方法可以按重要材料消耗量或"工程量"为计算依据；也可以按不同的工程项目的"万元工料消耗定额"而定不同的调整系数。如果有关部门已颁布了有关定额或材料价差系数（物价指数），也可以据其进行调整。

使用估算指标法进行投资估算绝不能生搬硬套，必须对工艺流程、定额、价格及费用标准进行分析，经过实事求是地调整与换算后，才能提高其精确度。

（六）工程量法

根据专业设计人员提供的各专业具体的工程量，套用概算指标及有关费用定额进行估算。

【例3-5】拟在中亚某地新建一套分子筛脱水脱硫醇装置，设计规模为$600×10^4 m^3/d$，试按工程量法计算投资。

【解答】该装置的单位工程包括构筑物、建筑物、工艺设备及安装，非标设备及安装，自控设备及安装，热工设备及安装，金属结构。下面以构筑物、工艺设备及安装为例，说明工程量法的主要计算过程。

1. 构筑物

（1）首先测算国内某类似地区的构筑物单位指标。

（2）根据收集的该国工程所在地的地区材料价格和材料运费等进行材料调差，并按相关规定调整人工费、机械费，对国内构筑物单位指标进行调整，修正为建设当地的构筑物单位指标。

国内单位指标为1400元/m^3，进行人工费、材料类、机械费调整后，测算建设当地的构筑物单位指标为3000元/m^3。构筑物费用计算见表3-2-2。

表3-2-2　构筑物费用计算表

序号	单位指标（元/m^3）	工程量（m^3）	合价（万元）
1	3000	230	69

2. 工艺设备及安装

1）设备购置费

以各设计专业提交工程量为基础，设备价格按询价，同时参考行业指导价格信息和其他类似工程价格资料计列。

设备购置费=出厂价+该国国外设备运杂费+该国国外运输保险费+该国海关手续费+该国关税+该国增值税+该国国内运杂费

该国进口从属费费率为38.5%，该国内平均运杂费费率为5%。

2）主材费

计算方法与设备购置费相同。

3）安装费

参考国内类似工程，按相关规定对其工艺设备安装费中人工费、材料费、机械费进行调整，然后计算调整后的安装费占设备费与主材费之和的比例，以此比例估算本装置工艺设备安装费。

国内人工单价为 44.5 元/（工·日），该国人工单价为 602.5 元/（工·日），材料费调整系数为 1.51，机械费调整系数为 1.48。经测算，该国工艺安装费为中国国内类似装置的 2.3 倍（国内类似安装费比例为 37%）。工艺设备及安装费计算见表 3-2-3。

表 3-2-3　工艺设备及安装费计算表

序号	分部分项工程名称	单位	数量	单价（万元）	合价（万元）
一	设备				
1	再生气冷却器	套	1	48.10	48.10
2	再生气/冷吹气换热器	台	1	8.75	8.75
3	原料气过滤分离器	台	1	60.50	60.50
4	产品气粉尘过滤器	台	2	50.50	101.00
	该国引进设备从属费		38.5%		84.06
	该国国内运杂费		5%		10.92
	分部小计				313.33
二	主材				
1	球阀 Q47F-100 *DN*50	个	13	0.36	4.68
2	球阀 Q47F-100 *DN*40	个	26	0.2	5.2
3	球阀 Q47F-100 *DN*15	个	8	0.12	0.96
4	球阀 Q47F-100 *DN*25	个	4	0.16	0.64
5	球阀 Q47F-64 *DN*40	个	3	0.18	0.54
6	球阀 Q47F-25 *DN*50	个	7	0.19	1.33
7	球阀 Q47F-25 *DN*100	个	1	0.6	0.6
8	球阀 Q47F-25 *DN*200	个	1	2.08	2.08
9	球阀 Q47F-40 *DN*200	个	2	2.34	4.68
10	球阀 Q47F-40 *DN*150	个	5	1.3	6.5
11	球阀 Q47F-40 *DN*15	个	4	0.08	0.32
12	球阀 Q47F-40 *DN*40	个	3	0.15	0.45

序号	分部分项工程名称	单位	数量	单价（万元）	合价（万元）
13	球阀 Q47F-40 DN25	个	2	0.12	0.24
14	球阀 Q47F-40 DN80	个	2	0.42	0.84
15	明杆楔式单闸板闸阀 DN50	个	6	0.14	0.84
16	明杆楔式单闸板闸阀 DN25	个	2	0.06	0.12
17	明杆楔式单闸板闸阀 DN15	个	2	0.04	0.08
18	明杆楔式单闸板闸阀 DN20	个	1	0.05	0.05
19	明杆楔式单闸板闸阀 DN40	个	1	0.12	0.12
20	截止阀 J41H-40 DN100	个	3	0.35	1.05
21	截止阀 J41H-40 DN25	个	1	0.08	0.08
22	截止阀 J41H-25 DN25	个	3	0.06	0.18
23	截止阀 J41H-25 DN50	个	4	0.15	0.6
24	截止阀 J41H-25 DN40	个	2	0.12	0.24
25	截止阀 GMJ11F/H-10P-Ⅱ DN15	个	6	0.09	0.54
26	截止阀 GMJ11F/H-4.0P-Ⅱ DN15	个	1	0.08	0.08
27	轴流式止回阀 ZSH41H-64 DN250	个	1	1.8	1.8
28	轴流式止回阀 ZSH41H-40 DN150	个	1	0.75	0.75
29	轴流式止回阀 ZSH41H-40 DN50	个	1	0.18	0.18
30	轴流式止回阀 ZSH41H-40 DN25	个	2	0.06	0.12
31	限流孔板 PN10.0MPa DN50	个	8	0.2	1.6
32	无缝钢管 20G	t	76.97	0.8	61.58
33	无缝钢管 20号	t	7.246	0.7	5.07
34	无缝钢管 20号+镀锌	t	0.137	0.75	0.10
	该国引进材料从属费		38.5%		40.13
	该国国内运杂费		5%		5.21
	分部小计				149.58
三	安装费		85%		393.47
	合计				856.38

第三节 建设项目的经济评价

一、经济评价的概念和层次

（一）经济评价的概念

经济评价是指在一定的社会经济制度下，采用现代分析方法，对建设项目从工程、技术、市场、社会、经济和环境等方面进行调查、预测、计算、分析和论证，以考察建设项目投资行为的经济合理性和可行性。

（二）经济评价的层次

经济评价包括财务评价（也称财务分析）和国民经济评价（也称经济费用效益分析）。

财务评价是在国家现行财税制度和市场价格体系下，从项目的角度出发，计算项目范围内的财务效益和费用，分析项目的盈利能力和清偿能力，评价项目在财务上的可行性。

国民经济评价是在合理配置社会资源的前提下，从国家经济整体利益的角度出发，计算项目对国民经济的贡献，分析项目的经济效益、效果和对社会的影响，评价项目在宏观经济上的可行性。

二、资金的时间价值

资金存入银行，经过一段时间后可获得利息；资金投入生产或流通领域，将获得一定的收益，带来一定量的增值，这就是资金的增值属性。因此，资金的价值随时间的变化而变化，是随着时间的推移，按照一定的比率数增长的，资金的这种属性就称作资金的时间价值。

资金具有时间价值，即使两笔金额相等的资金，如果发生在不同时期，其实际价值量是不相等的。因此，一定金额的资金必须注明其发生的时间，才能表明其准确的价值。

（一）现金流量

在建设工程经济分析中，通常是将项目看作是一个独立的经济系统，来考察投资项目的经济效益。对一个系统而言，在某一时间点上流出系统的货币称为现金流出；流入系统的货币称为现金流入；同一时间点上的现金流入和现金流出的代数和，称为净现金流量。现金流入、现金流出和净现金流量，统称为现金流量。

一个项目的实施，需要持续一定的时间。在项目的寿命期内，各种现金流量的数额和发生的时间不尽相同。为了便于分析不同时间点上的现金流入和现金流出，计算其净现金流量，通常采用现金流量表（表3-3-1）的形式来表示特定项目在一定时间内发生的现金流量。

表3-3-1　现金流量表

年末	1	2	3	4	5	…	n
现金流入（元）	0	0	600	800	800	…	900
现金流出（元）	1000	800	100	120	120	…	120
净现金流量（元）	−1000	−800	500	680	680	…	780

为了更简单、直观明了地反映有关项目的收入和支出，一般用一个数轴图形来表示现金流入、现金流出与相应时间的对应关系，这一图形就称为现金流量图（图3-3-1）。

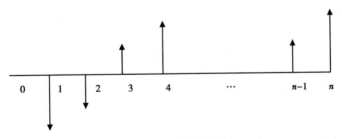

图3-3-1　现金流量图

图中横轴是时间轴，表示一个从零开始到n的时间序列，每一间隔代表一个时间单位（一个计息期）。随计息期长短的不同，时间单位可以取年、季或月等。横轴的零点表示时间序列的起点，同时也是第一个计息期的起始点。从1~n分别代表各计息期的终点，第一个计息期的终点，也就是第二个计息期的起点，n点表示时间序列的终点。横轴反映的是所考察的经济系统的寿命周期。

与横轴相连的垂直线，代表不同时间点上流入或流出系统的现金流量。

垂直线的箭头表示现金流动的方向，箭头向上表示现金流入，即表示收益；箭头向下表示现金流出，即表示费用。垂直线的长度与现金流量的金额成正比，金额越大，相应垂直线的长度越长。一般而言，现金流量图上要注明每一笔现金流量的金额。

（1）现值（P）：即资金发生在（或折算为）某一时间序列起点时间的价值，或相对于将来值的任何较早时间的价值。

（2）终值（F）：即资金发生在（或折算为）某一时间序列终点时间的价值，或相对于现在值的任何以后时间的价值。

现值与终值之间的关系：

现值+复利利息=终值

终值−复利利息=现值

（3）等额年金（A）：即发生在某一时间序列各计算期末（不包括零期）的等额资金的价值，也即 n 次等额支付系列中的一次支付。在图 3-3-2 中，除 0 点外，从 1~n 期末的资金流量都相等的 A 即为等额年金。

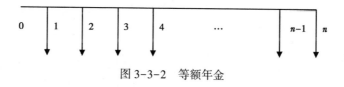

图 3-3-2　等额年金

（二）资金时间价值计算的种类

1. 利息

如果将一笔资金存入银行，存入银行的资金就叫作本金，经过了一段时间以后，从银行提出本金之外，资金所有者还能得到一些报酬，称之为利息 I。一般地，利息是指占用资金所付出的代价。单位时间内利息与本金的比值就称为利率，一般以百分比表示。设 P 代表本金，I 代表利息，i 代表利率，则

$$i = \frac{I}{P} \times 100\%$$

利率是在一个计息周期内所应付出的利息额与本金之比，或是单位本金在单位时间内所支付的利息。利息的计算分为单利法和复利法两种方式。

（1）单利法。

单利法是每期的利息均按原始本金计算的计息方式，即不论计息期数为

多少，只有本金计息，利息不计利息。单利法的计算公式为：

$$I = P \cdot n \cdot i \qquad (3-5)$$

式中　n——计息期数。

n 个计息周期后的本息和为

$$F = P + I$$
$$= P(1 + i \cdot n) \qquad (3-6)$$

式中　F——本息和。

（2）复利法。

复利法是各期的利息分别按原始本金与累计利息之和计算的计息方式，即每期计算的利息计入下期的本金，下期将按本利和的总额计息。在按复利法计息的情况下，除本金计息外，利息也计利息。

复利法的计算公式为：

$$F = P(1 + i)^n \qquad (3-7)$$

$$I = P[(1 + i)^n - 1] \qquad (3-8)$$

2. 实际利率和名义利率

在复利法计算中，一般是采用年利率。若利率为年利率，实际计算周期也是以年计，这种年利率称为实际利率；若利率为年利率，而实际计算周期小于一年，如每月、每季或每半年计息一次，这种年利率就称为名义利率。例如，年利率为3%，每月计息一次，此年利率就是名义利率，它相当于月利率为2.5‰。又如季利率为1%，则名义年利率就为4%（4×1%＝4%）。因此，名义利率可定义为周期利率乘以每年计息的周期数。

设名义利率为 r，在一年中计算利息 m 次，则每期的利率为 r/m，假定年初借款 P，则一年后的复本利和为：

$$F = P(1 + r/m)^m \qquad (3-9)$$

其中，利息为复本利和与本金之差，即：

$$I = F - P = P(1 + r/m)^m - P \qquad (3-10)$$

当名义利率为 r 时，实际利率可由下式求得：

$$i = \frac{I}{P} = \frac{P(1 + r/m)^m}{P}(1 + r/m)^m - 1 \qquad (3-11)$$

由上式可知，当 $m = 1$ 时，实际利率 i 等于名义利率 r；当 m 大于 1 时，

实际利率 i 将大于名义利率 r；而且 m 越大，两者相差也越大。

【例3-6】有一笔资金1000万元，年利率为12%，计息期为半年（即每半年计息一次），求一年后的本利和 F。

【解答】：名义利率 $r=12\%$，因半年计息一次，期利率为 $12\%\div 2=6\%$，一年内计息2次，故有效年利率 $I=\left(1+\dfrac{r}{m}\right)^{m}-1=(1+0.12\div 2)^{2}-1=12.36\%$，一年后的本利和 $F=1000\times(1+12.36\%)=1123.6$ 万元。

3. 复利法资金时间价值计算的基本公式

根据资金的不同支付方式，资金时间价值计算的基本公式有如下6个。

1）一次支付终值公式

如果有一项资金 P 按年利率 i 进行投资，即期初一次投入的现值为 P，n 期末的终值为 F，其 n 期末的复本利和应为多少？也就是已知 P、n、i，求 F，计算公式为：

$$F = P(1 + i)^{n} \qquad\qquad (3-12)$$

式中　$(1+i)^{n}$——终值系数，记为 $(F/P、i、n)$。

一次支付终值的现金流量如图3-3-3所示。

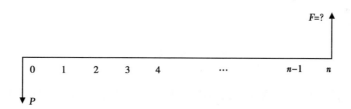

图3-3-3　一次支付终值现金流量图

【例3-7】一笔项目投资贷款100万元，年利率12%，求5年后的本利和。

【解答】：根据公式（3-12），则有：

$$F = 100\times(1+0.12)^{5} = 176.23 \text{ 万元}$$

2）一次支付现值公式

如果已知在将来某一时点 n 上投放资金 F，按年利率 i 折算至期初0时点，现值 P 应为多少？即已知 F、i、n，求 P。

由 $F=P(1+i)n$ 变换成由终值求现值的公式：

$$P = \frac{F}{(1+i)^{n}} = F(1+i)^{-n} \qquad\qquad (3-13)$$

式中　$(1+i)^{-n}$ 为现值系数，记为 $(P/F, i, n)$。

把未来时刻资金的价值换算为现在时刻的价值，称为折现或贴现，在项目经济分析时经常用到。

【例3-8】10年后需要使用一笔投资100万元，现需存入一笔资金，若利率10%，一年计息一次，现在应存入多少资金？

【解答】：根据公式（3-13），则有：

$$P = 100 \times (1 + 0.1)^{-10} = 38.55 \ 万元$$

3）等额资金终值公式

在经济评价中，经常遇到连续在若干期的期末支付等额的资金，而需要计算最后期末所积累起来的资金。例如，从第1年到第 n 年，逐年年末的等额资金存入银行，到第 n 年末一次取出，即已知 A、i、n，求 F。这样安排的资金流量如图3-3-4所示。

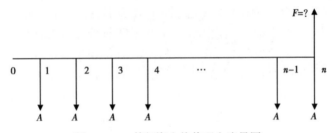

图3-3-4　等额资金终值现金流量图

在年利率为 i 的情况下，n 年内每年年末投入 A，到 n 年年末积累的终值 F 等于各等额年金 A 的终值之和：

$$F = A(1+i)^{n-1} + A(1+i)^{n-2} + \cdots + A = \frac{A(1+i)^n - 1}{i} \qquad (3\text{-}14)$$

式中　$\dfrac{(1+i)^n - 1}{i}$ 称为年金终值系数，记为 $(F/A, i, n)$。

【例3-9】某项工程项目建设期为5年，每年年末用掉银行借款20万元，年利率10%，问到第5年年末欠银行多少钱？

【解答】：根据公式（3-14），则有：

$$F = A \ (F/A, \ 10\%, \ 5) = 20 \times 6.1051 = 122.102 \ 万元$$

4）等额资金偿债基金公式

为了在 n 年年末能够筹集一笔资金来偿还债款 F，按年利率 i 计算，拟从

现在起至 n 年的每年年末等额存储一笔资金 A，以便到 n 年年末偿清 F，必须存储的 A 为多少？即已知 F、i、n，求 A。其现金流量图如 3-3-5 所示。

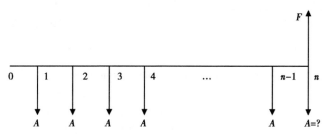

图 3-3-5　等额资金偿债基金现金流量图

将公式 $F = \dfrac{A(1 + i)^n - 1}{i}$ 变换，得：

$$A = F \dfrac{i}{A(1 + i)^n - 1} \tag{3-15}$$

式中 $\dfrac{i}{A(1 + i)^n - 1}$ 为偿债资金系数，记为 $(A/F, i, n)$。

【例 3-10】某工厂第 10 年年末应向银行偿还 10 万元，若年利率 10%，一年计息一次，该工厂从第 1 年到第 10 年，每年年末应等额向银行存入多少钱，才能使本利和正好偿清这笔债款。

【解答】：根据公式（3-15），则有：

$$A = F\ (A\ /\ F,\ 10\%,\ 10) = 10 \times 0.06275 = 0.6275\ 万元$$

5）等额资金回收公式

若在第一年年初以年利率 i 存入一笔资金 P，希望在今后从第 1 年起至第 n 年止，把复本利和在每年年末以等额资金 A 的方式取出，每年年末可得到的 A 为多少？即已知 P、i、n，求 A。这项活动的现金流量如图 3-3-6 所示。

由公式 $F = P\ (1+i)^n$ 及公式 $A = F \dfrac{i}{A(1 + i)^n - 1}$

可得：

$$A = P \dfrac{i(1 + i)^n}{(1 + i)^n - 1} \tag{3-16}$$

式中 $\dfrac{i(1 + i)^n}{(1 + i)^n - 1}$ 为资金回收系数，记为 $(A/P, i, n)$。

【例 3-11】期初有一笔资金 1000 万元投入某个项目，年利率 10%，从第

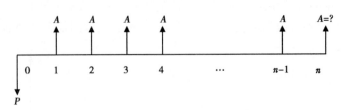

图 3-3-6 等额资金回收现金流量图

1 年到第 10 年，每年年末等额回收多少钱，到第 10 年年末正好将 1000 万元本金及利息全部收回?

【解答】：根据公式（3-16），则有：

$$A = P \ (A/P, \ 10\%, \ 10) = 1000 \times 0.16275 = 162.75 \ \text{万元}$$

6）等额资金现值公式

在 n 年内，按年利率 i 计算，为了能在今后几年中每年年末可提取相等金额的资金 A，现在必须投资多少？即现值 P 为多少。也就是在已知 A、i、n 的条件下，求 P。其现金流量如图 3-3-7 所示。

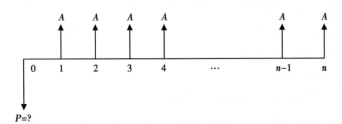

图 3-3-7 等额资金现值现金流量图

由公式 $A = P \dfrac{i(1 + i)^n}{(1 + i)^n - 1}$

可推出：

$$P = A \dfrac{(1 + i)^n - 1}{i(1 + i)^n} \tag{3-17}$$

式中 $\dfrac{(1 + i)^n - 1}{i(1 + i)^n}$ 为年金现值系数，记为 $(P/A, i, n)$。

【例 3-12】从第 1 年到第 10 年，每年年末可获得收益 100 万元，年利率 10%，10 年的收益相当于现值是多少？

【解答】：根据公式（3-17），则有：

$P=A$ $(P/A$，10%，$10)$ $=100\times6.1446=614.46$（万元）

三、方案经济比选与案例

（一）方案经济比选的基本概念

方案经济比选是寻求合理的经济和技术方案的必要手段，也是项目评价的重要内容。在项目前期工作中，对涉及的各种决策要素和研究方面，都应从技术和经济相结合的角度进行多方案分析论证、比选优化，根据比选的结果，结合其他因素进行方案决策。项目经济评价中宜对互斥方案和可转化为互斥型的方案进行比选，油气开发建设项目备选方案主要包括开发方案、工程方案、设备选型、厂址选择等。

备选方案应满足的条件有：备选方案的整体功能应达到目标要求；备选方案的经济效益应达到可以被接受的水平；备选方案包括的范围和时间应一致，效益和费用计算的口径应一致，且各个方案之间具有可比性。可比性主要表现如下。

（1）计算期可比，所比方案的计算期相同。当计算期不同时，可采用年值法进行比选（包括净年值比较法和等额年费用法），采用其他比选方法时应保证计算期相同。将计算期不同的各方案变为相同的方法主要有以下两种：

①直接取每个备选方案中最短的计算期作为各方案的共同计算期，不考虑确定的共同计算期以后各年的效益和费用。

②将各备选方案计算期的最小公倍数作为各方案共同的计算期，对各方案在寿命终了后接替工程的投资、成本等均应与方案一并考虑。

（2）计算基础指标可比，包括产品价格、产量的计算方法、设备、材料价格等要相同，成本和投资估算应采用同一指标体系等。

（3）设计深度相同。各设计方案的详细程度相同，效益与费用的计算范围一致。

（4）经济计算方法相同。

（二）方案比选方法与案例

方案比较可按方案所含的全部因素（相同因素或不同因素），计算各方案的全部经济效益和费用进行全面对比，也可仅就不同因素计算相对经济效益和费用，进行局部比较。

方案经济比选可采用效益比选法、费用比选法和最低价格法。

1. 效益比选法

包括净现值比较法、净年值比较法、差额投资内部收益率法。

(1) 净现值比较法，比较备选方案的财务净现值或经济净现值，以净现值（$FNPV$）大的方案为优。比较净现值时应采用相同的折现率。计算公式如下：

$$FNPV = \sum_{t=1}^{n} (CI - CO)_t (1 + i_c)^{-t} \tag{3-18}$$

式中　CI——年现金流入量；

CO——年现金流出量；

$(CI-CO)_t$——第 t 年净现金流量；

i_c——设定的折现率。

(2) 净年值比较法，比较备选方案的净效益等额年值（简称净年值 AW），以净年值大的方案为优。比较净年值时应采用相同的折现率。计算公式如下：

$$AW = \left[\sum_{t=1}^{n} (S - I - C' + S_v + W)_t (P/F, i_c, t) \right] (A/P, i_c, n) \tag{3-19}$$

或　　　　　　　　$$AW = NPV(A/P, i_c, n)$$

式中　S——营业收入；

I——年全部投资；

C'——年经营成本费用；

S_v——计算期回收的油气资产余值；

W——计算期末回收的流动资金；

$(P/F, i_c, t)$——现值系数；

$(A/P, i_c, n)$——资金回收系数；

i_c——设定的折现率；

n——计算期。

(3) 差额投资内部收益率法，使用备选方案差额现金流，应按下式计算：

$$\sum_{t=1}^{n} \left[(CI - CO)_大 - (CI - CO)_小 \right]_t (1 + \Delta FIRR)^{-t} = 0 \tag{3-20}$$

式中　$(CI - CO)_大$——投资大的方案年净现金流量；

$(CI - CO)_小$——投资小的方案年净现金流量；

$\Delta FIRR$——差额投资内部收益率。

计算差额投资内部收益率（$\Delta FIRR$），与设定的基准收益率（i_c）进行对比，当差额投资内部收益率（$\Delta FIRR$）大于或等于设定的基准收益率（i_c）时，以投资大的方案为优，反之，投资小的为优。在进行多方案比较时，应先按投资大小，由小到大排序，再依次就相邻方案两两比较，从中选出最优方案。

【例3-13】已知下列数据，试用 $FNPV$、AW、$\Delta FIRR$ 指标进行方案比较（表3-3-2）。设 $i_c = 10\%$。

表3-3-2　方案比较原始数据

项目	方案 A	方案 B
投资（万元）	3500	5000
年收益值（万元）	1900	2500
年支出值（万元）	645	1383
估计寿命（年）	4	8

【解答】：（1）绘制现金流量图（图3-3-8）。

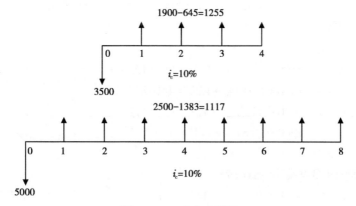

图3-3-8　现金流量图

（2）评价。

①净现值评价。

应取相同的研究期，如果研究期不同，也就无从比较。

（a）取每个方案计算期的最小公倍数作为共同研究期。本例中研究期为8年。

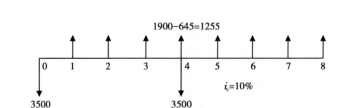

图 3-3-9　方案 A NPV 评价现金流量图

$FNPV（A）=-3500×\left[1+（P/F，10\%，4）\right]+1255×（P/A，110\%，8）$
　　　　$=-3500×（1+0.6830）+1255×5.335=804.925$ 万元

$FNPV（B）=-5000+1117×（P/A，10\%，8）$
　　　　$=-5000+1117×5.335=959.195$ 万元

选择方案 B。

（b）取年限最短的方案寿命期作为共同的研究期。本例中研究期为 4 年。

$FNPV（A）=-3500+1255（P/A，10\%，4）$
　　　　$=-3500+1255×3.17=478.35$ 万元

$FNPV（B）=\left[-5000（A/P，10\%，8）+1117\right]×（P/A，10\%，4）$
　　　　$=（-5000×0.18744+1117）×3.17=569.966$ 万元

选择方案 B。

②年值（AW）评价。

$AW（A）=-3500×（A/P，10\%，4）+1255$
　　　$=-3500×0.31547+1255=150.855$ 万元

$AW（B）=-5000×（A/P，10\%，8）+1117$
　　　$=-5000×0.18744+1117=179.8$ 万元

选择方案 B。

③增量内部收益率（ΔFIRR）评价。

$AW（B-A）=-\left[5000×（A/P，ΔFIRR，8）-3500×（A/P，ΔFIRR，4）\right]+（1117-1255）=0$

$i_1=12\%$ 时，

$AW（B-A）=-5000×0.2013+3500×0.3292-138=7.805$

$i_2=13\%$ 时，

$AW（B-A）=-5000×0.2084+3500×0.3362-138=-3.285$

$ΔFIRR=12\%+7.805×（13\%-12\%）÷\left[7.805-（-3.285）\right]$
　　　$=12.7\%>i_c$

选择初始投资大的方案 B。

2. 费用比选方法

包括费用现值比较法和费用年值比较法。

（1）费用现值比较法，计算备选方案的总费用现值并进行对比，应以费用现值（PC）较低的方案为优。可采用下式计算：

$$PC = \sum_{t=1}^{n} (I + C' + S_v - W)_t (P/F, i_c, t) \qquad (3-21)$$

式中　PC——费用现值。

（2）费用年值比较法，计算备选方案的费用年值（AC）并进行对比，以费用年值较低的方案为优。可采用下式计算：

$$AC = \sum_{t=1}^{n} (I + C' + S_v - W)_t (P/F, i_c, t)(A/P, i_c, n) \qquad (3-22)$$

或 $$AC = PC(A/P, i_c, n)$$

式中　$(A/P, i_c, n)$——资金回收系数。

3. 最低价格（服务收费标准）法

在相同产品方案比选中，以净现值为零推算各方案的产品最低价格 P_{min}，应以最低产品价格较低的方案为优。

【例 3-14】对图 3-3-10 所示的 A、B 两方案，用 PC、AC 进行比较。

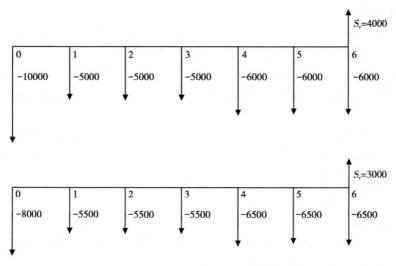

图 3-3-10　A、B 两方案费用流量图

【解答】：

（1）费用现值：

PC（A）＝10000＋5000×（P/A，15%，3）＋6000×（P/A，15%，3）×（P/F，15%，3）－4000×（P/F，15%，6）＝28679 元

PC（B）＝8000＋5500×（P/A，15%，3）＋6500×（P/A，15%，3）×（P/F，15%，3）－3000×（P/F，15%，6）＝29019 元

PC（A）＜PC（B），A 方案优于 B 方案。

（2）费用年值：

AC（A）＝（10000－4000）×（A/P，15%，6）＋4000×0.15＋5000×（P/A，15%，3）×（A/P，15%，6）＋6000×（F/A，15%，3）×（A/F，15%，6）＝7585 元

AC（B）＝（8000－3000）×（A/P，15%，6）＋3000×0.15＋5500×（P/A，15%，3）×（A/P，15%，6）＋6500×（F/A，15%，3）×（A/F，15%，6）＝7668 元

AC（A）＜AC（B），A 方案优于 B 方案。

4. 不确定性因素下的方案比选

在多方案比较中，应分析不确定性因素对方案比选的影响，判断其对比较结果的影响程度，必要时，应进行不确定性分析或风险分析，以保证比选结果的有效性。在比选时应遵循效益与风险权衡的原则。不确定性因素下的方案比选可采用下列方法之一：

（1）折现率调整法，调高折现率使备选方案净现值为零，折现率变动幅度小的方案风险大，折现率变动幅度大的方案风险小。

（2）标准差法，对备选方案进行概率分析，计算出评价指标的期望值和标准差后，在期望值满足要求的基础上，比较其标准差，标准差较高者，风险也较大。

（3）累计概率法，计算备选方案净现值大于或等于零的累计概率，估计方案承受风险的程度，方案的净现值大于或等于零的累计概率值越接近于1，说明项目的风险越小；反之，项目的风险越大。

5. 方案比选应注意的问题

（1）备选方案提供的信息资料和数据资料应可靠、均衡。

（2）同时进行财务分析和经济费用效益分析时，方案经济比选主要应按经济费用分析的结论选择方案。

（3）备选方案经济指标的取值比较差异不大时，不能依此判定方案的优

劣,只有经济指标的取值存在足够的差异,且估算和测算的误差不足以使评价结论出现逆转时,才能认定比较方案有显著的差异,并据此判定方案的优劣。

(4) 备选方案的计算期不同时,宜采用净年值法和费用年值法。如果采用差额投资内部收益率法,可将各方案计算期的最小公倍数作为比较方案的计算期或者一个方案中最短的计算期作为比较方案的计算期。在某些情况下可采用研究期法。

6. 方案比选方法的选择

(1) 在项目无资金约束的条件下,一般采用净现值比较法、净年值比较法和差额投资内部收益率法。

(2) 方案效益相同或基本相同时,可采用最小费用法,即费用现值比较法和费用年值比较法。

方案比选中经济评价指标的应用范围见表3-3-3。

表3-3-3　方案比选中经济评价指标的应用范围表

指标 用途	净现值	内部收益率
方案比选（互斥方案优选）	无资金限制时可选择 $FNPV$ 较大者	一般不直接用,可计算差额投资内部收益率 ($\Delta FIRR$),当 $\Delta FIRR \geqslant i_c$ 时,以投资较大方案为优
项目排队（独立项目按优劣顺序的最优组合）	不单独使用	一般不采用（可用于排除项目）

四、经济评价

(一) 财务评价

1. 财务评价内容

(1) 盈利能力分析,通过静态或动态评价指标测算项目的财务盈利能力和盈利水平。

(2) 偿债能力分析,分析测算项目偿还贷款的能力。

(3) 不确定性分析,分析项目在计算期内不确定性因素可能对项目产生的影响和影响程度。

2. 财务评价的基本报表

(1) 财务现金流量表。财务现金流量表反映项目计算期内各年的现金收支，用以计算各项动态和静态评价指标，进行项目财务盈利能力分析。财务现金流量表分为以下两种：

①项目财务现金流量表。该表不分投资资金来源，以全部投资作为计算基础，用以计算项目全部投资财务内部收益率、财务净现值及投资回收期等评价指标，考察项目全部投资的盈利能力，为各个投资方案（不论其资金来源及利息多少）进行比较建立共同基础。

②投资各方财务现金流量表。该表从投资者角度出发，以项目投资者的出资额作为计算基础，把借款本金偿还和利息支付作为现金流出，用以计算投资各方自有资金财务内部收益率、财务净现值等评价指标，考察项目投资各方自有资金的盈利能力。

(2) 利润与利润分配表。该表反映项目计算期内各年的利润总额、所得税及税后利润的分配情况，用以计算投资利润率等财务盈利能力指标。

(3) 财务计划现金流量表。该表通过考察项目计算期内各年投资活动、融资活动和经营活动所产生的各项现金流入和流出，计算盈余资金和累计盈余资金，分析是否有足够的净现金流量维持项目的正常运营，实现财务可持续性，进行项目财务生存能力分析。

(4) 借款偿还计划表。用于反映项目计算期内各年借款的使用、还本付息以及偿债资金来源，计算借款偿还期或者偿债备付率、利息备付率等指标。

3. 财务评价指标体系

工程项目经济效果可采用不同的指标来表达，任何一种评价指标都是从一定的角度、某一个侧面反映项目的经济效果，总会带有一定的局限性。因此，需建立一整套指标体系来全面、真实、客观地反映项目的经济效果。

工程项目财务评价指标体系根据不同的标准，可作不同的分类。根据计算项目财务评价指标时是否考虑资金的时间价值，可将常用的财务评价指标分为静态指标和动态指标两类（图3-3-11）。

静态评价指标主要用于技术经济数据不完备和不精确的方案初选阶段，或对寿命期比较短的方案进行评价；动态评价指标则用于方案最后决策前的详细可行性研究阶段，或对寿命期较长的方案进行评价。

项目财务评价按评价内容的不同，还可分为盈利能力分析指标和偿债能力分析指标两类（图3-3-12）。

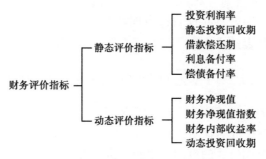

图 3-3-11　财务评价指标体系图一

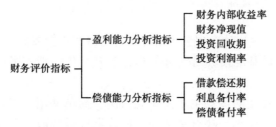

图 3-3-12　财务评价指标体系图二

4. 静态评价指标的计算分析

1）投资利润率

投资利润率是指项目达到设计生产能力后的一个正常生产年份的年利润总额与项目总投资（此处项目总投资为建设投资与全部流动资金之和）的比率，它是考察项目盈利能力的静态指标。对于生产期内各年的利润总额变化幅度较大的项目，应用年平均利润总额代替年利润总额。投资利润率的计算公式为：

投资利润率=年利润总额或年平均利润总额÷项目总投资×100%

年利润总额=年产品销售收入－年产品销售税金及附加－年总成本费用

年产品销售税金及附加=年增值税+年营业税+年特别消费税+年资源税+年城乡维护建设税+年教育费附加

项目总投资=建设投资+流动资金

投资利润率可根据利润和利润分配表中的有关数据计算求得。在财务评价中，将投资利润率与行业平均投资利润率对比，以判别项目单位投资盈利能力是否达到本行业的平均水平。

2）静态投资回收期（P_t）

静态投资回收期就是从项目建设期初起，用各年的净收入将全部投资收回所需的期限。其表达式为：

$$\sum_{t=1}^{P_t}(CI-CO)_t=0 \qquad (3-23)$$

式中　$(CI-CO)_t$——第 t 年的净现金流量；

　　　P_t——静态投资回收期。

静态投资回收期公式的更为实用的表达式为：

$$P_t=T-1+\frac{第(T-1)年的累计净现金流量的绝对值}{第\,T\,年的净现金流量} \qquad (3-24)$$

式中，T 为项目各年累计净现金流量首次为正值的年份数。

判别准则：设基准投资回收期为 P_0，若 $P_t \leqslant P_0$，则方案可行；若 $P_t>P_0$，则项目应予拒绝。

静态投资回收期的优点主要是概念清晰，简单易用，在技术进步较快时能反映项目的风险大小。缺点是舍弃了回收期以后的收入与支出数据，不能全面反映项目在寿命期内的真实效益，难以对不同方案的比较做出正确判断，所以使用该指标时应与其他指标相配合。

3）借款偿还期（P_d）

借款偿还期是指在国家财税制度规定及项目具体财务条件下，以项目投产后可用于还款的资金偿还借款本金和建设期利息所需的时间，其表达式为：

$$I_d=\sum_{t=1}^{P_d}R_t \qquad (3-25)$$

式中　I_d——借款本金和利息之和；

　　　P_d——投资借款偿还期，从项目建设期初起算；

　　　R_t——第 t 年可用于还款的资金，包括可以用于还款的利润、折旧、摊销及其他还款资金。

在实际工作中，借款偿还期可由借款偿还计划表推算。不是整年的部分可用内插法计算。

判别准则：当借款偿还期满足贷款机构的要求期限时，即认为方案具有清偿能力。

4）利息备付率

利息备付率是指项目在借款偿还期内，各年可用于支付利息的息税前利润与当期应付利息费用的比值，其表达式为：

利息备付率＝息税前利润÷当期应付利息费用

息税前利润＝利润总额＋计入总成本费用的利息费用

当期应付利息是指计入总成本费用的全部利息。利息备付率可以按年计算，也可以按整个借款期计算。利息备付率表示项目的利润偿付利息的保证倍率。对于正常运营的企业，利息备付率应当大于2，否则，表示付息能力保障程度不足。

5）偿债备付率

偿债备付率是指项目在借款偿还期内，各年可用于还本付息资金与当期应还本付息金额的比值，其表达式为：

偿债备付率＝可用于还本付息资金÷当期应还本付息金额

可用于还本付息的资金，包括可用于还款的折旧和摊销，在成本中列支的利息费用，可用于还款的利润等。当期应还本付息金额包括当期应还贷款本金及计入成本的利息。

偿债备付率可以按年计算，也可以按整个借款期计算。偿债备付率表示可用于还本付息的资金偿还借款本息的保证倍率。偿债备付率在正常情况应当大于1。当指标小于1时，表示当年资金来源不足以偿付当期债务，需要通过短期借款偿付已到期债务。

5. 动态评价指标的计算分析

1）财务净现值（FNPV）

财务净现值是指按行业的基准收益率或投资主体设定的折现率，将方案计算期内各年发生的净现金流量折现到建设期初的现值之和。它是考察项目盈利能力的绝对指标。其表达式为：

$$FNPV = \sum_{t=1}^{n} (CI - CO)_t (1 + i_c)^{-t} \tag{3-26}$$

式中　i_c——基准收益率或投资主体设定的折现率；

　　　　n——项目计算期。

财务净现值大于零，表明项目的盈利能力超过了基准收益率或折现率；财务净现值小于零，表明项目盈利能力达不到基准收益率或设定的折现率的水平；财务净现值为零，表明项目盈利能力水平正好等于基准收益率或设定的折现率。因此，财务净现值指标的判别准则：若 $FNPV \geq 0$，则方案可行；若 $FNPV < 0$，则方案应予拒绝。

财务净现值全面考虑了项目计算期内所有的现金流量大小及分布，同时考虑了资金的时间价值，因而可作为项目经济效果评价的主要指标。

2）财务净现值指数（$FNPVR$）

在多方案比较时，如果几个方案的 $FNPV$ 值都大于零值，投资规模相差较大，可以进一步用净现值指数作为财务净现值的辅助指标。净现值指数是财务净现值与总投资现值之比，其经济含义是单位投资现值所带来的净现值。其计算公式为：

$$FNPVR = \frac{FNPV}{I_p} = \frac{\sum_{i=1}^{n}(CI-CO)_t(1+i_c)^{-t}}{\sum_{t=1}^{n}I_t(1+i_c)^{-t}} \tag{3-27}$$

式中　$FNPV$——方案总投资现值；

　　　I_p——方案 n 年投资额合计；

　　　I_t——方案第 t 年的投资额。

3）财务内部收益率（$FIRR$）

财务内部收益率本身是一个折现率，它是指项目在整个计算期内各年净现金流量现值累计等于零时的折现率，是评价项目盈利能力的相对指标。财务内部收益率可通过解下述方程求解：

$$\sum_{t=1}^{n}(CI-CO)_t(1+FIRR)^{-t} = 0 \tag{3-28}$$

式中　$FIRR$——财务内部收益率。

财务内部收益率是反映项目盈利能力常用的动态评价指标，可通过财务现金流量表计算。财务内部收益率计算方程是一元 n 次方程，不容易直接求解，一般是采用"试差法"。在条件允许的情况下，最好使用计算机软件计算。

判别准则：设基准收益率为 i_0，若 $FIRR \geq i_0$，则 $FNPV \geq 0$，方案财务效果可行；若 $FIRR < i_0$，则 $FNPV < 0$，方案财务效果不可行。

按分析范围和对象不同，项目财务评价时还可分别计算项目财务内部收益率、资本金收益率（即资本金财务内部收益率）和投资各方收益率（即投资各方财务内部收益率）。

（1）项目财务内部收益率。该指标是考察项目融资方案确定之前（未计算借款利息）且在所得税前整个项目的盈利能力，供决策者进行项目方案比选和银行金融机构进行信贷决策时参考。由于项目各融资方案的利率不尽相同，所得税税率与享受的优惠政策也可能不同，在计算项目财务内部收益率时，不考虑利息支出和所得税，是为了保持项目方案的可比性。

（2）资本金收益率。该指标是以项目资本金为计算基础，考察所得税税后资本金可能获得的收益水平。

（3）投资各方收益率。该指标是以投资各方出资额为计算基础，考察投资各方可能获得的收益水平。

4）动态投资回收期（P'_t）

动态投资回收期是在计算回收期时考虑资金的时间价值。其表达式为：

$$\sum_{t=1}^{P'_t} (CI - CO)_t (1 + i_c)^{-t} = 0 \qquad (3-29)$$

判别准则：设基准动态投资回收期为 T_0，若 $P'_t < T_0$，项目可行，否则应予拒绝。

动态投资回收期更为实用的计算公式是：

$$P'_t = 累计折现值出现正值的年数 - 1 + \frac{上年累计折现值的绝对值}{当年净现金流量的折现值} \qquad (3-30)$$

6. 基准收益率的确定

基准收益率是财务评价中一个重要的参数，是投资者对投资收益率的最低期望值。它不仅取决于资金来源的构成，而且还取决于项目未来风险的大小和通货膨胀的高低。具体影响因素有以下四方面。

1）加权平均资本成本率

加权平均资本成本率是项目从各种渠道取得的资金所平均付出的代价。其大小取决于资金来源的构成及其各种筹资渠道的资本成本率。加权平均资本成本率是项目投资的最低回报率，基准收益率应该大于加权平均资本成本率。

2）投资的机会成本率

投资的机会成本率是指投资者可筹集到的有限资金如果不用于拟建项目而用于其他最佳投资机会所能获得的收益率。为了保证资金的最有效利用，项目的最低期望收益率既不能低于加权平均资本成本率，也不能低于加权平均资本收益率。

3）风险贴补率

对于投资项目的决策阶段而言，未来是不确定的。这种不确定性意味着投资者必须承担一定的损失风险。只有对风险给予足够的报酬时，投资者才会心甘情愿地承担风险，否则，他就会投资于无风险的银行定期存款或政府公债。风险贴补率就是对可能发生的风险损失的补偿。不同类型的项目，风险的大小是不同的。一般说来，从客观上看，资金密集和技术密集项目的风险高于劳动密集的；资产专用性强的项目风险高于资产通用性强的；以降低生产成本为目的的项目风险低于以扩大产量、扩大市场份额为目的的。正因为如此，不同类型的项目，风险贴补率是不同的。

4）通货膨胀率

在预期未来存在通货膨胀的情况下，如果项目的现金流量是按预期各年的当时价格计算时，项目的财务净现值和财务内部收益率都已包含通货膨胀率。为使所选项目实际收益率不低于实际期望水平，就应在真实最低期望收益率水平上，加上通货膨胀的影响。但如果项目现金流量是按不变价格计算的，就不需要考虑通货膨胀对基准收益率的影响了。

（二）国民经济评价

1. 概述

国民经济评价从资源合理配置的角度，分析项目投资的经济效益和对社会福利所作出的贡献，评价项目的经济合理性，有助于设计和选择能够对一个国家的福利做出贡献的项目。国民经济评价不仅仅用于计算项目的某些经济指标，如项目的经济净现值（$ENPV$）或经济内部收益率（$EIRR$），它更有助于回答项目对实施机构的影响、对社会的影响以及对不同利益相关者影响的各种问题；也可以帮助我们确定项目的风险并评价项目的可持续性。国民经济评价特别有助于确定应承担项目的适当主体，估算项目对财政的影响，确定成本回收计划是否有效和公平，评价项目的潜在环境影响和对扶贫工作所起的作用。

国民经济评价实际上是利用经济学的原理，从经济学的角度研究考查项目，这一点与财务分析是从投资人的角度、利用财务会计原理研究与考查项目是有根本的区别。所谓利用经济学原理分析，就是利用现有的经济学理论，从与项目有关系的各个社会群体的利益出发来研究与考查项目的合理性。

这里要特别指出在经济评价中的一个误区。许多人往往喜欢将财务评价与国民经济评价进行直接对应，其实国民经济评价是从国家的角度考查项目。国家利益或国家权力机构可能代表大多数人的利益，但国家利益与项目某些目标群体的利益（如水库移民），可能就不一致，国民经济评价不是只从国家的利益出发考查项目的经济合理性，它更要从利益群体各方的角度来分析项目、解决项目可持续发展的问题。资源合理配置与社会福利问题都是经济学研究的对象，在这些问题上，国家比私人有更大的强势，有更多的资源可支配，但这并不等于说从经济学角度考查项目就等于从国家的角度考查项目。

在当前新的投资体制下，应树立科学的发展观，建立节约型社会，注重项目的外部影响（包括环境、生态、人文与社会）。所以投资与运行可持续性的项目，都应需要借助国民经济评价方法，估算项目在长期运营中的经济合理性。

2. 经济费用与经济效益的识别与估算

1）经济费用的识别与估算

项目的经济费用是指项目耗用社会经济资源的经济价值，即按经济学原理估算出的被耗用经济资源的经济价值，与我们日常生活中的"经济价值"完全不同，后者实际指的是市场上货物交换的货币价值。

项目的经济费用包括3个层次的内容。经济费用包括各项实体直接承担的费用（按经济价值计算），受项目影响的利益群体支付的费用（按经济价值计算），以及整个社会承担的环境费用（按经济价值计算）。第二、第三项一般称间接费用，但更多地称外部效果（费用）。例如，驾驶汽车的经济费用包括由驾车者承担的汽油、车辆磨损和损耗等私人费用，加上其他道路使用者所承担的塞车的额外费用，再加上由整个社会承担的污染费用。

估算项目的经济费用应首先确定项目耗用哪些经济资源，其次合理确定耗用的数量，最后合理确定经济资源的计算价格（也称影子价格）。第一步就是识别费用要素，第二步是费用要素数量化，第三步是货币化。在国民经济评价中，3个步骤一个都不能少。第一步做得不当，就可能会把不应当计算的费用计算进来、应该计算的费用漏算掉，或同一项费用多次以不同名义重复计算；第二步做得不当，就会高估或低估费用要素的作用；第三步做得不当，就会使经济价值失真，人为地造成价格扭曲，最终也会导致经济费用估算失真。

2）经济效益的识别与估算

项目的经济效益是指项目为社会创造的社会福利的经济价值，即按经济学原理估算出的社会福利的经济价值。经济学意义上的"福利"不是指一般意义上政府或各类机构对困难群体的补助或照顾，而是代表健康、幸福、富足的"福利"。在国民经济评价中，社会福利应用其经济价值来表示。

与经济费用相同，项目的经济效益也包括3个层次的内容。经济效益包括项目实体直接获得的效益（按经济价值计算），受项目影响的利益群体获得的效益（按经济价值计算），以及项目可能产生的环境效益（按经济价值计算）。

与经济费用相同，项目的经济效益估算也分 3 个步骤：效益识别、效益数量化与效益货币化。

3. 经济价值的估计

1）计算价格与影子价格

在国民经济评价中，最重要、也是最困难的工作就是估算项目各项费用与效益的经济价值，也就是将经济费用与经济效益货币化。

在经济分析中，经济费用与经济效益有时是可以转化的。项目丧失的经济效益就是项目的经济费用，项目节省的经济费用可视为项目的经济效益。

经济费用货币化的原则是机会成本与受偿意愿。经济效益货币化的原则是消费者支付意愿。

在费用与效益货币化的过程中，用于估算经济价值的价格是项目经济评价最重要的概念。对于已经有市场价格的产品（或服务，下同），不管该市场价格是否反映经济价值（高于、等于或低于经济价值），代表其经济价值的价格称为影子价格（Shadow Price），形象地说是指在日光下原有"价格标杆"的"影子"；对于没有市场价格的产品，代表其经济价值的价格要根据特定环境、利用特定方法进行估算，它没有先天存在的某个价格作参照，也就无所谓"影子"了，可称为计算价格（Accounting Price）。严格地说，影子价格也是根据特定环境、朝着特定目标、利用特定方法估算出来的，可泛称计算价格。

2）有市场价格的货物的影子价格（计算价格）

对于有形产品，可以区分为外贸品与非外贸品，或可外贸品与不可外贸品。

（1）可外贸品。

可外贸品的投入或产出的影子价格应根据口岸价格，按下列公式计算：

出口产出的影子价格（出厂价）= 离岸价（FOB）×影子汇率−出口费用

进口投入的影子价格（到厂价）= 到岸价（CIF）×影子汇率+进口费用

（2）不可外贸品。

不可外贸品货物，其投入或产出的影子价格应根据下列要求计算：如果项目处于竞争性市场环境中，应采用市场价格作为计算项目投入或产出的影子价格的依据。如果项目的投入或产出的规模很大，项目的实施将足以影响其市场价格，导致"有项目"和"无项目"两种情况下市场价格不一致，在项目评价中，取两者的平均值作为测算影子价格的依据。

3）不具有市场价格的产出的计算价格

如果项目的产出效果不具有市场价格，应遵循消费者支付意愿和（或）

接受补偿意愿的原则，按下列方法测算其计算价格：

（1）采用"显示偏好"的方法，通过其他相关市场价格信号，间接估算产出效果的计算价格。

（2）利用"陈述偏好"的意愿调查方法，分析调查对象的支付意愿或接受补偿的意愿，推断出项目影响效果的计算价格。

4）特殊投入物的影子价格（计算价格）

特殊投入物的影子价格应按下列方法计算：

（1）劳动力的影子价格。项目因使用劳动力所付的工资，是项目实施所付出的代价。劳动力的影子工资等于劳动力机会成本与因劳动力转移而引起的新增资源消耗之和。

（2）土地的影子价格。土地是一种重要的资源，项目占用的土地无论是否支付费用，均应计算其影子价格。项目所占用的农业、林业、牧业、渔业及其他生产性用地，其影子价格应按照其未来对社会可提供的消费产品的支付意愿及因改变土地用途而发生的新增资源消耗进行计算；项目所占用的住宅、休闲用地等非生产性用地，市场完善的，应根据市场交易价格估算其影子价格；无市场交易价格或市场机制不完善的，应根据支付意愿价格估算其影子价格。

（3）自然资源的影子价格。项目投入的自然资源，无论在财务上是否付费，在国民经济评价中都必须测算其经济费用。不可再生自然资源的影子价格应按资源的机会成本计算；可再生自然资源的影子价格应按资源再生费用计算。在国民经济评价中，如果费用效益的货币化缺乏可靠依据，可采用非货币的方法进行量化，具体描述；如果量化有困难，可定性描述。

4. 国民经济评价及其主要参数

1）国民经济评价

项目经济费用与经济效益估算出来后，可编制经济费用效益流量表，表格格式请参考中国计划出版社 2006 年出版的《建设项目经济评价方法与参数（第三版）》，计算经济净现值、经济内部收益率与经济效益费用比等国民经济评价指标。

经济费用效益流量表可以在项目投资现金流量表的基础上，对项目投入与产出的影子价格进行调整得出，也可以根据项目的经济费用与经济效益流量直接编制。前者适用于产出有市场价格的项目，后者适用于产出没有市场价格的项目。国民经济评价主要使用以下经济指标：

（1）经济净现值。

经济净现值（*ENPV*）是项目按照社会折现率将计算期内各年的经济净效益流量折现到建设期初的现值之和，应按下式计算：

$$ENPV = \sum_{t=1}^{n} (B - C)_t (1 + i_e)^{-t} \qquad (3-31)$$

式中 B——经济效益流量；

C——经济费用流量；

$(B-C)_t$——第 t 期的经济净效益流量；

i_e——社会折现率；

n——项目计算期。

在国民经济评价中，如果经济净现值等于或大于 0，表明项目可以达到符合社会折现率的效率水平，认为该项目从经济资源配置的角度可以被接受。

（2）经济内部收益率。

经济内部收益率（*EIRR*）是项目在计算期内经济净效益流量的现值累计等于 0 时的折现率，应按下式计算：

$$\sum_{t=1}^{n} (B - C)_t (1 + EIRR)^{-t} = 0 \qquad (3-32)$$

如果经济内部收益率等于或者大于社会折现率，表明项目资源配置的经济效益达到了可以被接受的水平。

（3）经济效益费用比。

经济效益费用比（$R_{B/C}$）是项目在计算期内效益流量的现值与费用流量的现值之比，应按下式计算：

$$R_{B/C} = \sum_{t=0}^{n} B_t (1 + i_e)^{-t} \sum_{t=0}^{n} C_t (1 + i_e)^{-t} \qquad (3-33)$$

式中 B_t——第 t 期的经济效益；

C_t——第 t 期的经济费用。

如果经济效益费用比大于 1，表明项目资源配置的经济效益达到了可以被接受的水平。

2）国民经济评价的主要参数

与财务分析一样，国民经济评价也需要一些参数，用于评价指标计算或作为判定的依据。国民经济评价中主要的参数是社会折现率、影子汇率换算系数、影子工资换算系数等。这些主要经济参数由国家投资主管部门组织测定并定期发布。

（1）社会折现率。

社会折现率，严格地说应称作经济折现率，是衡量经济内部收益率的基准值，也是计算项目经济净现值的折现率，是项目经济可行性和方案比选的主要判据。经济费用效益的时间偏好与社会投资的边际收益率是社会折现率的主要决定因素，国家社会经济发展水平、发展规划、宏观调控意图等因素对社会折现率的取值有重要影响。根据国家投资主管部门发布的《建设项目经济评价方法与参数（第三版）》，当前社会折现率取值为8%；对于受益期较长、远期效益显著、风险较小的项目，社会折现率可适当降低，但一般不得低于6%。

（2）影子汇率换算系数。

外汇也是一种经济资源。影子汇率是指能正确反映外汇的经济价值的汇率。在国民经济评价中，项目的进口投入和出口产出均应采用影子汇率换算成人民币。实际工作中，影子汇率可用影子汇率换算系数求得，具体公式为：

影子汇率＝外汇牌价×影子汇率换算系数

影子汇率的形成受货物的国内市场价格、国际市场价格、关税、进出口的比重等多种因素影响。根据国家投资主管部门测算，现阶段我国影子汇率换算系数取值为1.08。根据我国目前外汇储备、进出口贸易平衡与资本市场的发展，我国外汇形成正朝着市场化发展，外汇的牌价与外汇经济价值的差距在逐步缩小。在实际工作中，经充分论述依据后，影子汇率换算系数可取1.04~1。

（3）影子工资换算系数。

影子工资是项目使用劳动力、耗费劳动力资源而由社会付出的代价。在国民经济评价中，经营成本中的工资应用影子工资表示。影子工资的计算公式如下：

影子工资＝劳动力的机会成本＋新增资源耗费

劳动力的机会成本是指在本项目中使用的劳动力，失去了在其他用途中获得的收益。

新增资源耗费指为本项目就业的劳动者发生的社会资源耗费，且这些资源耗费不能提高劳动力的生活水平。

影子工资可用市场工资乘以影子工资换算系数求得。对于非技术劳动力，任何情况下影子工资不能为零，视其工作的复杂程度，影子工资换算系数可取0.2~0.8。

五、不确定性分析

（一）盈亏平衡分析

盈亏平衡分析是计算在项目收益达到保本状态下产量的水平，考察项目对产量变化的适应能力和抗风险能力。盈亏平衡分析仅应用在财务分析中。

盈亏平衡点使用正常年份的产量或者销售量、可变成本、固定成本、产品价格和营业税金及附加等数据计算。通常可变成本主要包括原材料、燃料、动力消耗、包装费和计件工资等。固定成本主要包括工资（计件工资除外）、折旧费、无形资产及其他资产摊销费、修理费和其他费用等。为简化计算，财务费用一般也作为固定成本。正常年份最好选择还款期间的第一个达产年和还款后的年份分别计算，以便分别给出最高和最低的盈亏平衡区间。

盈亏平衡点（BEP）可采用公式计算，也可利用盈亏平衡图求取。当采用公式计算盈亏平衡点时，可采用生产能力利用率或产量表示，计算公式为：

BEP 生产能力利用率 = 年固定成本÷（年营业收入–年可变成本–年营业税金及附加）×100%

BEP 产量 = 年固定总成本÷（单位产品价格–单位产品可变成本–单位产品营业税金及附加）

当采用含增值税价格时，式中分母应再扣除增值税。

（二）敏感性分析

1. 敏感性分析的概念

敏感性分析是通过改变一种（单因素）或多种（多因素）不确定性因素的数值，计算敏感度系数和临界点，反映项目效益对不确定性因素发生变化时的敏感程度。

2. 敏感性分析的分类

敏感性分析包括单因素分析和多因素分析。单因素分析是指一个不确定性因素变化时对效益指标的影响程度。多因素分析是指两个及两个以上不确定性因素同时变化时对效益指标的影响程度。通常可只进行单因素敏感性分析。

3. 敏感性分析中不确定因素的确定与项目评价指标的选取

1）敏感性分析中不确定因素变化程度的确定

敏感性分析只是对那些可能对项目效益影响较大的不确定因素进行分析。

不确定因素的选取应结合行业和项目特点根据经验判断，包括项目后评价的经验。

经验表明，下列因素是敏感性因素：建设投资、产出（服务）价格、主要投入物价格、可变成本、生产负荷、建设期以及汇率，根据项目的具体情况也可选择其他因素。

敏感性分析通常是针对不确定因素的不利变化进行，为绘制敏感性分析图的需要也可考虑不确定因素的有利变化。一般是选择不确定因素的百分数变化，习惯上选取±5%、±10%、±15%、±20%；对于那些不便用百分数表示的因素（如建设期），可采用延长一段时间表示，通常采用延长一年。

2）敏感性分析中项目评价指标的选取

投资项目经济评价有一整套指标体系，敏感性分析可选定其中一个或几个主要指标进行。最基本的分析指标是内部收益率，根据项目的实际情况也可选择净现值或投资回收期等评价指标，必要时可同时针对两个或两个以上的指标进行敏感性分析。

4. 敏感度系数

敏感度系数（SAF）是指项目效益指标变化的百分率与不确定性因素变化的百分率之比。

敏感度系数高，表示项目效益对该不确定因素敏感程度高。计算公式为：

$$SAF = （\Delta A/A） / （\Delta F/F） \tag{3-34}$$

式中　$\Delta F/F$——不确定性因素 F 的变化率；

$\Delta A/A$——不确定性因素 F 发生 ΔF 变化时，评价指标 A 的相应变化率。

SAF 为正值时，表示项目效益指标与不确定性因素成同一方向变化；SAF 为负值时，表示项目效益指标与不确定性因素成相反方向变化。

5. 临界点

临界点（又称转换值）是指不确定性因素的变化使项目由可行变为不可行的临界数值，可采用不确定性因素相对基本方案的变化率或其对应的具体数值表示。临界点可通过敏感性分析图得到近似值，也可采用试算法、公式或函数求解。

6. 敏感性分析的计算

敏感性分析的计算结果可采用敏感性分析表（表3-3-4）或敏感性分析图（图3-3-13）表示。

表 3-3-4　敏感性分析表

序号	敏感因素	变化幅度（%）	项目财务分析指标		
			$FIRR$（%）	$FNPV$（万元）	P_t（年）
		基本方案	11.82	2933	4.80
1	建设投资	30	7.18	−6306	5.46
		20	8.14	−3758	5.33
		10	9.62	−680	5.14
		−10	14.94	7085	4.40
		−20	19.27	11783	4.02
		−30	25.21	17032	3.65
2	产出价格	30	26.65	28857	3.74
		20	21.91	20215	4.01
		10	16.98	11574	4.36
		−10	6.35	−5709	5.31
		−20	0.51	−14350	5.94
		−30	−5.81	−22992	6.00
3	原材料价格	30	9.62	−606	5.02
		20	10.36	574	4.95
		10	11.09	1753	4.87
		−10	12.54	4112	4.73
		−20	13.26	5291	4.66
		−30	13.97	6471	4.60

　　由于财务分析分为融资前分析与融资后分析，融资前分析又有所得税前指标与所得税后指标，所以在计算敏感性分析表时，其结果应与所得税前指标、所得税后指标相对应，以保证绘制敏感性分析图与指标相对应。

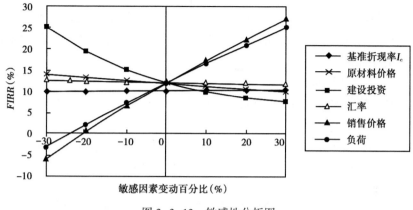

图 3-3-13　敏感性分析图

（三）风险分析

1. 风险分析概述

投资项目经济风险是指由于影响项目进程的因素（风险因素）向不利方向变化的事件发生，使项目实施后偏离预期财务和经济效益目标。风险因素（事件）有两个最基本的要素：发生的可能性与变化的程度。这两个要素是相互独立的，每个要素刻画风险因素特性的一个方面，不能用一个代替另一个。

影响项目进程的风险因素可能不止一个，往往是多个，他们产生的不利事件可能不同时发生，也可能同时发生。风险因素必须是完全相互独立的，一个风险因素不能包含另一个风险因素的部分或全部。风险因素发生的事件也必须是统计意义上相互独立的。

经济风险分析是通过对风险因素的识别，采用定性或定量分析的方法估计各项风险因素发生的可能性及对项目的影响程度，揭示影响项目成败的关键风险因素，提出项目风险的预警、预报和相应的对策，为投资决策服务。经济风险分析的另一重要功能还在于它有助于在可行性研究的过程中，通过信息反馈，改进或优化项目设计方案，直接起到降低项目风险的效果。

不确定性分析与风险分析既有联系，又有区别。由于人们对未来事物认识的局限性，可获信息的有限性以及未来事物本身的不确定性，使得投资建设项目的实施结果可能偏离预期目标，这就形成了投资建设项目预期目标的不确定性，从而使项目可能得到高于或低于预期的效益，甚至遭受一定的损失，导致投资建设项目"有风险"。通过不确定性分析可以找出影响项目效益的敏感因素，确定敏感程度，但是不知这种不确定性因素发生的可能性及影响程度。借助于风险分析可以得知不确定性因素发生的可能性以及给项目带来经济损失的程度。不确定性分析找出的敏感因素又可以作为风险因素识别和风险估计的依据。

2. 风险分析步骤

风险分析步骤包括风险识别、风险估计、风险评价与风险应对。

1）风险识别

风险识别是风险分析的基础，需要运用系统论的方法对项目进行全面考察综合分析，找出潜在的各种风险因素，并对各种风险因素进行比较、分类，重点要确定各因素间层次关系，论证各个风险因素的独立性，初步判断其发生的可能性及变化程度，必要时按其重要性进行排队或赋予权重。

风险识别应根据项目的特点选用适当的方法。常用的方法有问卷调查法、专家调查法、层次分析法等。一般情况下可以编制项目风险因素调查表，通过问卷调查或专家调查法完成，复杂情况下可以使用层次分析法。

2）风险估计

风险估计的任务就是根据风险识别的结果，对风险因素发生不和事件以后项目风险发生的可能性（概率）与可能造成损失程度进行估计，即对风险事件的两个相互独立的性质进行定量的估计。

不同风险因素不利事件发生的可能性不会都遵循同一概率分布函数，如常用的正态分布函数。不同的风险因素往往遵循不同的概率分布，如投资可能遵从三角分布，产品销售价格可能遵从正态分布。风险因素的概率分布会影响到经济分析指标的概率分布，如果经济分析指标只受一种风险因素影响，它的概率分布与风险因素的概率分布相同；如果经济分析指标受两种以上风险因素的影响，其概率分布就是几种风险因素共同作用的结果。实际工作中可以按已知的各个风险因素的概率分布，利用蒙特卡洛方法进行情景模拟，估计经济指标的概率分布并计算相关参数。风险损失可以通过统计资料估计（如历史上水文统计资料），也可以通过专家调查估计。根据风险因素的性质，一般可将风险造成的损失，分为若干等级。

3）风险评价

风险评价就是根据风险因素的影响，评价经济指标向不和方向偏离程度与发生的可能性。风险评价一般可采用风险综合评价矩阵进行评估。根据风险因素发生的可能性及造成损失（影响程度）以及处理方式，可以形成表3-3-5 的风险分析综合矩阵。

表 3-3-5　风险分析综合矩阵

风险应对处理方式		风险影响的程度			
		严重	较大	适度	低
风险发生的可能性	高	K	M	R	R
	较高	M	M	R	R
	适度	T	T	R	I
	低	T	T	R	I

表 3-3-5 中各个单元的字母含义如下：

K（Kill）表示项目风险发生的可能性很高、造成的损失很严重，出现这类风险就要放弃项目。

M（Modify plan）表示项目风险可能性较高、影响较严重，需要修正拟议中的方案，改变设计或采取补偿措施等。

T（Trigger）表示风险影响较大，但发生的可能性很小，设定某些指标的临界值，指标一旦达到临界值，就要变更设计或对负面影响采取补偿措施。

R（Review and reconsider）表示风险影响适度，适当采取措施后不影响项目。

I（Ignore）表示风险低，可忽略。

位于该表左上角的风险会产生严重后果；位于该表左下角的风险，发生的可能性相对低，必须注意临界指标的变化，提前防范与管理；位于该表右上角的风险影响虽然相对适度，但是发生的可能性相对高，也会对项目产生影响，应注意防范；位于该表右下角的风险，损失不大，发生的概率小，可以忽略不计。

除此以外，还可以经济指标的累计概率、标准差为项目风险的判别标准：

（1）财务（经济）内部收益率大于等于基准收益率的累计概率值越大，风险越小；标准差越大，风险越大。

（2）财务（经济）净现值大于等于零的累计概率值越大，风险越小；标准差越大，风险越大。

一般说来，列出项目风险分析矩阵基本就可以对项目风险有一个总体的了解。然而，人们习惯上总是希望绘出总体的"风险等级"。实际上，综合风险等级应当包括发生的可能性与损失程度这两个基本要素。为此，我们可以在层次分析法的基础上，利用加权矢量和的方法求出综合风险发生的可能性与影响程度。

4）风险应对

（1）决策阶段的风险应对。

①提出多个备选方案，通过多方案的技术、经济比较，选择最优方案。

②对有关市场、工程、技术等潜在风险因素提出必要研究与试验，以开展有关调查研究工作，进一步全面、准确地把握有关问题，清除模糊认识。

③对影响投资、质量、工期和效益等有关参数，如价格、汇率和利率等风险因素，在编制投资估算、制定建设计划和分析经济效益时，应留有充分的余地，谨慎决策，并在项目执行过程中实施有效监控。

（2）建设或生产经营期的风险应对。

建设或生产经营期的风险可采取回避、转移、分担和自担措施。

①风险回避是彻底规避风险的一种做法。风险回避一般适用于以下两种情况：某种风险可能造成相当大的损失，且发生的可能性较高；应对防范风险代价昂贵，得不偿失。

②风险分担是针对风险较大、投资人无法独立承担，或是为了控制项目的风险源，而采取与其他企业合资或合作等方式，共同承担风险、共享收益的方法。

③风险转移是将项目业主可能面临的风险转移给他人承担，以避免风险损失的一种方法。转移风险有两种方式：一是将风险源转移出去，如将已做完前期工作的项目转给他人，或将其中风险大的部分转给他人承包建设或经营；二是只把部分或全部风险损失转移出去，包括保险转移方式和非保险转移方式两种。

④风险自担就将风险损失留给项目业主自己独立承担，投资者已知有风险但出于可能获利而需要冒险，又不愿意将获利的机会分给别人，必须保留和承担这种风险。

上述风险应对不是互斥的，实践中常常组合使用。可行性研究中应结合项目的实际情况，研究并选用相应的风险对策。

风险分析的目的是防范风险，提出应对风险的措施。像医生看病一样，不能只凭感觉上的表现下药，只有找到病根，才能药到病除。风险应对仅对不可分解的风险因素才有实际可操作性，对于综合风险不可能有操作性。综合风险或较高层次的风险只能提供一些概念性的东西，它对于风险的应对没有什么实际作用，最多也只是提出一些警告的信息。所以，投资项目的风险分析应把工作重点放在风险因素的分解（识别）与找出应对措施，不宜把过多的精力放在风险因素的合成上。

第四节 石油建设项目投资估算编制

一、石油建设项目总投资的概念

按照国家有关规定，建设项目总投资由建设投资、建设期贷款利息、固定资产投资方向调节税（暂停征收）和流动资金组成。项目上报有关部门审批、核准、备案时的项目总投资由建设投资、建设期贷款利息、固定资产投资方向调节税（暂停执行）和铺底流动资金组成。考虑到现行管理要求并使可行性研究投资估算的"项目总投资"与初步设计"概算总投资"口径保持一致，石油建设项目估算总投资一律指报批总投资。

二、石油建设项目总投资组成及计算

石油建设项目总投资由建设投资、建设期贷款利息、固定资产投资方向调节税（暂停征收）和铺底流动资金组成；建设投资由工程费用、工程建设其他费用和预备费组成；工程费用包括设备购置费、安装工程费和建筑工程费。石油建设项目总投资组成如表3-4-1。

表3-4-1 建设项目总投资组成表

建设项目报批总投资	建设投资	第一部分 工程费用	设备购置费
			安装工程费
			建筑工程费
		第二部分 工程建设 其他费用	建设用地和赔偿费
			前期工作费
			建设管理费
			专项评价及验收费
			研究试验费
			勘察设计费
			场地准备及临时设施费
			引进技术和引进设备其他费
			工程保险费
			联合试运转费
			特殊设备安全监督、检验、标定费

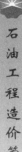

石油工程造价管理

建设项目报批总投资	建设投资	第二部分 工程建设 其他费用	超限设备运输特殊措施费
			施工队伍调遣费
			……
			专利及专有技术使用费
			……
			生产准备费
		第三部分 预备费	基本预备费
			价差预备费
		第四部分	建设期贷款利息
			固定资产投资方向调节税（暂停征收）
	应列入总投资的费用		铺底流动资金

（一）建设投资

1. 工程费用

（1）设备购置费。指需要安装和不需要安装的全部设备（含必要的备品备件）的购置费以及一次装入的填充物料、催化剂及化学药品等的购置费。是由设备价格、引进设备的从属费用、设备运杂费（包括成套设备订货手续费）构成。设备费的估算可采用编制年近期同类型项目的订货价格、国家及股份公司有关部门发布的价格信息、机电产品市场价格资料、生产厂家报价等渠道的价格进行计算。在有多种价格来源时，应对这些价格的可采信度进行充分的分析，选取最合理的价格水平。设备运杂费等费用计算按有关规定执行。

（2）安装工程费。指需要安装的各类设备、材料的安装费用和材料费。安装工程费估算主要根据投资估算指标、概算指标及典型工程综合指标等，采用工程量法和指标法进行计算。在估算时还应根据现行价格进行适当的换算与调整。

（3）建筑工程费。指建设项目设计范围内的建筑物、构筑物、总图竖向布置及其他大型土石方的费用。建筑工程费估算一般采用单位建筑工程投资估算法，即按工程项目所在地建构筑物工程造价水平以综合指标（每平方米、每立方米、每千米等单位造价）进行估算。

2. 工程建设其他费用

（1）工程建设其他费用指在工程建设投资中支付的，除设备购置费、安装工程费及建筑工程费用以外的其他固定资产费用、无形资产和递延资产。主要包括建设用地费和赔偿费、前期工作费、建设管理费、专项评价及验收费、研究试验费、勘察设计费、场地准备及临时设施费、引进技术和引进设备材料其他费、工程保险费、联合试运转费、特殊设备安全监督检验标定费、超限设备运输特殊措施费、施工队伍调遣费、专利及专有技术使用费、生产准备费等。在工程建设过程中上述的某些费用项目不发生的不得计取。如果有一些其他费用，在一般建设项目很少发生或具有明显行业特征的，可根据具体情况按项目实施地区有关政策规定计取。

（2）工程建设其他费用估算

工程建设其他费用原则上按股份公司有关规定执行。在项目建议书和预可行性研究阶段，工程建设其他费用可参照类似工程统计资料按工程费用的百分比计算（一般比例为10%~12%），但建设用地费可单列（根据国家和地方政府有关法令及当地的税费标准计算）。

3. 预备费

预备费用包括基本预备费和价差预备费。

（二）建设期贷款利息

建设期贷款利息是指在建设期内发生，并应计入固定资产的建设项目的贷款利息。建设期贷款利息应根据资金来源、贷款利率和建设期各年投资比例逐年计算。

贷款利率按中油财务公司发布的固定利率（或中国人民银行发布的编制期的金融机构贷款利率）执行。

石油建设项目若有国外贷款，国外贷款的建设期贷款利息按约定的计息方式和利率计算。对多种贷款可采用分别计算利息的方法，也可按综合贷款利率计算。

（三）铺底流动资金

流动资金是生产经营性建设项目投产后，为进行正常的生产营运所需的周转资金。铺底流动资金为全额流动资金的30%，列入建设项目总投资。流动资金估算有比例估算法和详细估算法。

（四）固定资产投资方向调节税

按照中华人民共和国财政部、国家税务总局、国家计委《关于暂停征收固定资产投资方向调节税的通知》（财税字［1999］299号）规定，固定资产投资方向调节税自2000年1月1日起暂停征收。建设项目总投资暂不列该费用项目。

三、投资估算文件组成

投资估算文件主要由以下几部分组成：

（1）编制说明：包括工程概况、投资估算范围、投资估算编制方法、投资估算编制依据、投资估算结果及投资水平分析和需要说明的其他问题。

（2）投资估算表格：投资估算文件应提供有关表格文件见表 3-4-2 至表 3-4-14。

（一）工程概况

主要是建设项目的简述，包括建设项目的建设地点、设计规模、建设工程性质（新建、扩建或改建）、建设期（年限）、主要工艺技术、关键设备选型、主要工程内容等。

（二）投资估算范围

主要是说明投资估算所对应的工程内容、工程范围以及投资构成内容。

（三）投资估算编制方法

主要分为工程量法、指标法、系数法等。

（1）工程量法：根据设计专业人员提供的工程量，按照现行的指标、定额以及设备材料价格对项目投资进行估算的方法。

（2）指标法：在无法提供建设项目的工程量时，利用建设工程投资参考指标、工程所在地的建（构）筑物综合指标进行投资估算的方法。

（3）系数法：作为一种辅助的估算方法，在工程量等资料不全的情况下，主要依据大量的统计调查资料和参数，利用系数编制单项工程以及项目工程投资估算，或参照类似项目，采用综合系数等编制投资估算。

（四）投资估算编制依据

主要包括：

（1）国家有关工程建设的政策及规定。

（2）可行性研究文件及专业设计人员提供的工程量。

（3）集团公司发布的工程计价依据及有关规定，相关行业和工程所在地区的计价依据及有关规定。

（4）设备、材料计价的依据和时点。

（5）引进设备、材料的询价资料或可供参考的价格资料。

（6）建筑工程费、安装工程费取费的依据。

（7）利率、汇率等政策性参数和数据。

（8）估算编制时所参考的其他资料。

（五）投资估算结果及投资水平分析

（1）简要描述建设项目总投资的估算结果及组成。

项目名称：

表 3-4-2 总投资估算表

序号	项目或费用名称	设备购置费（万元）	安装工程费（万元）	建筑工程费（万元）	其他费用（万元）	合计（万元）	其中：外币（万美元）	占总投资比例（%）	经济指标
一	总投资（一+二+三）							√	√
	其中：增值税								
	建设投资								
一	工程费用							√	√
（一）	××单项（单元）工程费用							√	√
…	……								
（二）	其他费用							√	√
1	建设用地费和赔偿费								
2	建设管理费								
…	……								
…	专利及专有技术使用费								
…	……								
…	生产准备费								
…	……								
（三）	预备费							√	√
1	基本预备费							√	√
二	建设期利息							√	√
三	铺底流动资金							√	√

单项（单元）工程名称：集油（气）＿＿＿系统

表3-4-3　油气田地面工程项目工程费用估算表

序号	工程项目或费用名称	规模或主要工程量	设备购置费（万元）	主材费（万元）	安装工程费（万元）	建筑工程费（万元）	合计（万元）	占工程费用（%）	含外币金额（万美元）	经济指标
一	井场工程	××座								√
	××井场	××座								√
二	集油（气）管道	××km								
	××管道	××km								√
三	计量间（阀组）	××座								
	××计量间（阀组）	××座								√
四	集油支干线管道	××km								
	××支管道	××km								
五	接（中）转站、集气站	××座								√
1	××接（中）转站、集气站	××座								√
(1)	总图竖向									√
(2)	工艺设备安装	××台（套）								
(3)	工艺管道安装	××t								
(4)	给排水及消防	××台（套）								
(5)	电气	××台（套）								
(6)	通信									
(7)	仪表自动化	××台（套）								
(8)	暖通									
(9)	构筑物	××m³							√	√
(10)	建筑物	××m²							√	√
六	集油（气）干线管道	××km								
	××管道	××km							√	√
……										
	其中：设备、主要材料增值税									
	合计									

表3-4-4 油气田地面工程项目工程费用估算表

单项（单元）工程名称：注入系统工程

序号	工程项目或费用名称	规模或主要工程量	设备购置费（万元）	安装工程费（万元）	主材费（万元）	安装工程费（万元）	合计（万元）	占工程费用（%）	含外币金额（万美元）	经济指标
一	××注入站									
1	总图竖向									√
2	建筑物									√
3	构筑物									√
4	工艺安装									
5	电气									
6	自控仪表									
7	给排水及消防									
8	热工									
9	采暖通风									
10	通信									
	……									
二	注入干线管道									√
	××注入干线管道	××km								
	××管道	××km								
三	配注间									√
	××配注间	××座								
		××座								
四	注入支线管道									√
	注入支线管道	××km								
	××管道	××km								
	……									
五	注入井口									
	××注入井口	××座								√
	××注入井口	××座								√
…	其中：设备、主要材料增值税									
	合计									

单项（单元）工程名称：供配电系统工程

表3-4-5 油气田地面工程项目工程费用估算表

序号	工程项目或费用名称	规模或主要工程量	设备购置费（万元）	安装工程费（万元）	主材费（万元）	安装工程费（万元）	合计（万元）	占工程费用（%）	含外币金额（万美元）	经济指标
一	××输电线路									
1	××110kV线路	××双回110kV线路××km								√
……										
二	××变电所	××/××kV××kVA								√
1	总图竖向									
2	建筑物	××m²								
3	构筑物									
4	电气	××kVA变压器××台，高压柜××台，电缆××km								
5	给排水及消防									
6	采暖通风									
7	通信									
三	××供电线路									
	10kV线路	××线路××km								√
……										
四	变电站									√
…										
	其中：设备、主要材料增值税									
	合计									

表 3-4-6 油气田地面工程项目工程费用估算表

单项（单元）工程名称：道路系统工程

序号	工程项目或费用名称	规模或主要工程量	设备购置费（万元）	安装工程费（万元）	主材费（万元）	安装工程费（万元）	合计（万元）	占工程费用（%）	含外币金额（万美元）	经济指标
一	油（气）田主干路									
1	××干路	××m 宽××道路××km								√
(1)	路基工程	土方××m³，石方××m³								
(2)	路面工程	××路面××m²								
(3)	桥梁工程（小型）	××m 宽××桥梁××m								
(4)	涵洞工程	φ××m 涵洞××m								
	……									
二	井排路									
1	××路	××m 宽××道路××km								√
(1)	路基工程	土方××m³，石方××m³								
(2)	路面工程	××路面××m²								
(3)	桥梁工程（小型）	××m 宽××桥梁××m								
(4)	涵洞工程	φ××m 涵洞××m								
	……									
三	通井路									
1	××路	××m 宽××道路××km								√
…	……									
	合计									

单项（单元）工程名称：

表 3-4-7 长距离输送管道项目工程费用估算表

序号	工程项目或费用名称	规模或主要工程量	设备购置费（万元）	主材费（万元）	安装工程费（万元）	建筑工程费（万元）	合计（万元）	占工程费用（%）	含外币金额（万美元）	经济指标
一	线路工程									√
（一）	××段线路工程	××km								√
1	土石方工程	××km								√
（1）	人工土石方	××m³								√
（2）	机械土石方	××m³								√
（3）	措施工程									
	……									
2	管材费	×× t								√
	……									
3	防腐、保温	××m³、××m²								√
4	管道安装									√
（1）	管段运输	××km								√
（2）	管段组装焊接	××m/处								√
（3）	小型穿跨越									√
（4）	管道清管试压									√
（5）	干燥及氮气置换	××km								√
（6）	线路附属工程									√
5	无损检测									√
	……									√

石油工程造价管理介绍

续表

序号	工程项目或费用名称	规模或主要工程量	设备购置费（万元）	主材费（万元）	安装工程费（万元）	建筑工程费（万元）	合计（万元）	占工程费用（%）	含外币金额（万美元）	经济指标
6	阴极保护									√
7	线路防护	××m³、××m²								√
8	施工便道及便桥	××km、××m/座								√
	……									√
（二）	××段线路工程	××km								√
	……									
二	大中型穿跨越工程									
1	土石方工程									√
（1）	人工土石方	××m³								√
（2）	机械土石方	××m³								√
（3）	措施工程									√
2	管材及运输									√
（1）	管材费	××t								√
（2）	管段防腐保温	××m³、××m²								√
（3）	管段运输									√
	……									
3	管段安装									√
（1）	管段组装焊接	××km								
（2）	管道清管试压	××km								
（3）	干燥及氮气置换	××km								√

序号	工程项目或费用名称	规模或主要工程量	设备购置费（万元）	主材费（万元）	安装工程费（万元）	建筑工程费（万元）	合计（万元）	占工程费用（%）	含外币金额（万美元）	经济指标
(4)	线路附属工程									
(5)	阴极保护									
	……									
4	穿跨越	××m/处								√
(1)	大开挖	××m/处								
(2)	顶管	××m/处								√
(3)	定向钻	××m/处								
	……									√
5	无损检测									√
	……									
6	线路防护									√
	……									
三	阀室工程									√
(一)	1号阀室									√
1	总图									√
2	建筑物									√
3	构筑物									√
4	工艺									
5	电气									

续表

序号	工程项目或费用名称	规模或主要工程量	设备购置费（万元）	主材费（万元）	安装工程费（万元）	建筑工程费（万元）	合计（万元）	占工程费用（%）	含外币金额（万美元）	经济指标
6	自控仪表									
7	给排水及消防									
8	热工									
9	采暖通风									
10	通信									
11	阴极保护									
	……									
（二）	2号阀室									√
	……									
四	站场工程									√
（一）	××首站									√
1	总图									√
2	建筑物									√
3	构筑物									√
4	工艺									
5	电气									
6	自控仪表									
7	给排水及消防									
8	热工									

石油工程造价管理

序号	工程项目或费用名称	规模或主要工程量	设备购置费（万元）	主材费（万元）	安装工程费（万元）	建筑工程费（万元）	合计（万元）	占工程费用（%）	含外币金额（万美元）	经济指标
9	采暖通风									
10	通信									
11	阴极保护									
	……									
（二）	××压气站（泵站、热泵站、加热站）									
五	配套工程									√
1	供电线路（外电线路）	××km								√
2	通信工程									√
3	道路工程	××km								√
4	管理机构（调控中心）									√
5	维抢修									
	……									
六	其他工程									
1	水土保持工程									√
	……									
七	其中：设备、主要材料增值税									

表3-4-8 炼油化工项目全厂性工程费用估算表

项目名称：

序号	工程项目或费用名称	规模或主要工程量	设备购置费（万元）	主材费（万元）	安装工程费（万元）	建筑工程费（万元）	合计（万元）	占工程费用（%）	含外币金额（万美元）	经济指标
一	工艺生产装置									
1	××装置	××10⁴t/a								√
2	××装置	××10⁴t/a								√
3	……									√
4	中央控制室									√
二	储运工程									√
1	××罐区	××m³								√
2	××罐区	××m³								√
3	××装卸设施	××座（台）								
4	……									
5	火炬	×× t								
三	全厂工艺及热力管网									
四	公用工程									
（一）	给排水及消防工程									
1	循环水场	××m³/d××座								√
2	污水处理厂	××m³/d××座								√

续表

序号	工程项目或费用名称	规模或主要工程量	设备购置费（万元）	主材费（万元）	安装工程费（万元）	建筑工程费（万元）	合计（万元）	占工程费用（%）	含外币金额（万美元）	经济指标
3	……									
（二）	供电及电信工程									
1	总变电所	××kV/××kV××kVA-×台								√
2	全厂供电及照明									√
3	……									√
（三）	供热供风工程									√
1	自备热电站（动力站）									√
2	空分设施									√
3	空压设施									
4	……									
（四）	总图运输工程									
1	厂区竖向									
2	围墙大门及守卫室									
3	厂区道路									
4	……									
五	辅助工程									
1	维修									√

续表

序号	工程项目或费用名称	规模或主要工程量	设备购置费（万元）	主材费（万元）	安装工程费（万元）	建筑工程费（万元）	合计（万元）	占工程费用（%）	含外币金额（万美元）	经济指标
2	分析化验									
六	服务性工程									
1	综合楼	××m²								√
2	倒班宿舍	××m²								√
3	……									√
七	厂外工程									√
1	厂外输油管道	××管道××km								√
2	厂外给排水管道	××管道××km								√
3	码头									
4	……									
八	其他工程									
（一）	大型机械进出场及使用费									
九	其中：设备、主要材料增值税									
	……									

表 3-4-9　炼油化工项目（以单项工程为例）工程费用估算表

单项（单元）工程名称：

序号	工程项目或费用名称	规模或主要工程量	设备购置费（万元）	主材费（万元）	安装工程费（万元）	建筑工程费（万元）	合计（万元）	占工程费用（%）	含外币金额（万美元）	经济指标
一	总图竖向									
1	竖向土石方	××m³								√
2	车行道	××m²								√
3	场地地铺	××m²								
4	人行道	××m²								√
5	……									
二	建筑物									
1	压缩机厂房	××m²								√
2	泵房	××m²								√
三	构筑物									
1	钢框架	×× t								√
2	混凝土框架	××m³								√
3	钢管架	×× t								√
4	混凝土管架	××m³								√
5	设备基础	××m³								√
6	……									√

续表

序号	工程项目或费用名称	规模或主要工程量	设备购置费(万元)	主材费(万元)	安装工程费(万元)	建筑工程费(万元)	合计(万元)	占工程费用(%)	含外币金额(万美元)	经济指标
四	静置设备									✓
1	进口部分									
2	塔	××台×× t								
3	反应器	××台×× t								
4	容器	××台×× t								
5	热交换器	××台×× t								
6	空气冷却器	××台×× t								
7	火炬	××台×× t								
8	其他小型设备	××台×× t								
9	梯子平台	×× t								
10	防腐保温	××m^3								
11	……									
五	机械设备									✓
1	进口设备									
(1)	压缩机	××台								
(2)	泵	××台								
2	国产设备									

石油工程造价管理

序号	工程项目或费用名称	规模或主要工程量	设备购置费（万元）	主材费（万元）	安装工程费（万元）	建筑工程费（万元）	合计（万元）	占工程费用（%）	含外币金额（万美元）	经济指标
(1)	压缩机	××台								
(2)	泵	××台								
六	工业炉									√
1	裂解炉									√
2	转化炉									√
3	……									√
七	储罐									√
1	5000m³ 内浮顶罐	××座×× t								√
2	1000m³ 拱顶罐	××座×× t								√
3	1000m³ 单浮盘拱顶罐	××座×× t								√
4	……									√
八	工艺管道									√
1	进口部分									√
2	碳钢管	×× t								√
3	合金钢管	×× t								√
4	不锈钢管	×× t								√
5	其他材质管道									√
6	阀门	××个								
7	支吊架									
8	防腐保温									
9	……									

续表

序号	工程项目或费用名称	规模或主要工程量	设备购置费（万元）	主材费（万元）	安装工程费（万元）	建筑工程费（万元）	合计（万元）	占工程费用（%）	含外币金额（万美元）	经济指标
九	电气									√
1	变配电									
2	动力配线									
3	照明									
4	防雷接地									
5	……									
十	自控仪表									√
1	进口部分									
2	自控设备									
3	自控材料									
4	……									
十一	给排水及消防									√
1	给排水									
2	消防									
3	……									
十二	热工									√
1	设备									
2	管道									
3	阀门									
4	防腐保温									
5										

序号	工程项目或费用名称	规模或主要工程量	设备购置费(万元)	主材费(万元)	安装工程费(万元)	建筑工程费(万元)	合计(万元)	占工程费用(%)	含外币金额(万美元)	经济指标
十三	采暖通风									√
1	采暖									
2	通风空调									
3	……									
十四	通信									√
1	电话系统									
2	信息网络系统									
3	电视监控系统									
4	……									
十五	分析化验									√
十六	催化剂及化学药剂									√
1	进口部分									
2	催化剂									
3	化学药剂									
4	……									
十七	劳动安全卫生									√
十八	其他工程									√
1	大型机械进出场及使用费									
2	……									
十九	其中:设备、主要材料增值税									

项目名称：

表 3-4-10　其他费用及预备费计算表

序号	费用项目名称	取费基数	费率（%）	金额（万元）	计算式及说明
一	其他费用合计				
1	建设用地费和赔偿费				
2	前期工作费				
3	建设管理费				
4	专项评价及验收费				
5	研究试验费				
6	勘察设计费				
7	场地准备费和临时设施费				
8	引进技术和进口设备材料其他费				
9	工程保险费				
10	联合试运转费				
11	特殊设备安全监督检验标定费				
12	超限设备运输特殊措施费				
13	施工队伍编迁费				
…	……				
…	专利及专有技术使用费				
…	……				
二	生产准备费				
二	预备费				
1	基本预备费				
2	价差预备费				
三	建设期利息				

石油工程造价管理

表3-4-11 主要设备、材料价格及工程量表

项目名称：

序号	名称及规格、型号	单位	数量	单价/指标（元）	合计（元/万元）	备注
一	××工程（单项工程）					
	小计					
二	××工程（单项工程）					
	……					
…						

注：名称及规格、型号一栏中应注明技术参数：排量、扬程、功率、压力、容量、材质、重量等。

表3-4-12　进口设备材料货价及从属费用计算表

项目名称：

序号	设备、材料规格名称	单位	数量	单价（美元）	外币金额（万美元）				折合人民币（万元）	人民币金额（万元）				合计人民币（万元）
					货价	运输费	运输保险费	合计		关税	增值税	银行财务费	外贸手续费	合计	

注：分专业列项。

项目名称：

表 3-4-13　建设项目估算总投资对比分析表

序号	工程项目或费用名称	建设项目			类似工程项目				经济指标对比值（%）
		估算投资（万元）	占总投资（%）	经济指标	名称	估算投资（万元）	占总投资（%）	经济指标	
一	投资构成比例								
1	工程费用		√	√			√	√	
（1）	xx单项（单元）工程费用		√	√			√	√	
（2）	xx单项（单元）工程费用		√	√			√	√	
	……	……	……	……			……	……	
2	其他费用		√	√			√	√	
	其中：建设用地		√				√		
3	基本预备费		√	√			√	√	
4	建设期贷款利息		√				√		
5	流动资金		√				√		
二	单位经济指标								
1				√	√			√	
2				√	√			√	
…				……	……			……	
	项目总投资			√	√			√	

注：（1）"投资构成比例"对比分析的项目为表3-4-2；"经济指标"栏中注明标记所对应项目；

（2）"单位经济指标"对比分析的项目为表3-4-3至表3-4-10；"经济指标"栏中注明标记所对应项目，是表3-4-3至表3-4-10中投资合计除以规模而构成的单位造价指标。

项目名称：

表 3-4-14　上一版估算与现（修改）版估算投资对比分析表

万元

| 序号 | 工程项目或费用名称 | 上一版估算 | | | | | 现（修改）版估算 | | | | | 差值 (B-A) | 原因分析 |
		设备购置费	安装工程费	建筑工程费	其他费用	合计 A	设备购置费	安装工程费	建筑工程费	其他费用	合计 B		

（2）分析影响投资估算的主要因素，简要对投资估算的构成、比例、单位经济指标进行说明，并与近期类似工程项目的投资水平或参考指标对比分析，并列出"建设项目估算总投资对比分析表"。

（3）修改版投资估算应编制"上一版估算与现版（修改版）估算投资对比分析表"，在该表中对现版（修改版）估算与评审版估算进行对比分析，体现评审前后投资变化的详细情况和原因，作为对评审意见的答复。

（六）需要说明的其他问题

主要是其他存在的问题以及与投资估算相关事项的说明。

四、投资估算应注意的问题

（1）在编制油气田开发项目整体开发方案时，应注意项目的完整性，即油气田开发项目的投资应包括勘探工程、钻采工程、地面工程等几部分投资。为体现投资完整性，"沉没成本"投资列入总投资估算表（备注说明）中，不计入油气田开发总投资。储气库项目垫底气投资应列入储气库项目总投资中。

（2）炼油化工项目的投资估算应在主要的工艺技术路线确定之后再进行编制。对于改扩建项目，尤其应该注意设备能否利旧以及利旧设备的范围。

（3）对于长距离输送管道项目的投资估算，应该注意沿线地形地貌对于管道建设投资的影响，特别是对受地形条件影响较大的管道焊接、水工保护等工程的影响。

（4）对于一些比较特殊的无固定计算公式的其他费用，如超限设备运输费、设备监造费等，应避免盲目估算，在充分调研其他类似工程的基础上尽可能提供比较可靠的投资数据。

（5）在主要设备、材料价格及工程量表的名称及规格、型号栏中说明设备材料的主要技术参数，包括材质、重量、压力、泵的扬程和功率等。

（6）设备及安装主材所含增值税应体现在工程费计算中。

（7）海外项目报所在国批准或备案的可行性研究文件投资估算按所在国要求编制；报国内批准或备案的可行性研究文件投资估算编制按国内要求编制。海外项目投资估算编制说明中应对所在国经济、人文、自然等情况作概要说明，对项目涉及的所在国税费、类似工程当地投资造价水平，以及投资估算采取的依据作详细说明。

五、资金筹措

可行性研究阶段应说明建设投资及流动资金的来源渠道、落实程度、资金提供的条件，并推荐融资方案作为财务分析的基础。

资本金指在项目总投资中由投资者认缴的出资额。在可行性研究阶段对资本金的筹措应予以说明。资本金比例用于确定项目总投资中由投资者认缴的出资额，其余资金可按申请贷款或其他筹资方式考虑。资本金比例根据国发〔2009〕27号《国务院关于调整固定资产投资资本金比例的通知》以及中国石油规定的资本金比例确定（表3-4-15）。由于目前中国石油天然气股份有限公司资金筹措方式简单，其资本金计算公式简化为：

$$资本金 = 建设投资×资本金比例+铺底流动资金$$

表 3-4-15 资本金比例表

建设项目类型	国家	中国石油
油气田开发类（含净化厂）	20%及以上	55%
管道运输（含 LNG）、天然气利用	35%及以上	40%或根据所属板块执行
炼油化工类	25%及以上	65%
成品油库、加油（气）站		65%
原油库		按所属板块执行

按照国家规定，不低于经营性项目流动资金的30%为铺底流动资金，由企业自筹，计入建设项目估算总投资；其余流动资金按贷款考虑，利息进入成本。

合资及合作建设项目和集团公司投资海外的建设项目按合作方（股东）或董事会确定的融资方案，计算建设期融资成本。

第五节 石油建设项目投资估算编制案例

一、长输管道项目

（一）编制说明

1. 工程概况

本工程为新建某天然气长输管道。

2. 投资估算范围

主要包括线路工程、大中型穿跨越工程、阀室工程、站场工程、道路工程、调控中心扩容、抢维修中心扩建、供电线路工程和通信工程等。

3. 投资估算编制方法

投资估算编制方法为工程量法，即按各专业提供的工程量，采用现行的指标、定额以及设备、材料价格对项目投资进行估算。

4. 投资估算编制依据

（1）《中国石油天然气集团公司建设项目可行性研究投资估算编制规定》。

（2）各专业提交的工程量。

（3）安装工程采用《中国石油天然气集团公司石油建设安装工程概算指标》，工程费用定额执行《中国石油天然气集团公司石油建设安装工程费用定额》。

（4）其他费用根据《中国石油天然气集团公司建设项目其他费用和相关费用规定》编制。

（5）建筑工程综合造价指标根据类似工程确定。

（6）主要设备、材料价格按厂家报价，并按规定计取设备、材料运杂费，其中管材价格详见表3-5-1。

表3-5-1 管材价格表

项目名称	出厂价格（元/t）
螺旋缝埋弧焊钢管	8400
直缝埋弧焊钢管	8980

压缩机价格详见表3-5-2。

表 3-5-2　压缩机价格表

序号	项目名称	单位	FOB 货价 （万美元）	折合人民币 （万元）
1	燃驱离心式压缩机及附属设备	套	1642.49	13351.47
2	变速电动机驱动离心式压缩机及附属设备	套	1293.37	10513.54

（7）其他地方性收费根据工程所在地有关规定计取。

（8）基本预备费国内部分按工程费用与其他费用之和（扣除引进部分）的8%计取，引进部分按2%计取，不计价差预备费。

（9）土地征用及赔偿标准详见表3-5-3。

表 3-5-3　土地征用及赔偿标准

序号	项目名称	赔偿标准（万元/亩）
1	永久征地	
1)	站场、阀室用地	15
2)	隧道、道路及护坡用地	8
2	临时占地及青苗、林地补偿费	
1)	林区	6.5
2)	经济林	1.2
3)	旱地	0.35
4)	水田	0.4
5)	荒地	0.25

注：1亩=666.7m²，下同。

（10）全线永久占地及临时占地情况，见表3-5-4。

表 3-5-4　永久占地及临时占地统计表

序号	项目名称	数量（亩）
一	永久征地	
1	站场、阀室	54.07
2	隧道、道路及护坡	465
二	临时占地	
1	林区	75

序号	项目名称	数量（亩）
2	经济林	112.5
3	旱地	2940
4	水田	630
5	荒地	1014.3

（11）美元与人民币汇率按 1:6.15 计算。

5. 投资估算结果

本项目的总投资为 1249029 万元，其中增值税 100094 万元，外币 21951 万美元；其中工程费用 957885 万元，其他费用 137497 万元，基本预备费 79842 万元，建设期利息 68598 万元，铺底流动资金 5207 万元。

部分表格进行了简化，实际编制时，应严格按照相关规定执行。

6. 资金筹措

本项目建设投资的资本金按 40% 考虑，其余 60% 为债务资金，借款年利率为 5.54%。项目建设期为 3 年，第 1 年投入 40%，第 2 年投入 40%，第 3 年投入 20%，建设期利息计入总投资。

本项目的流动资金 30% 为企业自筹，其余 70% 由银行借款，借款年利率为 5.04%，流动资金借款利息计入成本。

（二）主要计算过程

1. 线路工程

以标段 1 的线路工程（全长 114.15km，其中管材规格 1 长 22.78km，管材规格 2 长 81.22km，管材规格 3 长 10.15km）为例，计算线路工程各分项费用。

1）管沟土石方

管沟土石方投资 = 人工土方 + 人工石方 + 机械土方 + 机械石方 + 地貌恢复

人工土方投资 = 人工土方量 × 人工土方单价

人工石方投资 = 人工土方量 × 人工石方单价

机械土方投资 = 机械土方量 × 机械土方单价

机械石方投资 = 机械石方量 × 机械石方单价

地貌恢复投资 = 地面恢复面积 × 恢复单价

（1）工程量计算。

设计提交管沟土石方量为 $194.055\times10^4\mathrm{m}^3$，其中土方 80%（一、二类土 80%，三类土 20%），石方 20%（普坚石 15%，次坚石 85%）。土石方人工开挖比例为 30%。

人工挖一、二类土方量 $=194.055\times10^4\times80\%\times80\%\times30\%=37.2586\times10^4\mathrm{m}^3$

人工挖三类土方量 $=194.055\times10^4\times80\%\times20\%\times30\%=9.3146\times10^4\mathrm{m}^3$

机械挖土方量 $=194.055\times10^4\times80\%\times70\%=108.6708\times10^4\mathrm{m}^3$

人工打眼爆破次坚石方量 $=194.055\times10^4\times20\%\times85\%\times30\%=9.8968\times10^4\mathrm{m}^3$

人工打眼爆破普坚石方量 $=194.055\times10^4\times20\%\times15\%\times30\%=1.7465\times10^4\mathrm{m}^3$

机械打眼爆破次坚石方量 $=194.055\times10^4\times20\%\times85\%\times70\%=23.0925\times10^4\mathrm{m}^3$

机械打眼爆破普坚石方量 $=194.055\times10^4\times20\%\times15\%\times70\%=4.0752\times10^4\mathrm{m}^3$

沿线地貌分布情况：林区、经济林 5km，旱地 15 km，水田 70km，荒地 24.15km。

作业带宽：经济林和林区 25m，其余 28m。

地貌恢复面积＝线路长度×作业带宽

林区和经济林地貌恢复面积 $=5000\times25=125000\mathrm{m}^2$

水田地貌恢复面积 $=70000\times28=1960000\mathrm{m}^2$

旱地地貌恢复面积 $=15000\times28=420000\mathrm{m}^2$

荒地地貌恢复面积 $=24150\times28=676200\mathrm{m}^2$

（2）单价。

参考已建类似工程概算的管沟土石方单位指标，并考虑取费定额（人工单价等）变化对单位指标的影响，重新测算管沟土石方的各分项工程单位指标，见表 3-5-5。

表 3-5-5　管沟土石方各分项工程单位指标

序号	分项工程名称	单位	指标
1	人工挖土方		
	人工挖土方（一、二类）	m³/元	14.39
	人工挖土方（三类）	m³/元	23.45
2	机械挖土方	m³/元	12.36
3	人工石方		
	人工打眼爆破石方（次坚石）	m³/元	62.54
	人工打眼爆破石方（普坚石）	m³/元	84.75

序号	分项工程名称	单位	指标
4	机械石方		
	机械打眼爆破石方（次坚石）	m³/元	56.08
	机械打眼爆破石方（普坚石）	m³/元	72.63
5	地貌恢复		
	林区	m²/元	1.94
	经济林	m²/元	1.94
	水田	m²/元	1.94
	旱田	m²/元	1.36
	荒地	m²/元	0.14

经计算管沟土石方投资为 4926 万元。

2）管材费

管材费＝直管段管材重量×管材出厂价＋弯头重量×弯头单价（或弯头数量×弯头单价）＋运费（至中转站）

钢管每千米重量＝0.0246615×（管径-壁厚）×壁厚×1.015

弯头长度＝3.14159×2×曲率半径×弯头度数/360+2

管材费计算见表 3-5-6。

表 3-5-6　管材费计算表

序号	名称及规格	总重 （t）	单价 （元/t）	合价 （万元）
一	直管段			
1	管材规格 1	8172.73	8400	6865
2	管材规格 2	34818.91	8400	29248
3	管材规格 3	5204.38	8980	4674
	小计			40787
二	弯头（90°、5 倍曲率半径）			
1	弯头规格 1	196.43	8980	176
2	弯头规格 2	845.59	8980	759

续表

序号	名称及规格	总重 （t）	单价 （元/t）	合价 （万元）
3	弯头规格3	129.56	8980	116
4	弯头制作损耗	82.01	8980	74
5	加工费	1171.57	8000	937
	小计			2063
三	运费（至中转站）			3455
四	管材费合计			46305

3）管段防腐

管段防腐投资=直管段外防腐面积×外防腐单价+弯头外防腐面积×弯头防腐单价+管段内涂层面积×内涂层单价+管道补口补伤费

直管段外防腐面积=3.14159×直管段长度×管径×1.015

管段内涂层面积＝3.14159×管段长度×（管径-2×壁厚）×1.015

管段防腐费计算见表3-5-7。

表3-5-7　管段防腐费计算表

序号	项目名称	数量	单价	合价 （万元）
1	直管段-3PE普通级外防腐	136069m²	100元/m²	1361
2	直管段-3PE加强级外防腐	226408m²	115元/m²	2604
3	弯头外防腐	7320m²	260元/m²	190
4	内涂层	357220m²	30元/m²	1072
5	热收缩套补口	13698个	356元/个	488
6	补伤片	600m²	170元/m²	10
	合计			5726

4）管段运输

计算中转站到现场的管段运输费，本项目中转站到施工现场的平均距离为100km，山区段长度为70.7km，平原段为43.45km。

根据不同地形（平原或山区）分别套用概算指标计算单位指标。

平原段管段运输单位指标：套用概算指标基段 80km，超段 20km，经测算单位指标 7.2 万元/km。

山区段管段运输单位指标：套用概算指标并按规定对定额的人工费和机械费进行调整，基段 65km，超段 35km，经测算单位指标 11.5 万元/km。

短运装卸费，按 50 元/t 估列，防腐层重量按光管重量的 3% 计算。

管段运输费 =（43.45 km×7.2 万元/km+70.7km×11.5 万元/km）×1.015 +49367.59t×1.03×0.005 万元/t＝1397 万元

5）管段组装焊接

管段组装焊接费＝液化气预热长度×液化气预热单价+中频预热长度×中频预热单价+沟上焊长度×沟上焊单价+沟下焊长度×沟下焊单价+弯头弯管安装调差+焊丝焊条调差+措施费。

管段组装焊接费计算见表 3-5-8。

表 3-5-8　管段组装焊接费计算表

序号	项目名称	工程量	单价	合价（万元）
1	预热			
1）	液化气预热（70%）	34.245km	0.58 万元/km	20
2）	中频加热（30%）	79.905km	1.78 万元/km	142
2	组装焊接			
1）	管材规格 1			
	沟上焊（50%）	11.39km	15.8 万元/km	180
	沟下焊（50%）	11.39km	30.5 万元/km	347
2）	管材规格 2			
	沟上焊（50%）	40.61km	23.5 万元/km	954
	沟下焊（50%）	40.61km	38.6 万元/km	1568
3）	管材规格 3			
	沟上焊（50%）	5.075km	30.1 万元/km	153
	沟下焊（50%）	5.075km	53.7 万元/km	273
3	焊条调差	16438kg	30 元/kg	49
4	焊丝调差	135610kg	46 元/kg	624
5	困难段措施费	35km	10 万元/km	350
	合计			4660

6）穿跨越工程

参考已建类似工程概算，测算各穿跨越单位指标。穿跨越工程费计算见表 3-5-9。

表 3-5-9 穿跨越工程费计算表

序号	项目	数量	单价	合价（万元）	备注
1	冲沟	15 处	60 万元/处	900	
2	中小型河流	105 处	6 万元/处	630	
3	穿越铁路	1 处	225 万元/处	225	
4	穿越高速公路	1 处	200 万元/处	200	
5	穿越等级公路	11 处	40 万元/处	440	
6	穿越一般公路	20 处	24 万元/处	480	
7	管线穿越	70 处	1.8 万元/处	126	
8	电缆、光缆穿越	60 处	1.8 万元/处	108	
	合计			3109	

7）管道试压

套用概算指标并对人工费、材料费和机械费进行调整，取费后，测算出试水压单位指标为 4.9 万元/km。

水价调差 = 用水量×价差

用水量根据概算指标规定的每种管径对应的每千米用水量计算。

用水量 = 1857.42m³/km×1.15×114.15km = 243828 m³

管道试压 = 4.9 万元/km×114.15 km+243828m³×0.0017 万元/m³ = 974 万元

8）线路附属工程

计算过程见表 3-5-10。

表 3-5-10 线路附属工程费计算表

序号	项目	数量	单价	合价（万元）
1	埋地警示带	110km	0.5 万元/km	55
2	警示牌	230 个	0.1 万元/个	23
3	线路标志桩	96 个	0.25 万元/个	24
3	现浇混凝土稳管	5500m³	0.09 万元/m³	495
4	预制混凝土块稳管	4300m³	0.21 万元/m³	903
	合计			1500

9）干燥、氮气置换

参考类似工程测算单位指标，干燥费为 4.2 万元/km，氮气置换为 0.68 万元/km。

干燥、氮气置换费＝4.2 万元/km×114.15km＋0.68 万元/km×114.15km＝557 万元

10）无损检测

每千米 120 个焊口，超声波检查比例为 30%，X 光探伤比例为 100%（其中普通射线机 X 光探伤比例为 30%，爬行器 X 光探伤比例为 70%）。

超声波探伤数量＝120 道口/km×114.15km×30%＝4109 道口

爬行器 X 光探伤数量＝120 道口/km×114.15km×100%×70%＝9588 道口

X 光探伤照片张数＝120 道口/km×114.15km×100%×30%×13 张/道口＝53422 张

计算见表 3-5-11。

表 3-5-11　无损检测费计算表

序号	项目	数量	单价	合价（万元）
1	超声波探伤（30%）	4109 道口	0.0233 万元/道口	96
2	爬行器 X 光探伤（70%）	9588 道口	0.045 万元道口	431
3	普通射线机 X 光探伤（30%）	53422 张	0.013 万元张	694
	合计			1221

11）阴极保护

计算见表 3-5-12。

表 3-5-12　阴极保护费计算表

序号	项目	数量	单价	合价（万元）
1	测试桩	120 个	0.14 万元/个	17
2	焊点密封	120 处	0.036 万元/处	4
3	阴极保护系统调试	114.15km	0.5 万元/km	57
	合计			78

12）线路防护

计算见表 3-5-13。

表 3-5-13 线路防护费计算表

序号	项目	数量	单价	合价（万元）
1	3:7灰土	213345m³	0.016万元/m³	3414
2	2:8灰土	62783m³	0.014万元/m³	879
3	浆砌石构筑物	228300m³	0.038万元/m³	8675
	合计			12968

13）施工道路、便桥

新修施工便道 25km，整修施工便道 35km，钢便桥 52 座。

施工道路、便桥费＝10 万元/km×25km+5 万元/km×35km+3.54 万元/座×52 座≈609 万元

14）施工作业带削方

按平原 4 万元/km，山区、丘陵等按 7 万元/km，平均为 6.26 万元/km 计算。

2. 大型穿跨越工程

参考类似工程，大开挖按 1.29 万元/m，定向钻按 1.99 万元/m，水下隧道按 2.85 万元/m，山体隧道 2.58 万元/m 计算。

3. 阀室及站场工程

阀室、站场工程费＝设备费+主材费+安装费+建筑费

以各设计专业提交工程量为基础，设备主材价格按询价，同时参考行业指导价格信息和其他类似工程价格资料计列，国产设备运杂费费率为 5%，国产材料运杂费费率为 5.5%，引进设备材料国内运杂费费率为 2.5%。

安装工程费＝（设备费+主材费）×安装工程费比例

建筑工程费＝工程量×单位指标，比如，值班室建筑费＝20m²×0.12 万元/m²＝2.4 万元

建筑工程费指总图竖向布置，各类建筑物、构筑物所发生材料费和施工费。

4. 配套工程

调控中心扩容和抢维修中心投资的计算方法与阀室和站场工程相类似。

其余的配套工程采用单位指标法，如新修道路按 60 万元/km，整修道路按 20 万元/km 考虑。

5. 其他费用

按照中国石油天然气集团公司建设项目其他费用的相关规定和地方各级政府的相关收费文件规定计算。

6. 基本预备费

基本预备费=国内部分+引进部分=965574×8%+129808×2%=79842 万元

（三）投资估算结果

本项目总投资为 1249029 万元（其中外汇 21529 万美元），详见表 3-5-14 至表 3-5-18。

表 3-5-14 总投资估算表

序 号	项目或费用名称	估算金额 （万元）	其中：外币 （万美元）	占总投资的比例 （%）	经济指标
	总投资（一+二+三）	1249029	21529	100.00	
一	建设投资	1175224	21529	94.09	
（一）	工程费用	957885	21107	76.69	
1	线路工程	639530			
2	大、中型穿跨越工程	45624			
3	阀室工程	24483	1877		
4	站场工程	220112	19230		
5	配套工程	26686			
6	施工单位 HSE 管理增加费	1450			
（二）	其他费用	137497		11.22	
（三）	基本预备费	79842	422	6.19	
二	建设期利息	68598		5.49	
三	铺底流动资金	5207		0.42	

表3-5-15 工程费用估算表

序号	项目或费用名称	规模或主要工程量	设备购置费（万元）	主材费（万元）	安装工程费（万元）	建筑工程费（万元）	其他费用（万元）	合计（万元）	含外币金额（万美元）	占工程费用比例（%）
一	线路工程		447188	12598	64606	115138		639530		66.8
	其中：管材总量									
（一）	标段1的线路工程		51532	690	8796	23728		84744		8.8
1	管沟土石方					4926		4926		
2	管材费		46305					46305		
3	管段防腐		5227		498			5725		
4	管段运输				1397			1397		
5	管段组装焊接			673	3988			4661		
6	穿跨越工程					3108		3108		
7	管道试压				974			974		
8	线路附属工程				99	1401		1500		
9	干燥、氮气置换				557			557		
10	无损检测				1222			1222		
11	阴极保护			17	61			78		
12	线路防护工程					12968		12968		
13	施工便道、便桥					609		609		
14	施工作业带削方					715		715		
（二）	标段2的线路工程		187527	6525	30260	60449		284761		29.7
	……									

续表

序号	项目或费用名称	规模或主要工程量	设备购置费（万元）	主材费（万元）	安装工程费（万元）	建筑工程费（万元）	其他费用（万元）	合计（万元）	含外币金额（万美元）	占工程费用比例（%）
（三）	标段3的线路工程		205812	5335	25324	30440		266911	27.9	
	……									
（四）	标段4的线路工程		2317	48	227	522		3113		0.3
	……									
二	大中型穿跨越工程		15621		12949	17053		45624		4.8
1	大开挖穿越		7025		3549	4973		15547		
2	定向钻穿越		3109		5583	365		9057		
3	水下钻爆穿越		1093		810	2716		4619		
4	山体隧道穿越		4394		3007	9000		16401		
三	阀室工程		15576	728	6597	1582		24483	1877	2.6
1	总图					290		290		
2	建筑物					1195		1195		
3	构筑物					97		97		
4	工艺安装		12286	539	6115			18940	1597	
5	仪表自动化		1598	53	331			1982	111	
6	通信		141		27			168		
7	给排水及消防		72		48			120		

续表

序号	项目或费用名称	规模或主要工程量	设备购置费（万元）	主材费（万元）	安装工程费（万元）	建筑工程费（万元）	其他费用（万元）	合计（万元）	含外币金额（万美元）	占工程费用比例（%）
8	电气		1479	136	76			1691	169	
四	站场工程		168571	25736	14822	10987		220112	19230	23.0
（一）	压气站		156986	20518	11942	10631		200077	18024	20.9
1	总图					1598		1598		
2	建筑物					7265		7265		
3	构筑物					1608		1608		
4	工艺设备及安装		138736	4683	7415			150834	17302	
5	仪表自动化		5240	9544	2091			16875	614	
6	通信		537	24	40			601		
7	给排水及消防		222	68	173	159		622		
8	电气		10114	5991	1793			17898	108	
9	热工		1289	208	345			1842		
10	阴极保护		848		86			934		
（二）	分输站		11585	5218	2879	355		20035	1206	2.1
1	总图					155		80		
2	建筑物							75		
3	构筑物					169		169		

续表

序号	项目或费用名称	规模或主要工程量	设备购置费（万元）	主材费（万元）	安装工程费（万元）	建筑工程费（万元）	其他费用（万元）	合计（万元）	含外币金额（万美元）	占工程费用比例（%）
4	工艺安装		7915	2676	1655			12246	876	
5	仪表自动化		2774	2303	928			6005	330	
6	通信		265	12	20			297		
7	给排水及消防		83	27	66	29		205		
8	电气		98	200	158			456		
9	热工		22		13			35		
10	阴极保护		428		39			467		
五	配套工程		2862		12532	11291		26686		3
（一）	道路工程					4306		4306		
（二）	调控中心扩容		1228		30			1257		
（三）	抢维修中心		1460					1460		
（四）	供电线路工程				0275			10275		
（五）	通信工程				2228			2228		
（六）	水土保持工程					6985		6985		
（七）	车辆		174					174		
六	施工单位 HSE 管理增加费					1450			1450	
	合计		649818	39062	112956	156051		957885	21107	100.0

表 3-5-16　其他费用及预备费计算表

序号	费用项目名称	取费基数	费率/系数	金额（万元）	计算式及说明
一	其他费用合计		137497		
（一）	固定资产其他费用		137206		
1	建设用地费和赔偿费			52499	
1.1	永久征地			16870	工程量×单价
1.2	临时占地及青苗、林地补偿费			30845	工程量×单价
1.3	其他赔偿费			4784	工程量×单价
1.3.1	民房拆迁补偿费			1037	工程量×单价
1.3.2	大型河流穿越赔偿费			420	
1.3.3	穿越小型河流赔偿费	26100	0.04	1044	0.04 万元/m
1.3.4	穿越等级公路赔偿费	4200	0.20	840	0.2 万元/m
1.3.5	穿越一般公路赔偿费	7560	0.15	1134	0.15 万元/m
1.3.6	穿越地下管道赔偿费	137	1.00	137	1 万元/处
1.3.7	穿越地下光缆赔偿费	172	1.00	172	1 万元/处
2	前期工作费			1139	
2.1	可行性研究编制及评估费			990	
2.2	项目核准报告编制费			149	
3	建设管理费			20106	
3.1	建设单位管理费			8285	
3.2	工程质量监督费			695	
3.3	建设工程监理费			5359	
3.4	设备监造费	436663	0.0022	961	
3.5	建设单位 HSE 管理费	8285	8%	663	

序号	费用项目名称	取费基数	费率/系数	金额（万元）	计算式及说明
3.6	项目管理承包费	8285	50%	4143	
4	工程评价及验收费等			4553	
4.1	环境影响评价评估验收费			123	
4.2	安全预评价费及验收收费			193	
4.3	职业病害预评价及验收费			298	
4.4	地震安全性评价费			204	
4.5	地质灾害危险性评估费			281	
4.6	水土保持评价及验收收费			555	
4.7	压覆矿产资源评估费			167	
4.8	节能评估费			67	
4.9	危险性及可操作性HAZOP分析			383	
4.10	文物调查评估费			1104	
4.11	林地穿越评估费			251	
4.12	防洪评价费			650	
4.13	消防设施、防雷静电验收			276	
5	勘察费			9188	
6	设计费			27303	
6.1	基本设计费			21724	
6.2	非标设计费			1668	
6.3	预算编制费	21724	10%	2172	基本设计费×10%
6.4	竣工图编制费	21724	8%	1738	基本设计费×8%
7	场地准备及临时设施费	957885	0.4%	3832	

续表

序号	费用项目名称	取费基数	费率/系数	金额（万元）	计算式及说明
8	引进技术和进口设备材料其他费			1869	
8.1	引进项目图纸资料翻译复制费			900	
8.2	出国人员费用			300	
8.3	来华人员费用			150	
8.4	进口设备材料国内检验费	129808	0.40%	519	
9	工程保险费	957885	0.30%	2874	
10	联合试运转费	308068	0.50%	1540	
11	施工队伍调遣费	308068	0.75%	2311	
12	标定费	7	20	140	
13	水土保持设施竣工验收技术评估报告编制费及技术文件技术咨询服务费			123	
14	地方土地预审及规划费	43	30	1290	
15	信息工程费			752	
16	高可靠性供电费及间隔费			790	
17	中转站费用			6600	
18	超限设备运输费	10	30	300	
(二)	其他资产费用			291	
1	生产人员提前进厂费			190	
2	人员培训费			41	
3	工具器具及生活家具购置费			20	
4	办公及生活家具购置费			40	
二	基本预备费			79842	
1	国内部分	965574	8%	77246	(工程费用+其他费用－引进部分)×费率
2	引进部分	129808	2%	2596	引进部分×费率

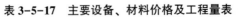

表 3-5-17　主要设备、材料价格及工程量表

序号	名称	规格型号	单位	单价/指标（万元）	数量	合计（万元）	备注
一	工艺						
1	电动球阀		个	24.92	12	299	
2	手动球阀		个	20.67	6	124	
3	清管器收球筒		个	84.2	5	421	
4	过滤分离器		台	105.67	3	317	
	……						
二	自控						
1	均速管流量计		套	10.50	38	418	
2	冗余总线控制器		套	10	4	40	
3	火灾报警系统		套	5	18	90	
	……						
三	电气						
1	直流屏		面	10	6	60	
2	综合自动化		套	150	4	600	
3	110/10kV 油浸式变压器		台	450	4	1800	
	……						
四	通信						
1	接入光通信站		套	32	1	32	
2	干线光通信站（扩容）		站	9.78	9	88	
3	光通信维护测试设备		套	35	1	35	
	……						
五	热工						
1	全自动热水锅炉		台	26	2	52	
2	余热热水锅炉橇		台	170	1	170	
3	气囊式低位膨胀水箱及泵橇		套	23.6	5	118	

续表

序号	名称	规格型号	单位	单价/指标（万元）	数量	合计（万元）	备注
	……						
六	阴保						
1	区域性阴极保护站		座	48	4	192	
2	绝缘接头及保护器安装		个	14.83	12	178	
	……						
七	给排水						
1	不锈钢全自动增压水箱	不锈钢水箱 $V=10m^3$	套	15	8	120	
2	立式高效除沙器	$Q=5\sim12m^3/h$	套	5	5	25	
3	紫外线净水仪	$Q=5\sim12m^3/h$	套	3.63	8	29	
	……						
八	总图						
1	人行道		m²	0.01	49130	472	
2	排水沟		m	0.02	12760	249	
	……						
九	建筑						
1	机柜间及变配电间	砖混	m²	0.22	1240	273	
2	压缩机厂房	钢结构	m²	0.45	7600	3420	
3	110kV 变电所	砖混	m²	0.22	2600	572	
	……						
十	结构						
1	钢材		t	0.22	179	72	
	……						

表3-5-18 进口设备材料货价及从属费用计算表

序号	设备、材料名称	规格	单位	数量	外币金额（万美元）					折合人民币（万元）	人民币金额（万元）					合计人民币（万元）
					单价（万美元）	货价	运输费	运输保险费	合计		关税	增值税	银行财务费	外贸手续费	合计	
一	工艺															
1	燃驱离心式压缩机及附属设备		套	3	1642.49	4927.48	221.74	7.72	5156.94	31715.20	2216.74	5760.35	45.46	316.68	8339.23	40054.42
2	变速电机驱动离心式压缩机及附属设备		套	2	1293.37	2586.74	116.40	4.06	2707.20	16649.30	1163.71	3023.97	23.86	166.24	4377.78	21027.08
3	电动球阀		个	10	19.06	190.62	8.58	0.30	199.50	1226.91	85.76	222.84	1.76	12.25	322.61	1549.52
	……															
二	自控															
1	气体超声流量计量系统		套	4	53.13	212.51	9.56	0.34	222.41	1367.81	95.60	248.43	1.96	13.66	359.65	1727.46
2	外夹式超声流量计		套	7	10.58	74.03	3.33	0.12	77.48	476.52	33.31	86.55	0.68	4.76	125.30	601.82
	……															
三	电气															
	……															

（四）投资水平分析

线路工程投资占工程费用的比例接近67%，对项目估算结果准确性的影响最大，因此重点进行线路工程投资水平分析。本输气管道单位线路工程费用（不含阀室和穿跨越）为714万元/km。已建某管道单位线路工程费用（不含阀室和穿跨越）为499万元/km。

由于本管道所经地区的地形地貌与已建某管道工程类似，因此对两者的线路工程费用做对比。本工程和已建某管道的线路工程费用对比详见表3-5-19"投资对比分析表"。从表中可以看出，本管道每千米的线路经济指标比已建某管道高215万元，主要原因如下。

表3-5-19　投资对比分析表

序号	工程项目或费用名称	本建设项目			对比建设项目	经济指标对比值
		估算投资（万元）	占线路工程费用比例（%）	经济指标（万元/km）	经济指标（万元/km）	
1	线路工程费用	639530	100	714	499	143%
（1）	管沟土石方	31591	5	35	28	125%
（2）	管材费	407200	64	455	304	150%
（3）	管段防腐	43694	7	49	36	136%
（4）	管段运输	13212	2	15	8	188%
（5）	管段组装焊接	38592	6	43	33	130%
（6）	穿跨越工程	18096	3	20	10	200%
（7）	管道试压	6344	1	7	4	175%
（8）	线路附属工程	10340	2	12	22	55%
（9）	干燥、氮气置换	4260	1	5	3	167%
（10）	无损检测	9367	1	10	9	111%
（11）	阴极保护	948	0.1	1	0.4	250%
（12）	线路防护工程	46498	7	52	30	173%
（13）	施工便道、便桥	4448	1	5	10	50%
（14）	扫线	4940	1	6	2	300%

1. 管沟土石方每千米高8万元

（1）工程量发生变化：管沟土石方涨幅为13.6%。

（2）单价涨幅为 23.8%。

2. 管材费每千米高 150 万元

主要是钢管出厂价发生变化，螺旋管由 5523 元/t 变为 8400 元/t，直缝管由 6513 元/t 变为 8980 元/t。

3. 管段防腐每千米高 13 万元

（1）防腐单价发生变化：普通防腐和加强级防腐单价均上涨。

（2）石油建设安装工程费用定额发生变化，人工单价等上涨，导致安装费增加。

4. 管段组装焊接每千米高 10 万元

主要是石油建设安装工程费用定额发生变化，人工单价等上涨，导致安装费增加。

5. 穿跨越工程每千米高 10 万元

主要由于材料价格上涨因素所致。

6. 线路防护工程每千米高 22 万元

（1）工程量发生变化：涨幅为 15%。

（2）物价上涨，涨幅约为 17%。

7. 其他单项指标合计每千米高 2 万元

主要是石油建设安装工程费用定额发生变化，人工单价上涨等原因所致。

二、LNG 厂项目

（一）编制说明

1. 工程概况

该 LNG 厂主要工艺流程为来自某分输站的原料天然气通过过滤分离计量后进入脱碳装置、脱水及脱汞装置对天然气进行深度预处理，干净化天然气被送至天然气液化装置生产 LNG 产品，经管道输送至 LNG 罐区储存，再通过 LNG 槽车外运。闪蒸气经过压缩机增压后，一部分作为燃料气，剩余部分外输。

2. 投资估算范围

本工程投资估算范围：

（1）主要工艺装置：脱碳装置、脱水脱汞装置、天然气液化装置、冷剂储存装置、闪蒸气增压装置等。

（2）辅助生产设施：LNG 罐区及装车设施、火炬及放空系统、空氮站、供热装置、燃料气系统以及分析化验室等。

（3）公用工程：包括与主体工程配套的自控、通信、管道防腐、电气、给排水、土建、消防、环保等工程。

总投资包括工程费用、其他费用、预备费用、建设期利息、铺底流动资金。

3. 投资估算编制方法

投资估算编制方法为工程量法，即按各专业提供的工程量，采用现行的指标、定额以及设备、材料价格对项目投资进行估算。

4. 投资估算编制依据

（1）《中国石油天然气集团公司建设项目可行性研究投资估算编制规定》。

（2）各专业提交的工程量。

（3）安装工程采用《中国石油天然气集团公司石油建设安装工程概算指标》，工程费用定额执行《中国石油天然气集团公司石油建设安装工程费用定额》。

（4）其他费用根据《中国石油天然气集团公司建设项目其他费用和相关费用规定》编制。

（5）建筑工程综合造价指标根据类似工程确定。

（6）主要设备、材料价格参考类似工程设备材料价格信息，并按规定计取运杂费。

（7）其他地方性收费根据工程所在地有关规定计取。

（8）基本预备费国内部分按工程费用与其他费用之和扣除引进部分的8%计取，引进部分按2%计取，不计价差预备费。

（9）永久性征地赔偿标准采用地方有关文件规定，按20万元/亩计算。

（10）美元与人民币汇率按1:6.15计算。

5. 投资估算结果

本项目的总投资为29185万元（增值税1693万元，外币17万美元），其中工程费用20453万元，其他费用5837万元，预备费用2097万元，建设期利息558万元，铺底流动资金240万元。

6. 资金筹措

根据有关规定，本项目建设投资的资本金按40%考虑，其余60%为债务资金，借款年利率为6.55%，项目建设期为1年。建设期利息计入总投资。

本项目的流动资金30%为企业自筹，其余70%由银行借款，借款年利率为6%，流动资金借款利息计入成本。

（二）主要计算过程

1. 工程费用

1）液化装置

各个装置采用的编制方法均为工程量法和指标法，以液化装置为例演示投资计算过程（其中各装置的计算过程与液化装置类似）。液化装置包括构筑物、金属结构、工艺、非标和自控专业。

各专业工程费用＝设备购置费＋主材费＋安装工程费＋建筑工程费

以各设计专业提交工程量为基础，设备主材价格按询价同时参考行业指导价格信息和其他类似工程价格资料，国产设备运杂费费率为7.5%，国产材料运杂费费率为8%，引进设备材料国内运杂费费率为3%。

设备购置费＝工程量×设备单价

主材费＝工程量×主材单价

安装工程费＝（设备费＋主材费）×安装费比例

建筑工程费＝工程量×指标

建筑工程费指总图竖向布置、各类建（构）筑物所发生材料费和施工费。

构筑物、金属结构、工艺、非标和自控的工程费用计算表详见表3-5-20至表3-5-25。

表3-5-20　构筑物费用计算表

序号	项目名称	规格参数	单位	工程量	单价指标（万元）	小计（万元）
一	构筑物					133
1	钢筋混凝土	C30	m³	600	0.12	72
2	钢筋混凝土	C25	m³	155	0.11	17
3	素混凝土	C15	m³	80	0.05	4
4	压缩机基础灌浆料量	环氧树脂	m³	10	4	40

表3-5-21　金属结构费用计算表

序号	项目名称	规格参数	单位	工程量	单价指标（万元）	小计（万元）
一	金属结构					91
1	钢结构		t	70	1.3	91

表 3-5-22　工艺设备及安装费计算表

序号	项目名称	规格参数	单位	工程量	单价/指标（万元）			合价（万元）
					单价	运杂费	小计	
一	工艺							3344
（一）	标准设备						7.5%	2715
1	混合冷剂压缩机		台	1	1916	144.00	2060.00	2060
2	安全阀		个	3	2	0.15	2.15	6.45
3	冷剂换热器（冷箱）		台	1	500	37.50	537.50	537.5
……	……		……	……	……	……	……	……
（二）	材料						8%	263
1	Y 型过滤器		个	6	0.37	0.03	0.40	2.4
2	阀门		个	265	0.36	0.03	0.39	103.35
3	低温碳钢固定管托		个	98	0.10	0.01	0.11	10.78
……	……		……	……	……	……	……	……
（三）	安装费							366

注：安装费=（国产设备费+主材费）×安装费比例=366 万元。

表 3-5-23　非标设备及安装费计算表

序号	项目名称	单位	工程量	单价/指标（万元）			小计（万元）
				单价	运杂费	小计	
	非标设备						76
（一）	国产设备						66
1	重烃分离罐	t	3.5	5	0.38	5.38	18.33
2	丝网	t	0.11	8	0.60	8.60	0.95
3	型钢	t	0.42	1.25	0.09	1.34	0.56
4	脱水分离罐	t	3.31	2	0.15	2.15	7.12
5	丝网	t	0.05	8	0.60	8.60	0.43
6	型钢	t	0.41	1.25	0.09	1.34	0.55
7	冷剂压缩机出口分液罐	t	5.50	2	0.15	2.15	11.83

序号	项目名称	单位	工程量	单价/指标（万元）			小计
				单价	运杂费	小计	（万元）
8	丝网	t	0.2	8	0.60	8.60	1.72
9	型钢	t	0.63	1.25	0.09	1.34	0.84
10	冷剂吸入罐	t	10.00	2	0.15	2.15	21.5
11	型钢	t	1.25	1.25	0.09	1.34	1.68
（二）	安装费						10

注：安装费＝国产设备费×安装费比例＝66×15%＝10万元。

表 3-5-24　自控设备及安装费计算表

序号	项目名称	规格型号	单位	工程量	单价/指标（万元）			小计
					单价	运杂费	小计	（万元）
一	自控设备							455.00
（一）	引进设备						3%	88.00
1	在线色谱分析仪		套	1	85.44	2.56	88	88
（二）	国产设备							252
1	防爆型铂热电阻		支	28	0.21	0.02	0.23	6.44
2	磁浮子液位计		台	1	3	0.23	3.23	3.23
……	……		……	……	……	……	……	……
（三）	主材						8%	57
1	仪表电缆		m	15200	0.0035	0.0003	0.0038	57
（四）	安装费							58

注：安装费＝（引进设备费+国产设备费+主材费）×安装费比例。

根据以上的结果汇总液化装置的工程费用，见表 3-5-25。

表 3-5-25　液化装置工程费用估算表

序号	项目或费用名称	设备购置费（万元）	主材费（万元）	安装工程费（万元）	建筑工程费（万元）	合计（万元）	占工程费用（%）	含外币金额（万美元）	经济指标
1	液化装置	3120	320	525	133	4098		3	
1)	构筑物				133	133			

续表

序号	项目或费用名称	设备购置费（万元）	主材费（万元）	安装工程费（万元）	建筑工程费（万元）	合计（万元）	占工程费用（%）	含外币金额（万美元）	经济指标
2）	金属结构			91		91			
3）	工艺	2715	263	366		3344			
4）	非标	66		10		76			
5）	自控	340	57	58		455		3	

2）施工单位 HSE 管理增加费

根据相关规范，施工单位 HSE 管理增加费按安装工程费（不含主材费）的 1.8% 计取。

2. 其他费用

按照中国石油天然气集团公司建设项目其他费用的相关规定和地方各级政府的相关收费文件规定计算。

3. 基本预备费

基本预备费 = 国内部分 + 引进部分

$$= 26185 \times 8\% + 106 \times 2\% = 2097 \text{ 万元}$$

4. 建设期利息

建设期利息 $= 28387 \div 2 \times 60\% \times 6.55\% = 558$ 万元

5. 铺底流动资金

铺底流动资金按年经营成本的比例计取。

（三）投资估算结果

本项目总投资为 29185 万元（其中外汇 17 万美元），详见表 3-5-26 至表 3-5-30。

表 3-5-26　总投资估算表

序号	项目或费用名称	设备购置费（万元）	安装工程费（万元）	建筑工程费（万元）	其他费用（万元）	合计（万元）	其中：外币（万美元）	占总投资比例（%）	经济指标
	总投资（一+二+三）	9187	6529	4737	8732	29185	17	100	
	其中：增值税					1693			
一	建设投资	9187	6529	4737	7934	28387	17	97	
（一）	工程费用	9187	6529	4737		20453	17	70	

序号	项目或费用名称	设备购置费（万元）	安装工程费（万元）	建筑工程费（万元）	其他费用（万元）	合计（万元）	其中:外币（万美元）	占总投资比例(%)	经济指标
1	LNG 厂	9187	6474	4737		20398		70	
1)	脱碳装置	471	399	62		932	3		
2)	脱水脱汞装置	350	186	39		576	4		
3)	液化装置	3120	845	133		4098	11		
4)	闪蒸气增压装置	271	178	37		486			
5)	冷剂储存装置	268	116	36		420			
6)	火炬放空系统	140	87	33		260			
7)	LNG 罐区及装车系统	1714	148	151		2013			
8)	空氮站	135	54	19		208			
9)	燃料气系统	17	23	25		65			
10)	全厂给排水、循环水及污水	567	588	118		1273			
11)	全厂供配电	1122	1224	24		2370			
12)	全厂通信	292	40			332			
13)	导热油及暖通	340	53	59		452			
14)	全厂供热及热力管网		1233	110		1343			
15)	中控室	207	62			269			
16)	全厂总图			2873		2873			
17)	全厂建筑			1017		1017			
18)	维修设备	68	6			74			
19)	分析化验室	105		1		106			
20)	外电线路		1232			1232			
2	施工单位 HSE 管理增加费		55			55			

续表

序号	项目或费用名称	设备购置费（万元）	安装工程费（万元）	建筑工程费（万元）	其他费用（万元）	合计（万元）	其中:外币（万美元）	占总投资比例(%)	经济指标
（二）	其他费用				5837	5837		20	
1	建设用地费和赔偿费				2969	2969			
2	前期工作费				85	85			
3	建设管理费				731	731			
4	专项评价及验收费				248	248			
5	勘察设计费				1117	1117			
6	场地准备费和临时设施费				82	82			
7	引进技术和进口设备材料其他费				25	25			
8	工程保险费				61	61			
9	联合试运转费				56	56			
10	特殊设备安全监督检验标定费				40	40			
11	超限设备运输特殊措施费				40	40			
12	施工队伍调遣费				84	84			
13	生产准备费				134	134			
14	消防报建费				20	20			
15	消防评价及验收费				10	10			
16	外电高可靠性贴费				15	15			
17	大型机具进出场费				20	20			
18	专利及专有技术使用费				100	100			
（三）	基本预备费				2097	2097	0.3	7	
1	国内部分				2095	2095			
2	引进部分				2	2	0.3		
二	建设期贷款利息				558	558		2	
三	铺底流动资金				240	240		1	

表3-5-27　工程费用估算表

序号	项目或费用名称	设备购置费(万元)	主材费(万元)	安装工程费(万元)	建筑工程费(万元)	合计(万元)	占工程费用(%)	含外币金额(万美元)	经济指标
	工程费用	9187	3354	3175	4737	20453	100	17	
(一)	LNG厂	9187	3354	3120	4737	20398	99.7	17	
1	脱碳装置	471	143	256	62	932		3	
	……								
2	脱水脱汞装置	350	64	122	39	575		4	
3	液化装置	3120	320	525	133	4098		11	
1)	构筑物				133	133			
2)	金属结构			91		91			
3)	工艺	2715	263	366		3344			
4)	非标	66	57	10		76			
5)	自控	339	57	58		454		11	
4	闪蒸气增压装置	271	77	101	37	486			
	……								
5	冷剂储存装置	268	51	65	36	420			
6	火炬放空系统	140	15	72	33	260			
7	LNG罐区及装车系统	1714	25	123	151	2013			
8	空氮站	135	15	39	19	208			

续表

序号	项目或费用名称	设备购置费（万元）	主材费（万元）	安装工程费（万元）	建筑工程费（万元）	合计（万元）	占工程费用（%）	含外币金额（万美元）	经济指标
	……								
9	燃料气系统	17	6	17	25	65			
	……								
10	全厂给排水、循环水及污水	567	96	492	118	1273			
	……								
11	全厂供配电	1122	678	546	24	2370			
	……								
12	全厂通信	292	12	40		332			
13	导热油及暖通	340		41	59	452			
	……								
14	全厂供热及热力管网		620	613	110	1343			
	……								
15	中控室	207		62		269			
16	全厂总图				2873	2873			
17	全厂建筑				1017	1017			
18	维修设备	68		6		74			
19	分析化验室	105			1	106			
20	外电线路		1232			1232			
(二)	施工单位 HSE 管理增加费			55		55	0.3		

表 3-5-28　其他费用及预备费计算表

序号	费用项目名称	取费基数	费率/系数	金额（万元）	计算式及说明
一	其他费用合计			5837	
（一）	建设用地费和赔偿费			2969	
1	征地费用	148.45	20	2969	20万元/亩
（二）	前期工作费			85	
1	可行性研究报告编制及评估费			76	
2	申报核准费	60.00	15%	9	
	……			……	
二	基本预备费			2097	
（一）	国内部分	26187.50	8%	2095	
（二）	引进部分	100.00	2%	2	

表 3-5-29　主要设备、材料价格及工程量表

序号	名称及规格、型号	单位	数量	单价（万元）	合计（万元）	备注
一	液化装置					
1	混合冷剂压缩机 4435kW	台	1	2060	2060	
2	PSV-1402 安全阀 PN5.4MPa DN25×50	个	3	2	6	
3	冷剂换热器（冷箱）3.8m×4.0m×14m 10574kW	台	1	538	538	
	……	……	……	……	……	……
二	脱碳装置					
1	原料气换热器	台	1	4	4	
2	贫富液换热器	台	2	12	24	
	……					

表 3-5-30　进口设备材料货价及从属费用计算表

序号	设备、材料规格名称	规格型号	单位	数量	单价（美元）	外币金额（万美元）			折合人民币（万元）	人民币金额（万元）						合计人民币（万元）
						货价	运输费	运输保险费	合计		关税	增值税	银行财务费	外贸手续费	合计	
1	在线微量二氧化碳分析仪		套	1	26307.851	2.631	0.118	0.004	2.753	16.943	1.694	3.168	0.024	0.169	5.057	22.000
2	在线微量水分分析仪		套	1	35874.342	3.587	0.161	0.006	3.754	23.105	2.310	4.321	0.033	0.231	6.895	30.000
3	在线色谱分析仪		套	1	101643.969	10.164	0.457	0.017	10.638	65.464	6.546	12.242	0.094	0.655	19.536	85.000

（四）投资水平分析体例

由于工程费用占总投资的比例接近 70%，对估算结果准确性影响最大，因此重点对工程费用的投资水平进行分析。从表 3-5-31 "建设项目估算总投资对比分析表"可以看出，本建设项目比对比建设项目的工程费用少 16224 万元，原因分析如下：

表 3-5-31　建设项目估算总投资对比分析表　　　　万元

序号	工程项目或费用名称	本建设项目	对比建设项目	差额
	总投资	29185	56307	−27122
1	工程费用	20453	38703	−18250
1）	脱碳装置	932	1349	−417
2）	脱水脱汞装置	575	752	−177
3）	液化装置	4098	5124	−1026
4）	闪蒸气增压装置	486	491	−5
5）	冷剂储存装置	420	499	−79
6）	火炬放空系统	260	519	−259
7）	LNG 罐区及装车系统	2013	8530	−6517
8）	燃料气系统	65	71	−6
9）	空氮站	208	539	−331
10）	全厂给排水、循环水及污水	1273	2565	−1292
11）	全厂供配电	2370	1875	495
12）	全厂通信	332	773	−441
13）	导热油及暖通	452	364	88
14）	全厂供热及热力管网	1343	2200	−857
15）	中控室	269	1120	−851
16）	全厂总图	2873	7687	−4814
17）	全厂建筑	1017	985	32
18）	维修设备	74		74
19）	分析化验室	106	516	−410
20）	10kV 外电线路	1232	550	682
21）	施工单位 HSE 管理增加费	55		55

续表

序号	工程项目或费用名称	本建设项目	对比建设项目	差额
2	其他费用	5837	12674	-6837
	其中：征地费用	2969	7443	-4474
3	预备费	2097	2285	-188
4	建设期利息	558		558
5	铺底流动资金	240	2646	-2406

（1）LNG 罐区及装车系统少 6518 万元，主要原因是本建设项目储罐规模较小，仅为对比建设项目 LNG 储罐规模的 1/4。

（2）全厂总图少 4814 万元，主要原因是本建设项目征地面积比对比建设项目小，同时地形差异比较大，导致本建设项目的土石方挖填工程量较对比建设项目减少。

（3）其余装置合计少 4892 万元，主要原因一是本建设项目的处理规模比对比建设项目略小，二是给排水、循环水及污水和全厂供配电等由于依托资源不同而有差异。

三、净化厂项目

（一）编制说明

1. 工程概况

某净化厂的生产设施包括主要生产装置、辅助生产设施及公用工程和生活服务工程等。主要生产装置包括脱硫装置、脱水装置、硫黄回收装置、尾气处理装置及酸水汽提装置。辅助生产设施包括：硫黄成型装置、污水处理装置、火炬与放空系统、分析化验室及维修设施；公用工程包括总图、建（构）筑物、给排水及消防系统、锅炉及蒸汽系统、空氮站、全厂工艺和热力管网及燃料气系统、供电系统、通信系统等。

2. 投资估算范围

本工程总投资由建设投资、建设期利息和铺底流动资金组成。建设投资由工程费用、其他费用和预备费组成。

3. 投资估算编制方法及编制依据

1）编制方法

投资估算编制方法为工程量法和指标法。

（1）安装工程投资估算采用工程量法，即按各专业提供的工程量，采用现行的指标、定额以及设备、材料价格对项目投资进行估算。

（2）建筑工程投资估算采用指标法，即按工程所在地的建（构）筑物综合指标进行投资估算。

2）编制依据

（1）《中国石油天然气集团公司建设项目可行性研究投资估算编制规定》。

（2）《中国石油天然气集团公司建设项目其他费用和相关费用规定》。

（3）各专业推荐方案工程量。

（4）主要设备、材料价格向厂家询价，并按规定计取运杂费。美元与人民币汇率按 1:6.7 计算。

（5）安装费比例参照类似工程概算测算。

（6）建筑工程综合造价指标根据类似工程确定。

（7）土地征用及赔偿标准采用地方有关文件规定，按 15 万元/亩计算。民房拆迁费按 600 元/m² 计算。

（8）基本预备费国内部分按工程费用与其他费用之和（扣除引进部分）为基数计算。其中国内部分费率为 8%，引进部分费率为 2%。

（9）根据有关规定，本项目建设投资按企业自筹 55%，其余为有息资金考虑，年利率为 5.832%，建设期利息计入总投资。

（10）铺底流动资金按年经营成本的比例计取。

（二）主要计算过程

1. 厂内工程

各个装置采用的编制方法均为工程量法和指标法，以脱硫装置为例演示投资计算过程。脱硫装置包括工艺、自控、构筑物及金属结构等专业。

各专业工程费用=设备费+主材费+安装工程费+建筑工程费

以各设计专业提交工程量为基础，设备主材价格按询价，同时参考行业指导价格信息和其他类似工程价格资料计列，国产设备运杂费费率为 5%，国产材料运杂费费率为 5.5%，引进设备材料国内运杂费费率为 3%。

安装工程费=（设备费+主材费）×安装费比例

建筑工程费=工程量×单位指标

建筑工程费指总图竖向布置、各类建（构）筑物所发生材料费和施工费。

工艺、自控、构筑物及金属结构的工程费用计算表详见表 3-5-32、表 3-5-33 和表 3-5-34。

表 3-5-32 工艺设备及安装费计算表

序号	项目及费用名称	单位	工程量	单价 （万元）	合计 （万元）
	工艺				15497
（一）	引进设备				3980
1	贫胺液循环泵 568kW	台	4	442	1768
2	能量回收透平机	套	4	450	1800
	……			……	……
（二）	国产设备				2559
1	贫胺液空冷却器	t	80	2.5	200
2	贫富胺液换热器	台	4	81.5	326
	……			……	……
（三）	非标准设备				5977
1	再生塔	t	335	2	670
2	湿净化气分离器	t	235	1.8	423
3	酸气分离器	t	65	2	130
4	活性炭过滤器	t	36	2	72
5	凝结水分离器	t	10	1.8	18
6	氮气水封罐	t	4	2	8
	……			……	……
（四）	主材				1335
1	国产阀门	个	680	1.35	918
2	无缝钢管	t	330	0.8	264
	……			……	……
（五）	安装				1646

注：（1）由于篇幅受限，国产阀门的工程量为合计数，单价为平均单价。

（2）安装费＝（引进设备费+国产设备费+非标设备费+主材费）×安装费比例

＝3980×3%+2559×5%+5977×10%+1335×60%

＝1646 万元。

表 3-5-33　自控设备及安装费计算表

序号	项目及费用名称	单位	工程量	单价（万元）	合计（万元）
	自控				2160
（一）	引进设备				206
1	H$_2$S 在线分析仪		2	103	206
（二）	国产设备				1431
1	温度变送器	台	35	1.2	42
2	气动调节阀	台	40	6.5	260
3	气动切断阀	台	16	17.5	280
	……		……	……	……
（三）	主材				211
1	控制电缆	km	36	2.5	90
2	管阀件	组	1	121	121
（四）	安装费				312

表 3-5-34　构筑物及金属结构费用计算表

序号	项目及费用名称	单位	工程量	单价（万元）	合计（万元）
一	构筑物				114
1	设备基础（钢筋混凝土）	m^3	757.89	0.095	72
2	设备基础（素混凝土）	m^3	700	0.06	42
二	金属结构				555
1	管架、平台	t	528.57	1.05	555

根据以上的结果汇总脱硫装置的工程费用，见表 3-5-35。

表 3-5-35　脱硫装置工程费用估算表

序号	工程项目及费用名称	设备购置费（万元）	主材费（万元）	安装工程费（万元）	建筑工程费（万元）	合计（万元）	含外币金额（万美元）
一	构筑物				i14	114	
二	金属结构			555		555	
三	工艺	2559	1335	1646		5540	
四	非标	5977				5977	
五	引进（工艺）	3980				3980	357
六	引进（自控）	206				206	18
七	自控	1431	211	312		1954	
	合计	14153	1546	2513	114	18326	375

2. 厂外工程

厂外工程的投资计算采用单位指标法，例如：

（1）道路工程中新建厂区道路指标为 280 万元/km，新建施工便道指标为 10 万元/km。

（2）厂外输水管线中输水管道指标为 64 万元/km；供水管道指标为 26 万元/km；污水管道指标为 12 万元/km。

3. 其他费用

按照中国石油天然气集团公司建设项目其他费用的相关规定和地方各级政府的相关收费文件规定计算。

（三）投资估算结果

经测算，本项目总投资为 155249 万元（含外汇 1783 万美元），其中工程费用 113723 万元，其他费用 27189 万元，基本预备费 10048 万元，建设期利息 2024 万元，铺底流动资金 2265 万元（表 3-5-36 至表 3-5-41）。部分表格进行了简化，实际编制时应严格按照相关规定执行。

（四）投资水平分析

由于本建设项目的主要生产装置投资占总投资的比例为 39%，对项目估算结果准确性的影响最大（其次为其他费用，占总投资比例为 17%），因此重点对主要生产装置进行投资水平分析。

本建设项目主要生产装置投资为 60149 万元，比类似建设项目投资 75234 万元减少 15085 万元，原因包括两方面：一是处理能力发生变化；二是主体装置的循环量指标发生变化。

（1）脱硫装置投资减少 9975 万元，主要原因是 MDEA 循环量指标减少。

（2）脱水装置投资增加 1016 万元，主要原因是 TEG 循环量指标增加。

（3）硫黄回收装置投资减少 2206 万元，主要原因是硫黄产量指标减少。

（4）尾气处理及酸水汽提装置投资减少 3920 万元，主要原因是尾气量指标减少。

处理规模和循环量指标发生变化，两者共同影响使本项目的主要生产装置投资比类似建设项目投资减少 15085 万元（表 3-5-41）。

表3-5-36　总投资估算表

序号	项目或费用名称	设备购置费（万元）	安装工程费（万元）	建筑工程费（万元）	其他费用（万元）	合计（万元）	其中：外币（万美元）	占总投资的比例（%）	经济指标
	总投资（一+二+三）	60135	34011	19579	41526	155249	1783	100	129
一	建设投资	60133	34011	19579	37237	150960	1783	97	126
（一）	工程费用	60133	34011	19579		113723	1293	73	95
1	主要生产装置	44227	15110	812		60149	1039	39	50
2	辅助生产设施	4195	1346	2472		8013	19	5	7
3	公用设施	7479	4419	1175		13073		8	11
4	全厂工艺及热力系统管道及燃料气系统	760	1577	16		2353		2	2
5	中央控制室	1570	170	135		1875	153	1	2
6	全厂总图			8568		8568		6	7
7	服务性工程	1439	7	3898		5344	81	3	4
8	厂外工程	463	11382	2503		14348		9	12
（二）	其他费用				27189	27189	456	18	23
1	建设用地费和赔偿费				9450	9450			
2	可行性研究编制费及评估费				209	209			
3	建设管理费（含监理费）				1791	1791			
4	专项评价及验收费				377	377			
5	勘察设计费				7314	7314			
6	场地准备及临时设施费				682	682			

续表

序号	项目或费用名称	设备购置费（万元）	安装工程费（万元）	建筑工程费（万元）	其他费用（万元）	合计（万元）	其中：外币（万美元）	占总投资的比例（%）	经济指标
7	引进技术和进口设备材料其他费				200	200	19		
8	工程保险费				341	341			
9	联合试运转费				268	268			
10	压力容器检验费				20	20			
11	超限设备运输措施费				1000	1000			
12	施工队伍运输费				402	402			
13	运输物流方案编制费				44	44			
14	应急预案演练费				50	50			
15	水土保持监测费，水土保持设施竣工验收技术报告编制费等				61	61			
16	水土保持设施补偿费及流失防治费				163	163			
17	高可靠性供电贴费				180	180			
18	110kV 出线间隔费				200	200			
19	工艺包设计费（含利费，关税及国内相关税费）				3450	3450	437		
20	生产准备费				987	987			
（三）	基本预备费				10048	10048	35	6	8
二	建设期贷款利息				2024	2024		1	2
三	铺底流动资金				2265	2265		1	2

表 3-5-37　工程费用估算表

序号	工程项目及费用名称	规模或主要工程量	设备购置费（万元）	主材费（万元）	安装工程费（万元）	建筑工程费（万元）	合计（万元）	占工程费用（%）	含外币金额（万美元）
一	主要生产装置		44227	7015	8095	812	60149	53	1041
1	脱硫装置		14153	1546	2513	114	18326	16	375
2	脱水装置		3400	253	615	77	4345	4	26
3	硫黄回收装置		12545	2432	2445	474	17896	16	639
4	尾气处理装置及酸水汽提装置		14129	2784	2522	147	19582	17	
二	辅助生产设施		4195	579	767	2472	8013	7	19
1	硫黄成型装置		2569	197	347	1259	4372	4	
2	火炬及放空系统		566	130	136	4	836	1	
3	污水处理装置		509	252	280	366	1407	1	
4	综合楼及分析化验设备		341		3	688	1032	1	19
5	维修设备		211		1	155	367	0.3	
三	公用设施		7479	2706	1713	1175	13075	11	
1	循环水系统		720	57	415	122	1314	1	
2	厂内给排水消防系统		169	698	359	294	1520	1	
3	锅炉及蒸汽系统		2073	174	220	342	2809	2	
4	空氮站		503	12	38	136	689	1	

续表

序号	工程项目及费用名称	规模或主要工程量	设备购置费（万元）	主材费（万元）	安装工程费（万元）	建筑工程费（万元）	合计（万元）	占工程费用（%）	含外币金额（万美元）
5	全厂供配电及变电所（含变电所调度光缆通信费）		2948	1713	588	281	5530	5	
6	全厂通信		1066	52	93	16	1211	1	
四	全厂工艺及热力系统管道		760	792	785		2353	2	
五	中央控制室		1570	76	94	135	1875	2	153
六	全厂总图					8568	8568	8	
七	服务性工程		1439		7	3898	5344	5	81
1	倒班生活区					3467	3467	3	
2	运输设备		405				405	0.4	
3	火车站改造		134		7	431	572	1	
4	庇护所		900				900	1	81
八	厂外工程		463	4338	7044	2503	14348	13	
1	厂外道路及施工便道					460	460	0	
2	外电线路				5116		5116	4	
3	厂外给排水系统		463	4338	1928	2043	8772	8	
	合计		60133	15506	18505	19579	113723	100	1293

表 3-5-38 其他费用及预备费计算表

序号	费用项目名称	取费基数	费率（%）	金额（万元）	计算式及说明
一	其他费用合计			27189	
1	建设用地费和赔偿费			9450	
(1)	建设用地费			8044	$(423+43.68+3.2+25.58+13.5+17.3+10)$ 亩 × 15 万元/亩
(2)	民房拆迁赔偿费			1406	23430m^2×0.06 万元/m^2
2	可行性研究编制费及评估费			209	
3	建设管理费（含监理费）			1791	
4	专项评价及验收费			377	
(1)	环境影响评价及验收费			144	
(2)	安全评价及验收费			87	
(3)	职业病危害费			18	
(4)	地质灾害危险性评价费			12	
(5)	水土保持评价及验收费			95	
(6)	压覆矿产评价费			20	
5	勘察设计费			7314	
(1)	勘察费			884	
(2)	基本设计费	基本设计费	10	3968	
(3)	非标设计费	基本设计费	5	1521	
(4)	国内技术服务费	工艺包设计费	10	397	
(5)	主体设计协调费			198	
(6)	引进工艺包配合设计及技术支持费			345	
6	场地准备及临时设施费	工程费用	0.6	682	113724 万元×0.6%
7	引进技术和进口设备其他费			200	
(1)	进口设备材料国内检验费		0.4	50	
(2)	出国人员费用			150	估列

续表

序号	费用项目名称	取费基数	费率（%）	金额（万元）	计算式及说明
8	工程保险费	工程费用	0.3	341	113724 万元×0.3%
9	联合试运转费	建安费	0.5	268	53589 万元×0.5%
10	压力容器检验费			20	
11	超限设备运输措施费			1000	
12	施工队伍调遣费	建安费	0.75	402	53589 万元×0.75%
13	运输物流方案编制费			44	
14	应急预案演练费			50	
15	水土保持监测费、水土保持设施竣工验收技术报告编制费等			61	
16	水土保持设施补偿费及流失防治费			163	
17	高可靠性供电贴费			180	
18	110kV 出线间隔费			200	
19	工艺包设计费（含专利费、关税及国内相关税费）			3450	
20	生产准备费			987	
(1)	生产人员提前进厂费			749	
(2)	生产人员培训费			120	
(3)	工具器具及生产家具购置费			39	
(4)	办公及生活家具购置费			79	
二	基本预备费			10048	
1	国内部分	工程费用+其他费用−引进部分	8	9639	
2	引进部分	引进部分	2	408	

表 3-5-39 主要设备、材料价格及工程量表

序号	名称及规格、型号	单位	数量	单价/指标（万元）	合计（万元）
一	脱硫装置				
（一）	构筑物				
1	设备基础（钢筋混凝土）	m³	757.89	0.095	72.20
2	设备基础（素混凝土）	m³	700	0.06	42
（二）	金属结构				
1	管架、平台	t	528.57	1.05	555
（三）	工艺				
	……				
（四）	自控				
	……				
二	脱水装置				
	……				
三	……				

注：表中设备材料单价中包含了运费。

表 3-5-40　进口设备材料货价及从属费用计算表

序号	名称	规格型号	单位	FOB 货价（万美元）	海运及保险费（万美元）	CIF 货价（万美元）	从属费用（万元）	国内运输费（万元）	折合人民币合计（万元）
1	H_2S 在线分析仪		套	9.24	0.59	9.83	22.38	3.00	103.00
……			……	……	……	……	……	……	……

表3-5-41 建设项目估算总投资对比分析表

序号	工程项目及费用名称	本建设项目				类似建设项目			
		规模	估算投资（万元）	占总投资（%）	经济指标	规模	估算投资（万元）	占总投资（%）	经济指标
一	投资构成比例								
1	工程费用		113723	73.25			103219	77.38	
(1)	主要生产装置		60149	38.74			75234	56.40	
(2)	辅助生产设施		8013	5.16			9903	7.42	
(3)	公用设施		13073	8.42			8922	6.69	
(4)	全厂工艺及热力系统管道		2353	1.52			2341	1.75	
(5)	中央控制室		1875	1.21			783	0.59	
(6)	全厂总图		8568	5.52			2996	2.25	
(7)	服务性工程		5344	3.44			2178	1.63	
(8)	厂外工程		14348	9.24			862	0.65	
2	其他费用		27189	17.51			19111	14.33	
3	基本预备费		10048	6.47			7340	5.50	
4	建设期贷款利息		2024	1.30			3225	2.42	
5	铺底流动资金		2265	1.46			500	0.37	
二	单位经济指标								
1	脱硫装置（按MDEA循环量）		18326		30.54		28301		33.69
2	脱水装置（按TEG循环量）		4345		217.20		3328		332.83
3	硫黄回收装置（按硫黄产量）		17896		41.62		20104		25.13
4	尾气处理及酸水汽提装置（按尾气量）		19582		8.16		23501		5.09
	项目总投资		155249	100.00	129.37		133394	100.00	222.32

第四章 建设项目设计阶段工程造价的计价

第一节 概　　述

一、工程设计、设计阶段及设计程序

（一）工程设计的含义

工程设计是指在工程开始施工之前，设计者根据已批准的设计任务书，为具体实现拟建项目的技术、经济要求，拟定建筑、安装及设备制造等所需的规划、图纸、数据等技术文件的工作。设计是建设项目由计划变为现实具有决定意义的工作阶段。设计文件是建筑安装施工的依据。拟建工程在建设过程中能否保证进度、保证质量和节约投资，在很大程度上取决于设计质量的优劣。工程建成后，能否获得满意的经济效果，除了项目决策之外，设计工作起着决定性作用。设计工作的重要原则之一是保证设计的整体性，为此设计工作必须按一定的程序分阶段进行。

（二）工程设计阶段划分及深度要求

1. 工业项目设计

一般工业项目设计可按初步设计和施工图设计两个阶段进行，简称为"两阶段设计"；对于技术上复杂、设计上有一定难度的工程，根据项目主管部门的意见和要求，可按初步设计、技术设计和施工图设计 3 个阶段进行，简称为"三阶段设计"。小型工程建设项目，技术上较简单的，经项目主管部门同意可以简化为施工图设计一个阶段进行。

对于有些牵涉面较广的大型建设项目，如大型矿区、油田、大型联合企

业的工程除按上述规定分阶段进行设计外，还应进行总体规划设计或总体设计。总体设计本身并不代表一个单独的设计阶段。

2. 民用项目设计

民用建筑工程一般分为方案设计、初步设计和施工图设计 3 个阶段；对于技术要求简单的民用建筑工程，经有关主管部门同意，并且合同中有不做初步设计的约定，可在方案设计审批后直接进入施工图设计。

（三）设计程序

1. 工业项目设计程序

1）设计准备

设计者在动手设计之前，首先要了解并掌握各种有关的外部条件和客观情况，包括地形、气候、地质、自然环境等自然条件；城市规划对建筑物的要求；交通、水、电、气、通信等基础设施状况；业主对工程的要求，特别是工程应具备的各项使用功能要求；对工程经济投资估算的依据和所能提供的资金、材料、施工技术和装备等以及可能影响工程的其他客观因素。

2）总体设计

在第一阶段搜集资料的基础上，设计者对工程主要内容（包括功能与形式）的安排有个大概的布局设想，然后要考虑工程与周围环境之间的关系。在这一阶段设计者可以同使用者和规划部门充分交换意见，最后使自己的设计符合规划的要求，取得规划部门的同意，与周围环境有机融为一体。对于不太复杂的工程，这一阶段可以省略，把有关的工作并入初步设计阶段。

3）初步设计

初步设计是设计过程中的一个关键性的阶段，也是整个设计构思基本形成的阶段。通过初步设计可以进一步明确拟建工程在指定地点和规定期限内进行建设的技术可行性与经济合理性；并规定主要技术方案、工程总造价和主要技术经济指标，以利于在项目建设和使用过程中最有效地利用人力、物力和财力。工业项目初步设计包括总平面设计、工艺设计、建筑设计、材料选用和设备选用 5 个部分。在初步设计阶段要编制设计总概算。

4）技术设计

技术设计是在初步设计基础上方案设计的具体化，也是各种技术问题的定案阶段。技术设计所应研究和决定的问题，与初步设计大致相同，但需要根据更详细的勘察资料和技术经济计算加以补充修正。技术设计的详细程度应能满足确定设计方案中重大技术问题和有关实验、设备选制等方面要求；应能保证根据技术设计进行施工图设计和提出设备订货明细表。技术设计的着眼点，除体现初步设计的整体意图外，还要考虑施工的方便易行，如果对在初步设计中已经确定的方案有所更改，应对更改部分编制修正概算书。

对于不太复杂的工程，技术设计阶段可以省略，把这个阶段的一部分工作纳入初步设计，另一部分留待施工图设计阶段完成。

5）施工图设计

施工图设计阶段主要是通过图纸，把设计者的意图和全部设计结果表达出来，作为施工制作的依据。它是设计和施工的桥梁。具体包括建设项目各分部分项工程的详图和零部件、结构件明细表，以及验收标准、方法等。施工图设计的深度应能满足设备、材料的选择与确定、非标准设备的设计与加工制作、施工图预算的编制、建筑工程施工和安装的要求。

6）设计交底和配合施工

施工图发出后，设计单位应派设计人员与建设、施工或其他有关单位共同会审施工图并进行交底，介绍设计意图和技术要求，修改不符合实际和有错误的图纸，参加试运转和竣工验收，解决试运转过程中出现的各种技术问题，并检验设计的正确和完善程度。

2. 民用项目设计程序

民用建筑工程一般可分为方案设计、初步设计和施工图设计 3 个阶段。对于技术要求相对简单的民用建筑工程，经相关管理部门同意，且设计委托合同中有不做初步设计的约定，可在方案设计审批后直接进入施工图设计。

1）方案设计

方案设计的内容主要包括设计说明书、总平面图以及建筑设计图纸、设计委托或设计合同中规定的透视图、鸟瞰图、模型等。方案设计文件应满足编制初步设计文件的需要。

2）初步设计

初步设计的内容与工业项目设计大致相同，包括各专业设计文件、专业设计图纸和工程概算，同时，初步设计文件应包括主要设备材料表。初步设计文件应满足编制施工图设计文件的需要。对于技术要求简单的民用建筑工程，该阶段可以省略。

3）施工图设计

施工图设计阶段应形成所有专业的设计图纸（含图纸目录、说明和必要的设备材料表），并按照要求编制工程预算书。对于方案设计后直接进入施工图设计的项目，施工图设计文件还应包括工程概算书。施工图设计文件应满足设备材料采购、非标准设备制作和施工的需要。

二、设计阶段工程造价计价与控制的意义

工程设计是建设项目进行全面规划和具体描述实施意图的过程，是处理技术与经济关系的关键性环节，是工程造价计价与控制的重点阶段。

（一）在设计阶段进行工程造价的计价与分析，可以使造价构成更加合理，有利于提高资金利用效率

设计阶段工程造价的计价形式是编制设计概预算，通过设计概预算可以了解工程造价的结构构成，分析资金分配的合理性，并可以利用价值工程分析项目各个组成部分功能与成本的匹配程度，调整项目功能与成本，使其更合理。

（二）在设计阶段进行工程造价的计价与分析，可以提高投资控制效率

通过编制设计概预算并对费用进行分析，可以了解工程各组成部分的投资比例。对于投资比例比较大的部分应作为投资控制的重点，有利于提高投资控制效率。

（三）在设计阶段进行工程造价的计价与分析，使投资控制工作更主动

长期以来，人们把控制理解为目标值与实际值的比较，以及当实际值偏离目标值时分析产生差异的原因，确定下一步对策。这对于批量性生产的制造业而言，是一种有效的管理方法。但是对于建设工程而言，由于建设产品具有单件性的特点，这种管理方法只能发现差异，不能消除差异，也不能预防差异的发生，而且差异一旦发生，损失往往很大，因此是一种被动的控制方法；如果在设计阶段控制工程造价，可以先按一定的质量标准，提出新建建筑物每一部分或分项的计划支出费用的报表，即造价计划，然后当详细设计制定出来以后，对工程的每一部分或分项的估算造价，对照造价计划中所列的指标进行审核，预先发现差异，主动采取一些控制方法消除差异，使设计更经济。

（四）在设计阶段进行工程造价的计价与分析，便于技术与经济相结合

我国的工程设计工作往往是由建筑师等专业技术人员来完成的。他们在设计中往往更重视工程的使用功能，力求采用先进的技术手段实现项目所需的功能，而对经济因素考虑较少。在设计阶段造价工程师应参与整个工程设计的全过程，使设计从一开始就建立在健全的经济基础之上，在做出重要决定时就能充分认识其经济后果。另外，投资限额一旦确定以后，设计只能在限额内进行，有利于建筑师发挥个人创造力，选择一种最经济的设计手段实现技术目标，从而确保设计方案能较好地体现技术与经济的结合。

（五）在设计阶段控制工程造价直接效果显著

工程造价控制贯穿于项目建设全过程，但长期以来，人们普遍不重视工程建设项目前期工程阶段的造价控制，而把控制工程造价的主要精力放在施工阶段的审核施工图预算，结算建安工程价款，算细账。实际按照各阶段影响工程项目投资的一般规律来看，初步设计阶段对投资的影响约为20%，技术设计阶段对投资的影响约为40%，施工图设计准备阶段对投资的影响约为25%。显然，控制工程造价的关键是在设计阶段。在设计一开始就将控制投资的目标贯穿于设计工作中，可保证选择恰当的设计标准和合理的功能水平。

所以无论从造价管理系统环节看，还是从投资利用、投资控制方面看，设计阶段的工程造价计价与控制工作不但很必要而且很重要，只能加强不能削弱。

三、工程设计对造价的影响

工程建设包括项目决策、项目设计和项目实施三大阶段。进行投资控制的关键在于决策和设计阶段，而在项目作出投资决策后，其关键就在于设计。据分析研究，工程设计费用虽然只占不到工程全部费用的1%，但在决策正确的条件下，它对工程造价的影响程度却高达75%以上。显然，工程设计是影响和控制工程造价的关键环节，对工程造价有着重大影响，不可忽视。

（1）设计采用的流程是否先进，操作条件是否降低将会大幅度地降低工程造价。

（2）工厂布局合理、紧凑，占地面积小，充分利用自然条件，将使工程量大量减少，从而节省投资。

（3）工厂生产过程中所需各种能源是否能充分利用，减少损失，将会降低生产成本。

（4）对设备、材料的材质正确选用，尽量避免采用价格昂贵的材料等。

第二节 设计概算的编制

一、设计概算的基本概念

(一) 设计概算的含义

设计概算是初步设计文件的重要组成部分，是在初步设计或扩大初步设计阶段，在投资估算的控制下由设计单位根据设计的图纸及说明，利用国家或地区颁发的概算指标、概算定额或综合指标预算定额、建设地区自然及技术经济条件、设备材料预算价格等资料，对工程造价进行的概略计算。设计概算投资应包括建设项目从立项、可行性研究、设计、施工、投产试运到竣工验收等的全部建设资金。采用两阶段设计的建设项目，初步设计阶段必须编制设计概算；采用三阶段设计的建设项目，扩大初步设计阶段必须编制修正概算。

(二) 设计概算的作用

1. 设计概算是编制建设项目投资计划、确定和控制建设项目投资的依据

国家规定，编制年度固定资产投资计划，确定计划投资总额及其构成数额，要以批准的初步设计概算为依据，没有批准的初步设计及其概算的建设工程不能列入年度固定资产投资计划。经批准的建设项目设计总概算的投资额，是该工程建设投资的最高限额。在工程建设过程中，年度固定资产投资计划安排，银行拨款或贷款、施工图设计及其预算、竣工决算等，未经规定的程序批准，都不能突破这一限额，以确保国家固定资产投资计划的严格执行和有效控制。

2. 设计概算是签订建设工程合同和贷款合同的依据

《中华人民共和国合同法》明确规定，建设工程合同是承包人进行工程建设，发包人支付价款的合同。合同价款的多少是以设计概预算为依据的，而且总承包合同不得超过设计总概算的投资额。设计概算是银行拨款或签订贷款合同的最高限额，建设项目的全部拨款或贷款以及各单项工程的拨款或贷款的累计总额，不能超过设计概算。如果项目的投资计划所列投资额或拨款

与贷款突破设计概算时，必须查明原因后由建设单位报请上级主管部门调整或追加设计概算总投资额，凡未批准之前，银行对其超支部分拒不拨付。

3. 设计概算是控制施工图设计和施工图预算的依据

经批准的设计概算是建设项目投资的最高限额，设计单位必须按照批准的初步设计和总概算进行施工图设计，施工图预算不得突破设计概算。如确需突破总概算时，应按规定程序报经审批。

4. 设计概算是衡量设计方案技术经济合理性和选择最佳设计方案的依据

设计概算是设计方案技术经济合理性的综合反映，据此可以用来对不同的设计方案进行技术与经济合理性的比较，以便选择最佳的设计方案。

5. 设计概算是工程造价管理及编制招标标底和投标报价的依据

设计总概算一经批准，就作为工程造价管理的最高限额，并据此对工程造价进行严格的控制。以设计概算进行招投标的工程，招标单位编制标底是以设计概算造价为依据的，并以此作为评标定标的依据。承包单位为了在投标竞争中取胜，也以设计概算为依据，编制出合适的投标报价。

6. 设计概算是考核建设项目投资效果的依据

通过设计概算与竣工决算对比，可以分析和考核投资效果的好坏，同时还可以验证设计概算的准确性，有利于加强设计概算管理和建设项目的造价管理工作。

(三) 设计概算的内容

设计概算一般分为三级概算，即单位工程概算、单项工程综合概算、建设项目总概算。各级概算之间的相互关系如图 4-2-1 所示。

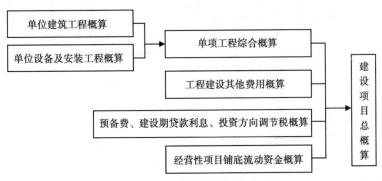

图 4-2-1　设计概算的三级概算关系图

1. 单位工程概算

单位工程概算是确定各单位工程建设费用的文件，是编制单项工程综合概算的依据，是单项工程综合概算的组成部分。单位工程概算按其工程性质可以分为建筑工程概算和设备及安装工程概算两大类。

2. 单项工程综合概算

单项工程概算是确定一个单项工程所需建设费用的文件，它是由单项工程中的各单位工程概算汇总编制而成的，是建设项目总概算的组成部分。单项工程综合概算组成内容见图 4-2-2 所示。

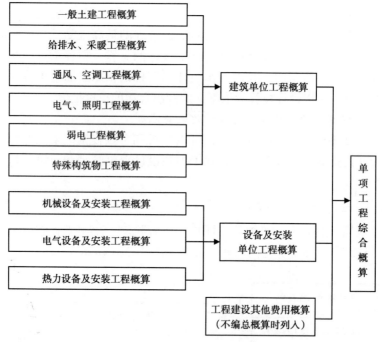

图 4-2-2　单项工程综合概算组成内容

3. 建设项目总概算

建设项目总概算是确定整个建设项目从筹建到竣工验收所需全部费用的文件，它是由各单项工程综合概算、工程建设其他费用概算、预备费、建设期贷款利息和投资方向调节税概算汇总编制而成的。建设项目总概算组成内容见图 4-2-3 所示。

若干个单位工程概算汇总成为单项工程概算，若干个单项工程概算和工

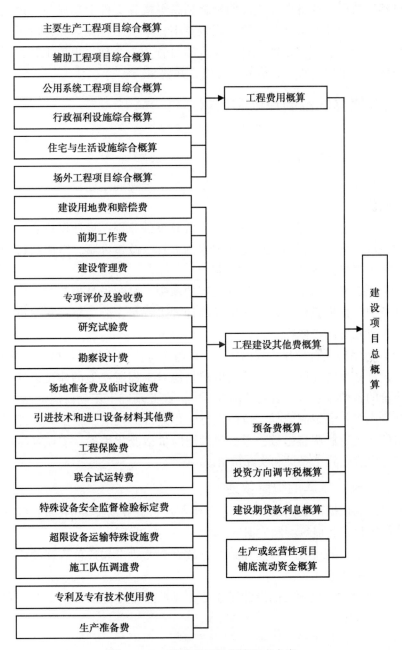

图 4-2-3　建设项目总概算组成内容

程建设其他费用、预备费、建设期贷款利息等概算文件汇总成为建设项目总概算。最基本的计算文件是单位工程概算书，单项工程概算和建设项目总概算仅是一种归纳、汇总性的文件。建设项目若为一个独立单项工程，则建设项目总概算与单项工程综合概算书可以合并编制。

二、设计概算的编制原则和依据

（一）设计概算的编制原则

为提高建设项目设计概算编制质量，科学合理确定建设项目投资，设计概算编制应坚持以下原则：

（1）严格执行国家的建设方针和经济政策的原则。设计概算是一项重要的技术经济工作，要严格按照党和国家的方针、政策办事，坚决执行勤俭节约的方针，严格执行规定的设计标准。

（2）要完整、准确地反映设计内容的原则。编制设计概算时，要认真了解设计意图，根据设计文件、图纸准确计算工程量，避免重算和漏算。设计修改后，要及时修正概算。

（3）要坚持结合拟建工程的实际，反映工程所在地当时价格水平的原则。为提高设计概算的准确性，要求实事求是地对工程所在地的建设条件，可能影响造价的各种因素进行认真的调查研究。在此基础上正确使用定额、指标、费率和价格等各项编制依据，按照现行工程造价的构成，根据有关部门发布的价格信息及价格调整指数，考虑建设期的价格变化因素，使概算尽可能地反映设计内容、施工条件和实际价格。

（二）设计概算的编制依据

概算编制依据涉及面很广，一般指编制项目概算所需要的一切基础资料。对于不同项目，其概算编制依据不尽相同，一般包括：

（1）国家、行业及工程所在地地方政府有关建设和造价管理的法律、法规、规定、标准等。

（2）批准的建设项目的设计任务书（或批准的可行性研究文件）和主管部门的有关规定。

（3）初步设计项目一览表。

（4）能满足编制设计概算的各专业经过校审并签字的设计图纸、文字说明和设备清单、材料表。

（5）正常的施工组织设计。

（6）当地和主管部门的现行建筑工程和专业安装工程的概算定额（或预算定额、综合预算定额）、单位估价表、材料及构配件预算价格、工程费用定额和有关费用规定的文件等资料。

（7）现行的有关设备原价及运杂费率。

（8）现行的有关其他费用定额、指标和价格。

（9）建设场地的自然条件、社会条件和施工条件。

（10）类似工程的概算、预算及技术经济指标。

（11）建设单位提供的有关工程造价的其他资料。

（12）资金筹措方式。

（13）有关合同、协议等其他资料。

三、设计概算的编制程序和步骤

建设项目概算编制图见图 4-2-4。

（1）收集原始资料。

（2）确定有关数据。

（3）单位工程概算书编制。

（4）单项工程综合概算书的编制。

（5）建设项目总概算的编制。

四、设计概算编制方法

建设项目设计概算的编制，一般先编制单位工程设计概算，然后再逐级汇总，形成单项工程综合概算和建设项目总概算。下面分别介绍单位工程概算、单项工程综合概算和建设项目总概算的编制方法。

（一）单位工程概算的编制方法

单位工程概算是单项工程综合概算的组成部分，即计算一个单项工程中每个专业工程所需费用的文件，一般分为建筑工程概算和设备及安装工程概算两大类。

1. 建筑工程概算的编制方法

1）概算定额法

概算定额法又叫扩大单价法或扩大结构定额法。它是采用概算定额编制

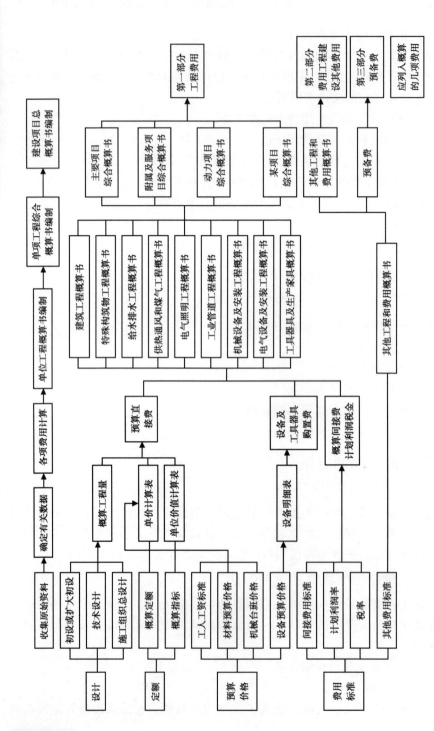

图 4-2-4　建设项目概算编制示意图

建筑工程概算的方法。概算定额法是根据初步设计图纸资料和概算定额的划分计算出工程量，然后套用概算定额单价（基价），计算汇总后，再计取有关费用，便可得出单位工程概算工程费用。

当初步设计建设项目达到一定深度，建筑结构比较明确，基本上能按初步设计图纸计算出楼面、地面、墙体、门窗和屋面等分部工程的工程量时，可采用概算定额法编制建筑工程概算。利用概算定额法编制设计概算的具体步骤如下：

（1）按照概算定额分部分项顺序，列出各分项工程的名称，并计算各分项工程量。

（2）确定各分部分项工程项目的概算定额单价（基价）。

概算定额单价的计算公式为：

概算定额单价 = 概算定额人工费+概算定额材料费+概算定额机械台班使用费 = $\sum$（概算定额中人工消耗量×人工单价）+ $\sum$（概算定额中材料消耗量×材料预算单价）+ $\sum$（概算定额中机械台班消耗量×机械台班单价）

（3）计算单位工程直接工程费和直接费。

将已算出的各分部分项工程项目的工程量分别乘以概算定额单价、单位人工、材料消耗指标，即可得出各分项工程的直接工程费和人工、材料消耗量。再汇总各分项工程的直接工程费及人工、材料消耗量，即可得到该单位工程的直接工程费和工料总消耗量。最后，再汇总措施费即可得到该单位工程的直接费。

（4）根据直接费，结合其他各项取费标准，分别计算间接费、利润和税金。

（5）计算单位工程概算造价。

单位工程概算造价=直接工程费+措施费+间接费+利润+税金

【例4-1】某工程××装置设备基础的工程造价的计算，其中措施费、间接费、利润、税金按综合费用计列，经测算综合费率取定为36.42%（表4-2-1）。

表4-2-1 某工程××装置设备基础的工程造价计算表

序号	分部分项工程名称	单位	数量	单价（元）	合价（元）
1	挖土方	100m³	34.75	949.1	32981
2	回填土	100m³	17.375	910.7	15823
3	基础模板	100m²	27.8	1984	55155
4	C30设备基础	10m³	132.5	3474.63	460388

序号	分部分项工程名称	单位	数量	单价（元）	合价（元）
5	C10 垫层	10m³	6.5	2638.45	17150
6	现浇构件钢筋	t	106	3283.4	348040
7	外表面刷热沥青一遍	100m²	27.8	576.81	16035
8	外表面刷热沥青增加二遍	100m²	27.8	635.94	17679
9	直接工程费小计	以上 8 项之和			963251
10	综合取费（措施费、间接费、利润、税金）	直接工程费×36.42%			350816
11	概算造价	直接工程费+措施费+间接费+利润+税金			1314067

采用扩大单价法编制建筑工程概算比较准确，但计算比较烦琐。只有具备一定的设计基本知识，熟悉概算定额，才能弄清分部分项的综合内容，才能正确地计算扩大分部分项的工程量。同时在套用扩大单位估价表时，如果所在地区的工资标准及材料预算价格与概算定额不一致，则需要重新编制扩大单位估价或测定系数加以调整。

2）概算指标法

概算指标是指按一定计量单位规定的，通常以整个房屋每 100m² 建筑面积或 1000m³ 建筑体积为计量单位来规定人工、材料和施工机械台班的消耗量以及价值表现的标准，比概算定额更综合扩大的分部工程或单位工程等劳动、材料和机械台班的消耗量标准和造价指标。在建筑工程中，它往往按完整的建筑物、构筑物以 m²、m³ 或座等为计量单位。

概算指标法是采用直接工程费指标。概算指标法是用拟建的厂房、住宅的建筑面积（或体积）乘以技术条件相同或者基本相同工程的概算指标，得出直接工程费，然后按规定计算出措施费、间接费、利润和税金等，编制出单位工程概算的方法。

当初步设计深度不够，不能准确地计算工程量，但工程设计采用的技术比较成熟，而又有类似概算指标可以利用时，可采用概算指标来编制概算。概算指标法计算精度较低，但由于其编制速度快，因此对一般附属、辅助和服务工程等项目，以及住宅和文化福利工程项目或投资比较小、比较简单的工程项目投资概算有一定实用价值。

（1）拟建工程结构特征与概算指标相同时的计算。

根据选用的概算指标的内容，可选用两种套算方法。

一种方法是以指标中所规定的工程每平方米或立方米的直接工程费单价，乘以拟建单位工程建筑面积或体积，得出单位工程的直接工程费，再计算其他费用，即可求出单位工程的概算造价。直接工程费计算公式为：

直接工程费＝概算指标每平方米（立方米）直接工程费单价×拟建工程建筑面积（体积）

另一种方法是以概算指标中规定的每 $100m^2$ 建筑物面积（或 $1000m^3$）所耗人工工日数、主要材料数量为依据，首先计算拟建工程人工、主要材料消耗量，再计算直接工程费，并取费。

计算公式为：

$100m^2$ 建筑物面积的人工费＝指标规定的工日数×本地区人工工日单价

$100m^2$ 建筑物面积的主要材料费＝∑（指标规定的主要材料数量×地区材料预算单价）

$100m^2$ 建筑物面积的其他材料费 ＝ 主要材料费×其他材料费占主要材料费的百分比

$100m^2$ 建筑物面积的机械使用费 ＝ （人工费＋主要材料费＋其他材料费）×机械使用费所占百分比

每 $1m^2$ 建筑面积的直接工程费 ＝ （人工费＋主要材料费＋其他材料费＋机械使用费）÷100

根据直接工程费，结合其他各项取费方法，分别计算措施费、间接费、利润和税金，得到每平方米（m^2）建筑面积的概算单价，乘以拟建单位工程的建筑面积，即可得到单位工程概算造价。

（2）拟建工程结构特征与概算指标有局部差异时的调整。

调整概算指标中的每平方米（立方米）造价。这种调整方法是将原概算指标中的单位造价进行调整（仍使用直接工程费指标），扣除每平方米（立方米）原概算指标中与拟建工程结构不同部分的造价，增加每平方米（立方米）拟建工程与概算指标结构不同部分的造价，使其成为与拟建工程结构相同的工程单位直接工程费造价。

直接工程费 ＝ 修正后的概算指标×拟建工程建筑面积（或体积）

调整概算指标中的工、料、机数量。计算公式为：

结构变化修正概算指标的工、料、机数量＝原概算指标的工、料、机数量＋换入结构件工程量×相应定额工、料、机消耗量－换出结构件工程量×相应定额工、料、机消耗量

3）类似工程预算法

类似工程预算法是利用技术条件与设计对象相类似的已完工程或在建工程的工程造价资料来编制拟建工程设计概算的方法。

类似工程预算法适用于拟建工程初步设计与已建工程或在建工程的设计相类似又没有可用的概算指标时，但必须对建筑结构差异和价差进行调整。建筑结构差异的调整方法与概算指标法的调整方法相同。类似工程造价的价差调整常用的两种方法是：

（1）类似工程造价资料有具体的人工、材料、机械台班的用量时，可按类似工程预算造价资料中的主要材料用量、工日用量、机械台班用量乘以拟建工程所在地的主要材料预算价格、人工价格、机械台班单价，计算出直接工程费，再乘以当地的综合费率，即可得出所需的造价指标。

（2）类似工程造价资料只有人工、材料、机械台班费用和措施费、间接费时，可按下面公式调整：

$$D = A \cdot K$$

$$K = a \cdot K_1 + b \cdot K_2 + c \cdot K_3 + d \cdot K_4 + e \cdot K_5$$

式中　D——拟建工程单方概算造价；

　　　A——类似工程单方预算造价；

　　　K——综合调整系数；

　　　a、b、c、d、e——类似工程预算的人工费、材料费、机械台班费、措施费、间接费占预算造价的比重，%；

　　　K_1、K_2、K_3、K_4、K_5——拟建工程地区与类似工程预算造价在人工费、材料费、机械台班费、措施费和间接费之间的差异系数。

a＝类似工程人工费（或工资标准）÷类似工程预算造价×100%，b、c、d、e 类同；K_1＝拟建工程概算的人工费（或工资标准）÷类似工程预算人工费（或地区工资标准），K_2、K_3、K_4、K_5 类同。

2. 设备及安装单位工程概算编制方法

设备及安装工程概算包括设备购置费用概算和设备、管道安装工程费用概算两大部分。

1）设备购置费概算编制方法

设备购置费是根据初步设计的设备清单计算出设备原价，并汇总得出设备总原价，然后按照有关规定的设备运杂费率乘以设备总原价，两项相加即为设备购置费概算。

设备购置费概算 =∑（设备清单中的设备数量×设备原价）×（1+运杂费率）

或设备购置费概算=∑（设备清单中的设备数量×设备预算价格）

2）设备安装工程费概算编制方法

设备安装工程概算的主要编制方法有预算单价法、扩大单价法、设备价值百分比法（安装设备百分比法）、综合吨位指标法。

（1）预算单价法。当初步设计深度较深，有详细的设备清单时，可直接按安装工程预算定额单价编制安装工程概算，概算编制程序基本与安装工程施工图预算相同，即根据计算的设备安装工程量乘以安装工程预算综合单价，经汇总求得。采用此法编制概算，计算比较具体，精确度较高。

（2）扩大单价法。当初步设计深度不够，设备清单不完备，只有主体设备或仅有成套设备重量时，可采用主体设备、成套设备的综合扩大安装单价来编制概算。

（3）设备价值百分比法。当初步设计深度不够，只有设备出厂价而无详细规格、重量时，安装费可按占设备费的百分比计算。其百分比值（即安装费率）由相关管理部门制定或由设计单位根据已完类似工程确定。该法常用于价格波动不大的定型产品和通用设备产品。设备价值百分比法计算公式：

设备安装费=设备原价×安装费率（%）

（4）综合吨位指标法。当初步设计提供的设备清单有规格和重量时，可采用综合吨位指标法编制概算，其综合吨位指标由相关主管部门或由设计单位根据已完类似工程资料确定。该法常用于设备价格波动较大的非标准设备和引进设备的安装工程概算。综合吨位指标法计算公式：

设备安装费=设备吨重×每吨设备安装费指标（元/t）

（二）单项工程综合概算编制方法

单项工程综合概算是以该单项工程的各个单位工程概算为基础来编制的。单项工程综合概算文件一般包括综合概算表、建筑工程概算表、设备及安装工程概算表。当建设项目只有一个单项工程时，此时综合概算文件（实际为总概算）除包括上述部分内容外，还应包括工程建设其他费用、预备费、建设期贷款利息、固定资产投资方向调节税（目前暂停征收）概算及概算编制说明。当建设项目包括多个单项工程时，这部分费用列入项目总概算中，不再列入单项工程综合概算中。

综合概算表由建筑工程和设备及安装工程两大部分组成。综合概算费用一般应由建筑工程费用、安装工程费用、设备购置费组成。当不编制总概算时，还应包括工程建设其他费用、预备费、建设期贷款利息和固定资产投资方向调节税（目前暂停征收）等费用项目。综合概算表格式如表4-2-2所示。

（三）建设项目总概算编制方法

建设项目总概算是建设项目从筹建到投料试车交付生产使用所需的全部投资费用文件。概算总投资由第一部分工程费用、第二部分其他费用、第三部分预备费及应列入总投资的几项费用组成。

建设项目总概算文件一般应包括封面、签署页、目录、编制说明、总概算表、其他费用计算表、进口设备和材料货价及从属费用计算表、单项工程综合概算表、单位工程概算表及附件等。

1. 编制说明

编制说明的主要内容如下：

（1）项目概况。应简述建设项目的建设地点、设计规模、建设工程性质（新建、扩建或改建）、建设期（年限）、主要工艺技术、关键设备选型、主要工程内容（主要工程量）及设计分工等。

（2）编制依据。应包括批准的可行性研究报告及批复文件、设计技术文件、设计合同或协议、其他相关文件、合同、协议及审查意见等。

（3）编制原则及方法。应简要说明概算编制采用的指标、价格和费用定额等依据及建筑、安装工程综合费率的组成内容。

（4）投资分析。应对概算投资与批复估算投资进行对比分析，并附对比分析表，说明投资变化的原因；修改概算还应与上一版概算投资进行对比分析，并附对比分析表，说明概算投资变化的原因。

（5）其他需要说明的问题。需要特殊说明的其他问题及未尽事宜。

（6）编制说明附表。主要包括建筑（安装）工程费用计算程序表、概算与可行性研究批复投资对比分析表、上一版概算与现（修改）版概算投资对比分析表、长距离输送管道概算专用表。

2. 总概算表

总概算表格式见表4-2-3。

表4-2-2　综合概算表（示例）

序号	概算编号	工程项目或费用名称	设计规模或主要工程量	设备购置费	安装工程费 主要材料费	安装工程费 安装费	建筑工程费	合计	其中：外币	占工程费用比例（%）	单位指标
1	综3-1	构筑物					37.16	37.16			
2	综3-2	工艺设备及管道安装		602.11	383.86	176.59		1162.56			
3	综3-3	非标设备		750.17	1.26	23.08		774.51			
4	综3-4	自控		263.71	68.55	55.60		387.86			
……	……	……		……	……	……	……	……			
		合计		1621.72	533.51	444	37.16	2636.39			

设计单位名称

综合概算表

建设项目名称：某油气处理厂工程

单项工程名称：轻烃回收装置

概算编号：综3

设计阶段：初步设计

金额单位：万元

共　页　第　页

编制人：　　　　　　校对人：　　　　　　审核人：　　　　　　审定人：

表4-2-3 总概算表（示例）

总 概 算 表

设计单位名称：

建设项目名称：某天然气净化厂工程

序号	概算编号	工程项目或费用名称	设计规模或主要工程量	设备购置费	安装工程费		建筑工程费	其他费用	合计	占总投资比例（%）	其中：外币
					主要材料费	安装费					
I		第一部分工程费用									
1	综1	集气装置		585.31	773.7	376.16	25.16		1760.33		
2	综2	脱水脱汞装置		2138.92	328.26	225.55	40.26		2732.99		
3	综3	轻烃回收装置		1653.98	530.23	420.85	22.75		2627.81		
4	综4	凝析油处理装置		425.35	175.08	230.58	8.2		839.21		
		……									
		小计		12788.82	4108.30	5778.25	4700.25		27375.62		
II		第二部分其他费用									
1		建设用地和赔偿费						2526.80	2526.80		
2		前期工作费						105.32	105.32		
3		建设管理费						742.82	742.82		
4		专项评价及验收费						358.24	358.24		
5		勘察设计费						1638.25	1638.25		
6		场地准备费和临时设施费						108.21	108.21		

续表

总 概 算 表

建设项目名称：某天然气净化工程

设计单位名称

概算编号：算一-****
设计阶段：初步设计
金额单位：万元
共2页 第2页

序号	概算编号	工程项目或费用名称	设计规模或主要工程量	设备购置费	安装工程费 主要材料费	安装工程费 安装费	建筑工程费	其他费用	合计	其中：外币	占总投资比例（%）
7		工程保险费						82.13	82.13		
		小计						......	......		
III		第三部分预备费						6578.69	6578.69		
		基本预备费									
IV		第四部分专项费用（发生时计取）						2037.26	2037.26		
		小计							502.89		
1		建设期贷款利息						502.89	502.89		
		小计									
1		建设项目概算总投资（Ⅰ+Ⅱ+Ⅲ+Ⅳ）		12788.82	4108.30		5778.25	4700.25	9118.84	36494.46	

编制人： 校对人： 审核人： 审定人：

第三节　施工图预算的编制

一、施工图预算的基本概念

（一）施工图预算的含义

施工图预算是在施工图设计完成后，在批准的设计概算范围内，以施工图纸、现行预算定额、费用标准以及地区人工、材料、设备与机械台班等预算价格为依据编制的施工图预算，是确定建筑安装工程造价的技术经济文件。

（二）施工图预算编制的两种计价模式

1. 传统定额计价模式

传统的定额计价模式是指采用国家、部门或地区统一规定的预算定额、单位估价表、取费标准、计价程序进行工程造价计价的模式。

在传统的定额计价模式下，国家或地方主管部门颁布工程预算定额，并且规定了相关的取费标准，发布有关资源价格信息。建设单位与施工单位均先根据预算定额中规定的工程量计算规则、定额单价计算直接工程费，再按照规定的费率和取费程序计算间接费、利润和税金，汇总得到工程费用。

长期以来，我国一直采用工程预算定额作为计价依据。由于以下两方面的因素，决定了定额计价模式的局限性。首先，由于工程预算定额控制的量是社会平均消耗量，还不能准确地反映企业的实际消耗量，不能充分体现公平竞争的原则；其次，预算定额中的一些因素虽然可以按市场变化将人工、材料和机械费进行调整，但其调整也都是按照造价管理部门发布的造价信息进行，造价管理部门不可能随时把握市场价格的变化、其公布的造价信息与市场实际价格信息总会有一定的滞后和偏离。

2. 工程量清单计价模式

工程量清单计价模式是指在建设工程招投标中，由招标人编制反映工程实体消耗和措施性消耗的工程量清单，作为招标文件的组成部分提供给投标人，由投标人按照现行的工程量清单计价规范的规定以及招标人提供的工程量清单的工程内容和数据，自行编制有关的综合单价，自主报价，确定建设工程价格的计价方式。

工程量清单计价模式是国际通行的计价方法，为了逐步实现我国工程造价管理与国际接轨，向市场化过渡，我国与 2003 年 7 月 1 日开始实施国家标准《建设工程工程量清单计价规范》（GB 50500—2003），随后进行了修订，于 2008 年 7 月 9 日发布了《建设工程工程量清单计价规范》（GB 50500—2008），2013 年颁布了《建设工程工程量清单计价规范》（GB 50500—2013），同时发布了各专业工程的工程量清单计算规范。

二、施工图预算的编制依据

施工图预算的编制依据范围很广，但一般情况下包括：

（1）国家、行业和地方政府有关工程建设和造价管理法律、法规及有关规定。

（2）已经批准和会审的施工图纸及说明书和有关标准图等资料。

（3）工程地质勘查资料。

（4）施工方案或施工组织设计。

（5）预算定额、现行建筑工程和安装工程预算定额、费用定额、单位估价表、有关费用规定等文件。

（6）工程量计算规则。

（7）材料与构配件市场价格、价格指数。

（8）现行的有关设备原价及运杂费率。

（9）现场自然条件和施工条件。

（10）工程承包合同、招标文件。

三、施工图预算编制方法

与设计概算相同，施工图预算同样由单位工程施工图预算、单项工程施工图预算和建设项目施工图预算三级逐级编制并汇总而成。单位工程施工图预算是基本的编制单位，可以说施工图预算编制的关键在于编制好单位工程施工图预算，因此以下部分着重介绍单位工程施工图预算的编制方法。施工图预算的编制方法主要有工料单价法和综合单价法两种。

（一）工料单价法

工料单价法是指以分部分项工程的单价为直接工程费单价，以分部分项工程量乘以对应分部分项工程单价后的合计为单位直接工程费，直接工程费汇总后另加措施费、间接费、利润、税金生成施工图预算造价。

按照分部分项工程单价产生的方法不同，工料单价法又可以分为预算单价法和实物法。

1. 预算单价法

预算单价法是指根据地区统一单位估价表中的各分项工程综合单价，乘以相应的各分项工程的工程量，并汇总相加，得到包括人工费、材料费和机械使用费在内的单位工程直接工程费，再根据统一规定的费率乘以相应的计费基数得到措施费、间接费、利润和税金，即可得到单位工程的施工图预算造价。采用预算单价法编制施工图预算的基本步骤如下。

1）前期准备工作

主要包括各种资料的收集和现场情况的调查。需要收集的资料包括施工图纸、施工组织设计或施工方案、现行建筑安装工程预算定额、取费标准、统一的工程量计算规则、预算工作手册和工程所在地区的材料、人工、机械台班预算价格与调价规定等。

2）熟悉施工图纸和预算定额及单位估价表

施工图是编制施工图预算的基本依据。在准备资料的基础上，关键一环是熟悉施工图纸。施工图纸是了解设计意图和工程全貌，从而准确计算工程量的基础资料。只有对施工图纸有较全面详细的了解，才能结合预算划分项目，全面而正确地分析各分部分项工程，有步骤地计算其工程量。另外，熟悉施工图不仅仅是熟悉施工图纸本身，还应该包括熟悉标准图以及设计更改通知单，这些也是施工图的组成部分。

预算定额和单位估价表是编制施工图预算的计价标准，对其适用范围、工程量计算规则以及定额系数等都要事先充分了解，做到心中有数，只有这样才能准确而迅速地编制施工图预算。

3）了解施工组织设计和施工方案及现场情况

编制施工图预算前，要充分了解施工组织设计和施工方案，以便编制预算时注意影响工程费用的因素，如土方工程中的余土外运或缺土的来源、深基础的施工方法、放坡的坡度、大宗材料的堆放地点、预制件的运输距离及吊装方法等。必要时还需深入现场实地观察，以补充有关资料。例如，了解土方工程的土的类别、现场有无施工障碍需要拆除清理、现场有无足够的材料堆放场、超重设备的运输路线和路基的状况等。

4）划分工程项目

划分的工程项目必须与定额规定的项目一致，这样才能正确地套用定额子目。不能重复列项计算，同样也不能缺项漏算。

5）工程量计算

工程量计算工作在整个预算编制过程中是最繁重、花费时间最长的一个环节，工程量是预算的主要数据，它的准确性直接影响施工图预算的准确性。因此，必须在工程量计算上狠下工夫，才能保证施工图预算的质量。计算工程量必须按照现行定额规定的工程量计算规则进行计算。

6）套用预算综合单价（预算定额基价）

工程量计算完毕并核对无误后，用所得到的各分部分项工程量与单位估价表中的对应分项工程的综合单价相乘，并把各相乘的结果相加，求得单位工程的人工费、材料费和机械使用费之和。

套单价时，需注意以下几点：

（1）分项工程的名称、规格、计量单位必须与预算定额或单位估价表中所列的内容完全一致。否则重套、漏套或错套预算单价都会引起工程直接费偏高或偏低。例如，一砖内墙就只能套一砖内墙的单价，而不得套外墙的单价，更不能用 1 又 1/2 砖或 1/2 砖的单价。

（2）如果定额单价的特征不完全符合设计图纸的某些设计要求时，必须根据定额说明对单价进行局部换算或调整。第一种情况，当换算主要是指因定额中已经计价的主要材料品种不同时，一般只换价不调量；第二种情况，当调整主要是指施工工艺条件不同时，对人工、机械数量的增减，一般是只调量不换价。在定额的总说明或章节说明中都有明确的调整方法。

（3）在套预算单价时，当施工图纸的某些设计要求与定额单价特征相差甚远，设计的分项工程在定额上既不能直接套用，又不能换算调整时，必须编制补充单位估价表或补充定额。

7）进行工料分析

工料分析是指按分项工程项目，依据定额或单位估价表，计算人工和各种材料的实物消耗量，并将主要材料汇总成表。工料分析的方法是：首先从定额项目表中分别将各分项工程消耗的每项材料和人工的定额消耗量查出，再分别乘以该工程项目的工程量，得到分项工程工料消耗量，最后将分项工程工料消耗量汇总，得出单位工程人工、材料的消耗量。

8）计算主材费

部分定额基价为不包括主材费在内的完全价格。因此，在计算定额基价费（基价合计）之后，还应计算主材费（含运杂费），以便计算工程造价。

9）按费用定额取费

按照相应的费用定额及程序，分别计取措施费、间接费、利润和税金等。

10）汇总工程造价

将计算出的直接费、间接费、利润和税金加以汇总得到单位工程预算造价。

2. 实物法

应用实物法编制施工图预算，首先应根据施工图计算出各分项工程量，然后套用相应预算定额的人工、材料、施工机械台班的定额消耗量，再分别乘以工程所在地当时的人工、材料、机械台班实际单价，求出单位工程的人工、材料、机械台班使用费，并汇总求和，进而求得直接工程费，然后按有关规定计算出其他各项费用，汇总得到单位工程预算造价。

单位工程直接工程费计算公式：

人工费=综合工日消耗量×综合工日单价

材料费=∑（各种材料消耗量×相应材料单价）

机械费=∑（各种机械消耗量×相应机械台班单价）

单位工程直接工程费=人工费+材料费+机械费

实物法的优点在于能够比较及时地将反映各种人工、材料、机械的当时当地市场单价计入预算价格，不需要调价，直接反映当时当地的工程价格水平。

实物法编制施工图预算的基本步骤如下：

（1）准备资料、熟悉施工图纸。全面收集各种人工、材料、机械的当时当地的实际价格，应包括不同品种、不同规格的材料预算价格；不同工种、不同等级的人工工资单价；不同种类、不同型号的机械台班单价等。要求获得的各种实际价格应全面、系统、真实、可靠。

（2）计算工程量。本步骤与预算单价法相同。

（3）套用消耗定额及计算人机材消耗量。定额消耗量中的"量"在相关规范和工艺水平等未有较大突破性变化之前具有相对稳定性，据此确定符合国家技术规范和质量标准要求并反映当时施工工艺水平的分项工程计价所需的人工、材料、施工机械的消耗量。

根据预算人工定额所列各类人工工日的数量，乘以各分项工程的工程量，计算出各分项工程所需各类人工工日的数量，统计汇总后确定单位工程所需的各类人工工日消耗量。同理，根据预算材料定额、预算机械台班定额分别确定出工程各类材料消耗数量和各类施工机械台班数量。

（4）计算并汇总人工费、材料费、机械使用费。

根据当时当地工程造价管理部门定期发布的或企业根据市场价格确定的人工工资单价、材料预算价格、施工机械台班单价分别乘以人工、材料、机械消耗量，汇总即为单位工程人工费、材料费和施工机械使用费，再次汇总得到直接工程费。计算公式为：

单位工程直接工程费 = ∑（工程量×材料预算定额用量×当时当地材料预算价格）+ ∑（工程量×人工预算定额用量×当时当地人工工资单价）+ ∑（工程量×施工机械预算定额台班用量×当时当地机械台班单价）

（5）计算其他各项费用并汇总造价。

对于措施费、间接费、利润和税金等的计算，可以采用与预算单价法相似的计算程序，只是有关的费率是根据当时当地建筑市场供求情况予以确定。将上述单位工程直接工程费与措施费、间接费、利润、税金等汇总即为单位工程造价。

（6）复核。

检查人工、材料、机械台班的消耗量计算是否准确，有无漏算、重算或多算；套取的定额是否正确；检查采用的实际价格是否合理。

（7）填写封面、编制说明。

（二）综合单价法

综合单价法是指分项工程单价综合直接工程费及以外的多项费用。按照单价综合的内容不同，综合单价法可以分为全费用综合单价法和清单综合单价法。

1. 全费用综合单价法

全费用综合单价是指单价中综合分项工程人工费、材料费、机械费、管理费、利润、规费以及有关文件规定的调价、税金以及一定范围内的风险等全部费用。以各分项工程量乘以全费用单价的合价汇总后，再加上措施项目的完全价格，就生成了单位工程施工图预算造价。公式如下：

建筑安装工程预算造价 = ∑（分项工程量×分项工程全费用单价）+措施项目完全价格

2. 清单综合单价法

分部分项工程清单综合单价中综合了人工费、材料费、施工机械使用费、企业管理费、利润，并考虑一定范围的风险费用，但未包括措施费、规费和税金，因此它是一种不完全单价。以各分部分项工程量乘以该综合单价的合价汇总后，再加上措施项目费、规费和税金后，就是单位工程施工图预算造价。公式如下：

建筑安装工程预算造价＝∑（分项工程量×分项工程不完全单价）＋措施项目不完全价格+规费+税金

第四节　石油建设工程概（预）算编制

石油工程建设是实现石油工业扩大再生产的基本手段，近年来石油需求的不断增加使得我国石油工业不断发展，石油建设工程的规模越来越大，技术难度也越来越高。因此，合理确定和有效控制石油建设工程造价，规范石油建设工程概（预）算编制办法，提高石油建设工程造价管理水平的必要性和紧迫性已经突显。本节内容适用于油气田建设、长距离输送管道和炼油化工等新建、改建或扩建项目概（预）算的编制和调整。

一、概算文件的组成及应用表格

（一）设计概算文件的组成

设计概算文件由封面、签署页及目录、编制说明书、总概算表、其他费用表、单项工程综合概算表、单位工程概算表及附件组成。

（二）概算表格

（1）总概算表（采用三级编制形式的总概算表格）；

（2）综合概算表（单项工程综合概算表）；

（3）建筑工程概算表（单位工程概算表）；

（4）安装工程概算表（单位工程概算表）；

（5）其他费用计算表；

（6）补充单位估价表；

（7）其余附表（如引进设备从属费用计算表等）。

（三）概算文件的编制形式

概算文件的编制形式，视项目的功能、规模、产品的独立性程度，业主是否有独立法人地位等因素来决定采用三级编制（总概算—综合概算—单位工程概算）或二级编制（综合概算—单位工程概算）形式。

（四）概算文件的签署

1. 签署页

三级编制概算文件的签署页：概算负责人—审核人—审定人—项目经理—总工程师（总经济师）—总经理（院长）。

二级编制概算文件的签署页：概算负责人—审核人—审定人—项目经理—总工程师（总经济师）。

2. 表格

总概表和综合概算表签编制人、校对人、审核人、项目经理，其他各表均签编制人、校对人、审核人（各单位工程概算可只签首页）。

概（预）算表经签署（盖执业资格证章）齐全后才能有效，无证人员编审的概（预）算一律无效。

（五）目录的填写说明

概算文件的编号要求层次分明、方便查找（总页数应编流水号），由分到合、一目了然。

（六）概算各种表格格式规定

（1）概算编制按各种用途选择相应表格编制。

（2）大张表为 8 开张、小张表为 16 开纸，表格内容按规定格式不得减少。

（3）概算档案号、定额编号必须按规定格式填写齐全。

二、总概算的编制

建设项目总概算是建设项目从筹建到投料试车交付生产使用所需的全部投资。总概算分册包括封面、签署页、目录、编制说明、总概算表、其他费用计算表、进口设备和材料货价及从属费用计算表、单项工程综合概算表等，要按顺序装订。

（一）编制说明

编制说明是设计概算文件的组成部分之一，要求文句通顺简练，内容具体确切，言简意赅。一般应包括以下几方面主要内容。

1. 项目概况

简述建设项目的建设地点、设计规模、建设工程性质（新建、改建或扩建）、建设期（年限）、主要工艺技术、关键设备选型、主要工程内容（主要工程量）及设计分工等。

2. 概算投资及主要经济指标

主要是指项目概算总投资（其中外汇）、征地面积、设计定员及综合指标等。

3. 编制依据

主要包括：

（1）批准的可行性研究报告及批复文件；

（2）设计技术文件；

（3）设计合同、协议；

（4）其他相关文件、合同、协议以及审查意见等。

4. 编制原则及方法

应简要说明概算编制采用的指标、价格和费用定额等依据及建筑、安装工程综合费率的组成内容。

5. 投资分析

应对概算投资与批复估算投资进行对比分析，并附对比分析表，说明投资变化的原因；修改概算还应与上一版概算投资进行对比分析，并附对比分析表，说明概算投资变化的原因。

6. 其他需要说明的问题

需要特殊说明的其他问题及未尽事宜。

7. 编制说明附表

（1）建筑（安装）工程费用计算程序表；

（2）概算与可行性研究批复投资对比分析表；

（3）上一版概算与现（修改）版概算投资对比分析表；

（4）长距离输送管道概算专用表。

（二）概算总投资的费用构成

概算总投资是整个建设项目从筹建开始到建成投产为止的全部建设费用，包括工程费用、其他费用、预备费及应列入项目概算总投资的几项费用。其费用构成如图4-4-1所示。

$$\text{概算总投资}\begin{cases}\text{第一部分　工程费用}\begin{cases}\text{设置购置费}\\\text{建筑、安装工程费}\end{cases}\\\text{第二部分　其他费用}\\\text{第三部分　预备费}\begin{cases}\text{基本预备费}\\\text{价差预备费}\end{cases}\\\text{第四部分　应列入项目}\\\text{概算总投资的几项费用}\begin{cases}\text{建设期投资贷款利息}\\\text{固定资产投资方向调节税（目前暂停征收）}\\\text{铺底流动资金}\end{cases}\end{cases}$$

图 4-4-1　概算总投资的组成

（三）第一部分工程费用按以下项目排列

1. 油气田工程

（1）油田地面建设项目：集油系统、联合站（脱水站）、油库、注入系统、污水处理系统、电力系统、供排水系统、通信系统、道路系统、外输管道及其他工程，设备材料增值税。

（2）气田地面建设项目：集气系统、净化厂、污水回注、污水处理系统、电力系统、供排水系统、通信系统、道路系统、外输管道及其他工程，设备材料增值税。

2. 炼油化工工程

（1）工艺生产装置：指直接进行产成品及中间产品生产的工艺生产装置以及中央控制室。

（2）储运工程：包括包装储运设施、全厂性仓库、罐区、装卸设施和火炬等。

（3）全厂工艺及热力管网：指装置界区外，用于原料、中间产品、成品以及各种工艺介质、热力输送管道的总称。

（4）公用工程：包括给排水及消防工程、供电及电信工程、供热供风工程和总图运输工程。

（5）辅助工程：包括维修、分析化验和安全环保设施等。

（6）服务性工程：包括综合楼、倒班宿舍和食堂等。

（7）厂外工程：包括厂外输油管线、厂外给排水管线、厂外取水设施、水源地设施、厂外供电线路、厂外通信设施、厂外铁路及编组站、厂外道路和码头以及厂外危废物填埋设施等。

（8）其他工程（费用）：包括大型机械进出场及使用费、特殊施工措施

费、防渗费用、降水费用等。

（9）设备材料增值税。

3. 长距离输送管道工程

线路工程、阀室工程、大中型穿跨越工程、站场工程、配套工程及其他工程，设备材料增值税。

（四）应列入工程费用中的费用

（1）设备、主材运杂费；

（2）绿化费。

详见本书第一章。

（五）其他费用

其他费用是指建设项目从筹建到投料试车交付生产使用的整个建设期，为保证建设项目顺利完成和交付使用后能够正常发挥效用而发生的除设备购置费用、安装工程费用和建筑工程费用以外的各项费用。亦指应在建设投资中支付的固定资产其他费用、无形资产费用和其他资产费用。

其他费用包括建设用地费和赔偿费、前期工作费、建设管理费、专项评价及验收费、研究试验费、勘察设计费、场地准备费和临时设施费、引进技术和进口设备材料其他费、工程保险费、联合试运转费、特殊设备安全监督检验标定费、超限设备运输特殊措施费、施工队伍调遣费、专利及专有技术使用费、生产准备费。详见本书第一章。

（六）预备费

预备费包括基本预备费和价差预备费，详见本书第一章。

（七）应列入项目概算总投资中的费用

（1）建设期利息；

（2）固定资产投资方向调节税（目前暂停征收）；

（3）铺底流动资金（详见本书第一章）。

三、综合概算的编制

（一）单项工程概念

单项工程是指在一个建设项目中，具有独立设计文件，建成后可以独立发挥生产能力或工程效益的工程，它是建设项目的组成部分。例如，对于具有独立总体设计文件的居民区建设项目来说，每幢住宅、宿舍、学校、医院及锅炉房等公共工程项目，各为一个单项工程。油气田地面建设工程中，天然气集输、原油集输、供电系统、供水、通信系统等，各为独立的单项工程。

（二）综合概算的编制

综合概算是指确定一个单项工程建设费用的综合性文件，是建设项目总概算的主要组成部分，由该单项工程所属的单位工程各专业概算汇总而成，采用"综合概算表"进行编制。

对于三级概算编制形式，只分别按各单位工程概算汇总成若干个单项工程综合概算，不计算第二、第三部分费用。

对具有独立生产能力而不具备编制总概算条件的单项工程，可编制独立的综合概算，按二级编制形式，并应计算第二、第三部分及应列入项目概算总投资的几项费用。

四、单位工程概算的编制

（一）单位工程概念

单位工程是单项工程的组成部分，是指具有独立的设计，可以独立组织施工，但竣工后不能独立发挥生产能力或使用效益的工程。

（二）单位工程概算的编制

单位工程概算是确定单位工程建设费用的文件，是单项工程综合概算的组成部分，可根据单项工程中所属的每个单体按专业分别编制。单位工程概算分建筑工程概算和设备及安装工程概算两大类。

1. 建筑工程概算的编制

建筑工程概算采用"建筑工程概算表"进行编制。建筑工程概算的编制应根据初步设计工程量，按工程所在省、直辖市、自治区颁发的概算定额（指标）、综合预算定额或经造价主管部门审批的"造价指标"、材料预算价格、相应的费用定额和规定的计算程序以及有关主管部门发布的各项调整系数进行编制。

2. 设备及安装工程概算的编制

设备及安装工程概算采用"安装工程概算表"进行编制。

1）设备购置费概算

设备购置费由设备原价和运杂费两项组成。应根据初步设计设备表，按

设备出厂价或询价、报价加设备运杂费计算。

设备运杂费 = 设备原价 × 运杂费率

2）安装工程概算

（1）安装工程费根据初步设计工程量，按概算定额或指标及相应调整系数、费用定额等计算。

（2）主材费以消耗量乘以工程所在地当年预算价格（或市场价）计算。

五、施工图预算的编制

（一）编制依据

在施工图设计完成后，工程开工前，在批准的初步设计概算文件的范围内，根据已批准的施工图、相关工程地质资料、现行的预算定额、费用定额和工程所在地区的人工、材料、设备与机械台班等资源价格，并结合现场情况和审定的施工组织设计等进行编制。定额缺项部分应编制补充单位估价表，并随同预算一起报批备案。

（二）施工图总预算或综合预算的其他费用的计取

施工图总预算或综合预算的其他费用，按批准的初步设计概算第二部分费用列入。一段设计的施工图预算应按照其他费用的编制方法进行编制。

（三）其他说明

单位工程预算应按不同工程类别结合现场实际情况进行编制，场地准备及临时设施费按实际工程量单独编制预算，列入第二部分其他费用项目内。另外，预算的编制说明、工程项目划分、费用种类以及表格应用等方面均与概算编制规定相对应。

六、初步设计概算对各专业提供设计内容深度的要求

本节规定主要适用于初步设计阶段编制单位工程概算时，专业设计人员与工程经济人员（概预算人员）往返接口资料时使用。

（一）概算专业和其他专业的条件关系

（1）初步设计阶段项目经理、工程经济人员（概预算人员）和专业技术人员应对造价共同负责。各专业单位工程概算由工程经济人员（概预算人员）负责编制或审核。项目经理、各专业设计负责人要严格按照规定提供满足编制单位工程概算深度的工程量：如总平面图，设备、材料、建（构）筑物一

览表，必要图纸，主要工程量和主要设备的报价、询价等，以及合同、会议纪要等有关资料。

（2）初步设计审批后，在施工图设计阶段，设计人员必须严格按照已批准的初步设计概算投资控制施工图设计，不得突破，凡有重大设计变更，必须按设计变更程序办理，并通知概算负责人及时修改概算。

（二）各设计专业所提资料的内容深度

各设计专业所提资料的内容深度要求，应与相应的现行概算定额或概算指标相适用。

1）工艺设备安装工程

（1）设备概算要求：按流程分设计专业提供设备一览表。具体要求如下：

①各专业的通用设备（包括化验设备），按设备名称、型号规格、重量以台计，配套电机及随机附件应注明名称、型号规格、重量和数量；凡属新设备改制、试制或引进设备，应提供报（询）价资料。

②各专业的非标准设备特别是工艺非标准设备要注明名称、压力等级、材质、重量、结构特征（是否分段、分片，有无内件、封头和夹套，开口数量）、技术特性（探伤、气密性试验、脱脂、清洗及热处理等条件）；若有两种以上材质构成时，应分别提出不同材质的重量。

③设备有内衬和填充物时，应注明内衬和填充物的名称、材质、型号规格和数量（重量、体积和表面积）。

（2）油罐、球罐和气柜的概算要求：应注明其材质、结构形式、压力、容量、台数、本体及附件各自重量、技术要求（如探伤、热处理等）、保温结构、有无内防腐及防腐材料面积。

（3）炉窑概算要求：应注明工业炉主体及炉管的材质、尺寸和重量；配件、附件的材质和重量；炉窑砌筑耐火材料及器具材质、数量和重量。

2）管道安装工程

（1）工艺、集输管道（含管件）分地上地下注明材质、压力、直径、壁厚和数量（长度或重量），各种阀门的型号规格、数量和重量，管道支架的材质和重量，管道的防腐保温结构、规格数量（m³），以及其他技术要求（如焊接形式，是否需要清洗、脱脂）等。

（2）水暖管道应注明室内外（厂内外），给水管、排水管的材质、接口形式、管径及延长米。

3）电气、通信设备安装工程

各种电气、通信设备及电线、电缆和灯具等材料均应详细注明名称、规格型号和数量；电杆、通信杆和铁塔结构的规格型号、重量和数量；变压器容量（kVA），电压等级、电机容量（kW）、照明灯具的配线及敷设形式（焊接钢管、电线管、电缆）、避雷针的针长（m）等。

4）自控仪表设备安装工程

应提供自控仪表设备一览表及材料表（材料指管材、管缆、补偿导线、阀门、电线、电缆、小型用电设备、大型钢支架和桥架等），对组合式仪表则应有通用控制回路数、计算机的详细规格型号等。若采用新产品或试制仪表时，设计人员在收集技术数据时，要注意询价。

5）暖通安装工程

采暖散热器根据不同规格种类以片、组和 m² 计算，采暖部件和设备分别以个、组、台和重量计算，通风管道应注明材质、厚度和面积，消声器规格型号、保温风管附件及排气罩的名称、型号、单位及数量。

6）土建工程

土建专业应提供建（构）筑物一览表、主要材料用量表、每个单体的平面、立面和剖面图（尺寸应标注齐全）；主要生产装置的建（构）筑物原则上应按当地建筑工程概（预）算定额或指标的计量单位提出相应的工程量。

7）总图运输工程

总图运输工程概算资料，如表4-4-1所示。

表4-4-1　总图运输概算资料表（示例）

序号	项目名称	内容条件	单位	工程量
1	大型土石方	土壤类别，挖、填方式及数量，运土方式及距离，购土填方数	m³	
2	铁路专用线	钢轨型号，路基结构	km	
3	道路、公路、场地	构造型式，垫层、面层的厚度、宽度	m²、km	
4	厂区征地	耕地（水田、旱田、菜地、果园）、非耕地、附着物	m²、亩	
5	厂区绿化	绿化面积	m²	
6	围墙、大门	构造型式、材质、高度、厚度	m²、m	
7	护坡、挡土墙	构造型式、厚度、高度	m²、m	
8	沟、渠	构造型式、材质、厚度、高度	m²、m	
9	桥、函	构造型式、宽度、孔径	m²、m	
10	建（构）筑物拆除	构造型式	m、m²、m³	

七、调整概算

（一）进行概算调整的必要条件

设计概算投资批准后，原则上不得调整。确需调整概算时，由建设单位分析调整原因报主管部门同意后，由原设计单位编制调整概算，按审批程序报批。凡因建设单位自行扩大建设规模、增加工程内容、提高建设标准等增加的投资，不予调整。

（1）超出原设计范围的重大变更，包括建设规模、工艺技术方案、总平面布置、主要设备型号规格、建筑面积等工程内容。

（2）超出基本预备费规定范围，不可抗拒的重大自然灾害引起的工程变动或费用增加。

（3）因国家重大政策性调整，超出价差预备费范畴的内容。

（二）概算调整的具体要求

（1）需要调整概算的工程项目，在影响工程概算的主要因素已经清楚、工程量大部分已经完成后（一般应在70%以上）方可调整。一个建设项目只允许调整一次概算。

（2）调整概算编制要求与深度、文件组成及表格形式同原设计概算，调整概算还应对设计概算调整的原因做详尽分析、说明，并编制调整前后概算对比表，包括总概算对比表、综合概算对比表。

（3）在上报调整概算时，应同时提供调整概算的相关依据。

第五节　案　例

为便于介绍概算的编制方法，案例特别增加了介绍概算编制（计算）的过程，按照概算编制程序分步骤地介绍了三级概算（单位工程概算、单项工程概算、总概算）编制方法。

一、某油气处理厂工程概算案例

（一）编制说明

1. 项目概况

某油气处理厂一期工程，厂内主体工艺装置有集气装置、分子筛脱水脱汞装置、轻烃回收装置、凝析油处理装置，以及配套的辅助生产设施（主要包括罐区及装车设施、空氮站、燃料气系统、分析化验室等）和公用工程（包括给排水、消防、供热、供电、通信等系统）。

2. 概算总投资及主要经济指标

概算总投资及主要经济指标，如表 4-5-1 所示。

表 4-5-1　概算总投资及主要经济指标

序号	项目名称	单位	数量	其中：外币（美元）
一	概算总投资	万元	39445.37	
1	建设投资	万元	38901.81	
1.1	工程费用	万元	29629.49	
1.2	其他费用	万元	7070.33	
1.3	预备费	万元	2201.99	
2	应列入总投资的几项费用	万元		
2.1	建设期利息	万元	543.56	
二	铺底流动资金	万元		
三	建设用地面积	亩	104.9	
四	设计定员	人	93	

3. 编制依据

（1）某气田地面建设工程天然气处理厂工程可行性研究报告；

（2）某气田地面建设工程天然气处理厂工程可行性研究报告的批复；

（3）某气田地面建设工程天然气处理厂工程设计合同（委托）；

（4）某气田地面建设工程天然气处理厂工程的初步设计文件。

4. 编制原则及方法

1）工程费用

（1）土建工程。

土建定额采用全国统一建筑工程基础定额《××地区单位估价汇总表》，按三类工程标准计取。建筑物依据不同的结构特征，按当地类似工程标准以综合指标计取。

（2）安装工程。

安装定额采用《石油建设安装工程概算指标》，计价材料及机械费按《石油建设安装工程概算指标》调整系数进行调整。

取费采用中国石油天然气集团公司《石油建设安装工程费用定额》，按Ⅰ类工程标准计算。

（3）设备及材料价格依据。

主要设备、材料价格采用生产厂家询价及现行市场价格；电缆、非标设备价格分别参照中国石油造价管理中心最新颁发的《石油工程造价管理》综合参考价格计价。

依据《中国石油天然气集团公司建设项目其他费用和相关费用规定》，国内设备、材料运杂费分别按 5%、5.5% 计取。

2）其他费用

其他费用按《中国石油天然气集团公司建设项目其他费用和相关费用规定》取定。

3）基本预备费

基本预备费按工程费用和其他费用之和的 6% 计取。

4）贷款利息

本工程资金筹措按 45% 银行贷款考虑，建设期为 1 年，银行贷款利率按 6.21% 计取。

（二）主要编制（计算）过程

1. 参与工程现场调研

收集工程所在省（市）建筑工程定额及费用标准、调价文件、地方材料价格、当地主管部门的规定、办法等资料。

2. 设计各专业提交工程量

核实设计工程量是否符合有关要求，工程量能否满足单位概算编制的需要。主要包括总平面图、建（构）筑物一览表、设备材料表、主要设备、材料询价等。

3. 单位工程概算的编制

单位工程概算根据单项工程中所属的每个单体按专业分别编制。下面以该处理厂脱硫装置中的两个单位工程——构筑物、工艺设备及安装工程为例，分别说明建筑、安装单位工程概算的编制。

1）构筑物单位概算编制

采用"建筑工程概算表"编制。

（1）定额套用。根据初步设计工程量，套用工程所在地省、自治区、直辖市《××地区单位估价汇总表》划分的分部分项子目；

（2）根据工程所在地的材料预算价格进行定额材料调差；

（3）根据工程所在地省、自治区、直辖市相应的费用定额和规定的计算程序以及有关主管部门发布的各项调整系数进行取费。

构筑物单位工程概算表见表4-5-2。费用计算详见表4-5-3。

2）工艺设备及管道安装单位概算编制

采用"设备及安装工程概算表"编制。

（1）设备购置费。

根据初步设计设备表，按设备出厂价或询价、报价加设备运杂费计算。按照《中国石油天然气集团公司建设项目其他费用和相关费用规定》，设备运杂费费率取定为5%。

设备购置费=设备费原价×（1+5%）

（2）安装工程费。

①根据初步设计工程量，按《石油建设安装工程概算指标》的子目划分分别套用定额。

【例4-2】计算0.496t无缝钢管（20Gφ323.9mm×8.5mm）安装的直接费。

指标编号"5-2032"，根据《石油建设安装工程概算指标》第五章说明"油气处理装置管道安装按相应子目乘以系数1.15"、《石油建设安装工程概算指标》调整系数"执行《石油建设安装工程概算指标》第五章第一、第二节工艺管道安装子目时材料费乘以1.15的调整系数"的规定，对指标进行了相应的调整。

人工费：0.496t×336元/t×1.15=192元

材料费：0.496t×922元/t×1.15×1.15=605元

机械费：0.496t×498元/t×1.15=284元

表4-5-2 轻轻回收装置建筑工程概算表

建筑工程概算表

单项工程名称：轻轻回收装置　　　　概算编号：综3-1

单位工程名称：构筑物　　　　　　　设计阶段：初步设计

设计单位名称　　　　　　　　　　　专业名称：结构

共2页 第1页

序号	定额编号	分部分项工程名称	单位	数量	单价（元）				合价（元）			
					基价	其中			金额	其中		
						人工费	材料费	机械费		人工费	材料费	机械费
		设备基础										
1	1-14	挖土方	100m³	7.15	949.1	937.96	……	11.14	6786	6706	……	80
2	1-46	回填土	100m³	3.58	910.7	739.7	……	171	3260	2648	……	612
……	……	……	……	……	……	……	……	……			……	……
		分部小计							198686	28949	164056	5680
		检修水池										
9	1-15	挖土方	100m³	1.03	1259.84	1254.48	……	5.36	1298	1292	……	6
10	1-46	回填土	100m³	0.52	910.7	739.7	……	171	474	385	……	89
……	……	……	……	……	……	……	……	……			……	……
		分部小计							11762	3418	7983	361
		合计							210448	32367	172039	6041

编制人：　　　　　　校对人：　　　　　　审核人：

表 4-5-3　轻烃回收装置构筑物工程费用计算表

费　用　表

工程名称：轻烃回收装置构筑物

序号	费用名称	计算公式	费　率	金　额
1	一 定额直接费			210447.41
2	1 人工费			32366.96
3	2 材料费			172039.55
4	3 施工机械使用费			6040.90
5	二 其他直接费	一×费率/100	2.210	4650.89
6	三 现场经费	一×费率/100	5.580	11742.97
7	四 直接工程费	一十二十三		226841.27
8	五 间接费	四×费率/100	8.350	18941.24
9	六 劳动保险费	四×费率/100	3.200	7258.92
10	七 直接工程费与间接费（劳动保险费）之和	四十五十六		253041.4
11	八 利润	七×费率/100	3.300	8350.37
12	九 远征工程增加费	一×费率/100	1.674	3522.89
13	十 临时设施、文明设施增加费	一×费率/100	1.870	3935.37
14	十一 材料费调整	按近期信息价调整		83827.05
15	十二 人工费调整	人工费/25.16×5.23		6728.11
16	十三 税金	（七十八十九十十一十十二）×税率/100	3.410	12255.72
17	十四 工程造价	七十八十九十十一十十二十十三		371660.91

编制人：　　　　　　　　　　校对人：　　　　　　　　　　审核人：

定额合价：192 元+605 元+284 元=1081 元

【例 4-3】计算 2 个安全阀（CA42Y-16C $DN40×50$）安装的直接费。

指标编号"5-3002"，根据《石油建设安装工程概算指标》第五章说明"安全阀门安装套用普通阀门相应子目，人工费乘以系数 1.5"的规定，对指标进行了相应的调整。

人工费：2 个×6 元/个×1.5=18 元

材料费：2 个×16 元/个=32 元

机械费：2 个×2 元/个=4 元

定额合价：18 元+32 元+4 元=54 元

②主材费以工程量及定额消耗量按工程所在地当年预算价格或市场价格计算，同样要计取主材运杂费。按照《中国石油天然气集团公司建设项目其他费用和相关费用规定》，主材运杂费费率取定为 5.5%。

主材费=主材费原价×（1+5.5%）

③按照《石油建设安装工程费用定额》规定对人工费进行调整，由23.85 元/工日调整到 44.5 元/工日，并作为计算各项费用的基数。

④按照《石油建设安装工程概算指标》调整系数，分别对定额计价材料费和机械费进行调整，调整系数分别为 1.03、1.21。

⑤按照《石油建设安装工程费用定额》规定，根据本工程不小于 $100×10^4 m^3/d$ 的气体处理量，按照 I 类工程取费标准进行费用程序的计算。

工艺设备及管道安装单位工程概算表详见表 4-5-4，费用计算详见表 4-5-5。

4. 单项工程概算编制

单项工程概算采用"综合概算表"编制。脱硫装置综合概算是由所属的各专业单位工程概算汇总而成，包括构筑物、建筑物、工艺设备及安装、非标设备、自控仪表、热工、金属结构单位工程概算。脱硫装置单项工程概算表见表 4-5-6。

5. 总概算表编制

总概算采用"总概算表"进行编制。

1）第一部分工程费用汇总

对本工程各单项工程概算进行汇总，得到第一部分工程费用。

2）第二部分其他费用的计算

其他费用采用"其他费用计算表"进行编制。

表4-5-4 轻烃回收装置工艺设备及管道安装工程概算表

设备及安装工程概算表

																概算编号：综3-2

设计阶段：初步设计　专业名称：加工　共8页 第1页

设计单位名称
单项工程名称：轻烃回收装置
单位工程名称：工艺设备及管道安装

序号	定额编号	分部分项工程名称	单位名称	数量	材质	重量(t) 单质	重量(t) 总重	单价（元）设备购置费	单价（元）主要材料费	单价（元）基价	单价（元）其中 人工费	单价（元）其中 材料费	合价（元）设备购置费	合价（元）主要材料费	合价（元）安装费	合价（元）其中 人工费	合价（元）其中 材料费
		设备安装															
1	2-2005	原料气冷却器	台	1				3313600		11613	3752	3348	331600		11613	3752	3348
2	2-2002	轻烃冷却器	台	1				42180		2919	921	1149	42180		2919	921	1149
3	2-2004	脱丁烷塔顶冷凝器	台	1				248235		7203	1994	2465	248235		7203	1994	2465
		……															
		分部小计											682015		29653	9693	9136
		阀门安装															
1	5-3011	球阀 Q47F-64P DN200	个	3					62000	110	38	63		186000	330	114	189
2	5-3009	球阀 Q47F-64P DN20	个	5					16000	27	8	16		80000	135	40	80
3	5-3012	球阀 Q47F-64 DN250	个	7					24800	214	82	91		173600	1498	574	637
4	5-3010	球阀 Q47F-64 DN100	个	4					13947	47	18	25		55788	188	72	100

续表

设备及安装工程概算表

单项工程名称：轻烃回收装置　　概算编号：综 3-2

单位工程名称：工艺设备及管道安装　　设计阶段：初步设计

设计单位名称　　专业名称：加工

共 8 页 第 8 页

序号	定额编号	分部分项工程名称	单位	数量	材质	重量(t)		单价（元）					合价（元）				
						单重	总重	设备购置费	主要材料费	基价	人工费	材料费	设备购置费	主要材料费	安装费	人工费	材料费
		……															
		分部合计											5734408	3638505	1196066	83994	919213
1		人工费调增 86.58%													72724	72724	
2		材料费调增 3%													27576		27576
3		机械费调增 21%													14208		
		人材机调整共计													114509	72724	27576
1		国内设备运杂费 5%											286720				
2		国内材料运杂费 5.5%												200118			
		运杂费共计											286720	200118			
		合计											6021128	3838623	5149198	156718	946789

编制人：　　　　校对人：　　　　审核人：

工程名称：轻烃回收装置工艺设备及管道安装

表4-5-5 轻烃回收装置工艺设备及管道安装工程费用计算表

序号	费用名称	计算公式	费率（%）	金额（元）
1	一 直接费			5191511.59
2	（一）直接工程费			5149197.72
3	1 人工费			156718.01
4	2 材料费			946789.09
5	3 施工机械使用费			81867.79
6	4 主材费			3838622.78
7	（二）措施费			42313.87
8	5 健康安全环境施工保护费	人工费×费率×1.08	9.5	16079.27
9	6 临时设施费	人工费×费率×1.08	6.9	11678.63
10	7 夜间施工费	人工费×费率×1.08	2.0	3385.11
11	8 二次搬运费	人工费×费率×1.08	0.7	1184.79
12	9 生产工具用具使用费	人工费×费率×1.08	1.7	2877.34
13	10 工程定位复测、工程点交、场地清理等费用	人工费×费率×1.08	0.3	507.77
14	11 冬雨季施工增加费	人工费×费率×1.08	3.9	6600.96
15	二 间接费	（一）＋（二）		185873.83
16	（一）规费	人工费×费率	38.9	60963.31
17	（二）企业管理费	人工费×费率×1.08	73.8	124910.52
18	三 利润	人工费×费率×1.08	25	42313.86
19	四 税金	（一+二+三+四）×税率	3.410	184811.75
20	五 设备费			6021128.19
21	六 总造价	一+二+三+四+五		11625639.22

编制人：　　　　校对人：　　　　审核人：

表4-5-6　轻烃回收装置综合概算表

综 合 概 算 表

设计单位名称

建设项目名称：某油气处理厂一期工程　　　　　概算编号：综3　　设计阶段：初步设计

单项工程名称：轻烃回收装置　　　　　　　　　金额单位：万元　　共　页　第　页

序号	概算编号	工程项目或费用名称	设计规模或主要工程量	设备购置费	安装工程费		建筑工程费	合计	其中：外币	占工程费用比例（%）	单位指标
					主要材料费	安装费	工程费				
1	综3-1	构筑物					37.16	37.16			
2	综3-2	工艺设备及管道安装		602.11	383.86	176.59		1162.56			
3	综3-3	非标设备		750.17	1.26	23.08		774.51			
4	综3-4	自控		263.71	68.55	55.60		387.86			
……	……	……		……	……	……	……	……			
		合计		1621.72	533.51	444	37.16	2636.39			

编制人：　　　　　校对人：　　　　　审核人：　　　　　审定人：

　　根据第一部分工程费用，按照《中国石油天然气集团公司建设项目其他费用和相关费用规定》计算其他费用，包括建设用地费和赔偿费、建设管理费、勘察设计费、场地准备费和临时设施费、联合试运转费、工程保险费等。某油气处理厂一期工程其他费用计算表详见表4-5-7。

　　3）第三部分基本预备费计算

　　基本预备费以第一、第二部分费用合计为基础，乘以基本预备费率，得出基本预备费。计算公式：

　　基本预备费=（工程费用+其他费用）×费率

　　4）第四部分建设期利息计算

　　根据资金来源、贷款利率、建设期各年投资比例逐年计算。

　　各年应计贷款利息=（年初贷款本息累计+本年贷款额/2）×贷款利率

　　5）汇总总概算表

　　概算总投资由工程费用、其他费用、基本预备费、贷款利息组成，将第一、第二、第三、第四部分费用汇总得到建设项目概算总投资。某油气处理厂一期工程总概算表详见表4-5-8。

二、某长输管道工程概算案例

（一）编制说明

1. 项目概况

　　本项目为某长输管道工程。工程位于××省9个县（区）市。干线设置1座首站、3座分输站、6座监控阀室；支线设1座末站；另设调控和维抢修中心1座、输气分公司办公楼1座。干线穿越大、中型河流9处（大开挖2处，水下隧道6处，顶管1处），新建山岭隧道23座，支线大型河流跨越1次。

　　管线材质采用L450（X65）螺旋缝埋弧焊钢管和直缝埋弧焊钢管，ERW高频电阻焊直缝管L360，管道采用三层PE防腐层加阴极保护的联合保护方案。

表 4-5-7　某油气处理厂一期工程其他费用计算表

设计单位名称			其他费用计算表				概算编号：算—＊＊＊＊
							设计阶段：初步设计
							金额单位：万元
建设项目名称：某处理厂一期工程						共 2 页　第 1 页	
序号	费用项目名称	费用计算基数	费率（%）	金额	计算公式	备注
一	其他费用					
1	建设用地费（永久征地）			1678.40	104.9 亩×16 万元/亩	
2	赔偿费（临时占地及赔偿费）			1215		
3	可行性研究编制费			37.7		
4	可行性研究评估费			21.06		
5	建设单位管理费			443.44	中国石油天然气集团公司建设项目其他费用和相关费用规定	
6	建设工程监理费			276.7	中国石油天然气集团公司建设项目其他费用和相关费用规定	
7	设备监造费			20.43	中国石油天然气集团公司建设项目其他费用和相关费用规定	
8	建设单位健康安全环境管理费			35.48	中国石油天然气集团公司建设项目其他费用和相关费用规定	
9	环境影响评价及验收费			55.11	中国石油天然气集团公司建设项目其他费用和相关费用规定	
10	安全预评价及验收费			5.59	中国石油天然气集团公司建设项目其他费用和相关费用规定	
11	职业病危害预评价及控制效果评价费			26.95	中国石油天然气集团公司建设项目其他费用和相关费用规定	

概算编号：算－＊＊＊＊
设计阶段：初步设计
金额单位：万元
共 2 页 第 2 页

其他费用计算表

建设项目名称：某处理厂一期工程

设计单位名称：

序号	费用项目名称	费用计算基数	费率（%）	金额	计算公式	备注
12	地震安全性评价费			10	中国石油天然气集团公司建设项目其他费用和相关费用规定	
13	地质灾害危险性评价费			16.16	中国石油天然气集团公司建设项目其他费用和相关费用规定	
	……					
	小计			7070.33		
二	预备费			2201.99		
1	基本预备费			2201.99		
	小计			2201.99		
三	应列入总投资中的几项费用			543.56		
1	建设期利息			543.56		
	小计			543.56		

编制人：　　　　　　校对人：　　　　　　审核人：

表 4-5-8　某油气处理厂一期工程总概算表

设计单位名称：

概算编号：算－＊＊＊＊＊

设计阶段：初步设计

金额单位：万元

共　页　第　页

总 概 算 表

建设项目名称：某油气处理厂一期工程

序号	概算编号	工程项目或费用名称	设计规模或主要工程量	设备购置费	安装工程费		建筑工程费	其他费用	合计	其中：外币（万美元）	占总投资比例（%）
					主要材料费	安装费					
		概算总投资（Ⅰ＋Ⅱ＋Ⅲ＋Ⅳ）		14418.90	4193.69	6291.17	4725.73	9815.88	39445.37		
	Ⅰ	第一部分工程费用									
1	综1	集气装置		560.58	780.17	401.72	34.24		1776.71		
2	综2	分子筛脱水脱汞装置		2186.48	318.21	203.52	61.39		2769.60		
3	综3	轻烃回收装置		1621.72	533.51	444.00	37.16		2636.39		
4	综4	冷剂循环及补充装置		2927.65	145.81	119.78	37.92		3231.16		
5	综5	凝析油处理装置		320.81	176.25	266.57	8.07		771.70		
6	综6	罐区及装车设施		2214.65	343.47	807.05	85.98		3451.15		
		……									
		小计		14418.90	4193.69	6291.17	4725.73		29629.49		
	Ⅱ	第二部分其他费用									
1		建设用地费（永久征地）						1678.40	1678.40		
2		赔偿费（临时占地及赔偿费）						1215	1215		
3		可行性研究编制费						87.7	87.7		
4		可行性研究评估费						21.06	21.06		

石油工程造价管理

续表

总概算表

建设项目名称：某油气处理厂一期工程

概算编号：算一＊＊＊＊
设计阶段：初步设计
金额单位：万元
共 页 第 页

序号	概算编号	工程项目或费用名称	设计规模或主要工程量	设备购置费	主要材料费	安装费	建筑工程费	其他费用	合计	其中:外币(万美元)	占总投资比例(%)
		设计单位名称									
5		建设单位管理费						443.44	443.44		
6		建设工程监理费						276.7	276.7		
7		设备建造费						20.43	20.43		
8		建设单位健康安全环境管理费						35.48	35.48		
9		环境影响评价及验收费						55.11	55.11		
10		安全预评价及验收费						51.59	51.59		
11		职业病危害预评价及控制效果评价费						26.95	26.95		
12		地震安全性评价费						10	10		
13		地质灾害危险性评价费						16.16	16.16		
		……									
		小计						7070.33	7070.33		
Ⅲ		预备费									
1		基本预备费						2201.99	2201.99		
		小计									

续表

总　概　算　表

建设项目名称：某油气处理厂一期工程

概算编号：算－＊＊＊＊
设计阶段：初步设计
金额单位：万元
共　页　第　页

序号	概算编号	工程项目或费用名称	设计规模或主要工程量	设备购置费	安装工程费		建筑工程费	其他费用	合计	其中：外币（万美元）	占总投资比例（%）
					主要材料费	安装费					
		设计单位名称									
Ⅳ		应列入总投资中的几项费用						543.56	543.56		
1		建设期贷款利息									
		小计						543.56	543.56		

编制人：　　　　　校对人：　　　　　审核人：　　　　　审定人：

283

2. 概算总投资及主要经济指标

概算总投资及主要经济指标，见表4-5-9。

表4-5-9　某长输管道工程主要经济指标表

序号	项目名称	单位	数量	其中外币（万美元）
一	概算总投资	万元	281434.12	182.08
1	建设投资	万元	264752.45	
1.1	工程费用	万元	183054.27	
1.2	其他费用	万元	69147.47	
1.3	预备费	万元	12550.71	
2	应列入总投资的几项费用	万元	16681.67	
2.1	建设期利息	万元	16681.67	
二	建设用地面积	亩	594.29	
三	设计定员	人	148.00	
四	综合投资指标	万元/km	1577.55	

3. 编制依据

（1）某长输管道工程可行性研究报告；

（2）某长输管道工程可行性研究报告的批复；

（3）某长输管道工程设计合同（委托）；

（4）某长输管道工程的初步设计文件。

4. 编制原则及方法

1）工程费用

（1）土建工程。

土建定额采用全国统一建筑工程基础定额《××地区单位估价汇总表》，按三类工程标准计取。建筑物依据不同的结构特征，按当地类似工程标准以综合指标计取。

（2）安装工程。

安装定额采用《石油建设安装工程概算指标》，计价材料及机械费按《石油建设安装工程概算指标》调整系数的通知进行调整。

取费采用中国石油天然气集团公司《石油建设安装工程费用定额》，线路工程、大中型河流穿越工程按Ⅰ类工程取费，站场工程按Ⅱ类工程取费。

（3）设备及材料价格依据。

主要设备、材料价格采用生产厂家询价及现行市场价格；电缆、非标设备价格分别参照中国石油造价管理中心最新颁发的《石油工程造价管理》综合参考价格计价。

依据《中国石油天然气集团公司建设项目其他费用和相关费用规定》，国内设备、材料运杂费分别按4%、5.5%计取。

2）其他费用

其他费用的取定依据《中国石油天然气集团公司建设项目其他费用和相关费用规定》。

3）基本预备费

基本预备费中人民币部分按工程费用和其他费用之和的5%计取，外币部分按1%计取。

4）贷款利息

本工程资金筹措按60%银行贷款考虑，建设期为3年，贷款比例分别为35%、45%、20%，按中国人民银行最新贷款利率6.15%计算建设期利息。

（二）主要编制（计算）过程

1. 参与工程现场调研

收集工程所在省（市）建筑工程定额及费用标准、调价文件、地方材料价格、当地主管部门的规定、办法等资料。

2. 设计各专业提交工程量

核实设计工程量是否符合有关要求，工程量能否满足单位概算编制的需要。主要包括总平面图、建（构）筑物一览表、设备材料表、主要设备、材料询价等。

3. 单位工程概算的编制

单位工程概算根据单项工程中所属的每个单体按专业分别编制。下面以该长输管道工程中某分输站，结构和干线管道安装两个单位工程为例，分别说明建筑、安装单位工程概算的编制。

1）结构单位概算编制

采用"建筑工程概算表"编制。

（1）定额套用。根据初步设计工程量，套用工程所在地省、直辖市、自治区《××地区单位估价汇总表》划分的分部分项子目。

（2）根据工程所在地的材料预算价格进行定额材料调差。

（3）根据工程所在地省、自治区、直辖市相应的费用定额和规定的计算程序以及有关主管部门发布的各项调整系数进行取费。

构筑物单位工程概算表详见表4-5-10、表4-5-11。

表4-5-10 某长输管道工程构筑物工程建筑工程概算表

建筑工程概算表

概算编号：算-*-*-*/2-综1-3
设计阶段：初步设计
专业名称：结构
共2页 第1页

单项工程名称：某分输站
单位工程名称：某分输站结构

设计单位名称

序号	定额编号	分部分项工程名称	单位	数量	单价（元）				合计（元）			
					基价	其中			基价	其中		
						人工费	材料费	机械费		人工费	材料费	机械费
		基础										
1	A1-7	人工挖地槽、地坑深1.5m以内一、二类土	100m³	20.00	708.00	708.00			14160	14160		
2	A1-18	人工就地回填土夯实	100m³	14.70	579.58	536.00		43.58	8520	7879		641
3	A1-20	人力车运土运距50m以内	100m³	5.30	520.00	520.00			2756	2756		
……	……	……	……	……	……	……	……	……	……	……	……	……
		分部小计							258271	61422	192148	4701
		水池										
10	A1-7	人工挖地槽、地坑深1.5m以内一、二类土	100m³	10.00	708.00	708.00			7080	7080		
11	A1-18	人工就地回填土夯实	100m³	3.00	579.58	536.00		43.58	1739	1608		131

续表

建筑工程概算表

概算编号：算－＊＊＊/2－综 1－3
设计阶段：初步设计
专业名称：结构
共 2 页　第 1 页

设计单位名称：

单项工程名称：某分输站

单位工程名称：某分输站结构

序号	定额编号	分部分项工程名称	单位	数量	单价（元）					合计（元）				
					基价	人工费	其中			基价	人工费	其中		
							材料费	机械费				材料费	机械费	
12	A1–20	人力车运土运距 50m 以内	100m³	7.00	520.00	520.00				3640	3640			
……	……	……	……	……	……	……	……	……		……	……	……	……	
		分部小计								60669	22921	36416	1332	
		定额材料调差								76232		76232		
		合计								395173	84343	304796	6033	

编制人：　　　　　　　校对人：　　　　　　　审核人：

工程名称：某分输站结构

表 4-5-11 某长输管道工程构筑物工程建筑工程费用计算表

序号	费用名称	计算公式	费率	金额（元）
1	一直接工程费	Σ（定额人工费＋定额机械费）		395172.21
2	其中 1. 人工费＋机械费	1+…+10		90375.50
3	二施工组织措施费			13737.09
4	2 安全文明施工费	1×费率	4.910	4437.44
5	3 检验试验费	1×费率	1.350	1220.07
6	4 冬雨季施工增加费	1×费率	0.300	271.13
7	5 夜间施工增加费	1×费率	0.080	72.30
8	6 已完成工程及设备保护费	1×费率	0.080	72.30
9	7 二次搬运费	1×费率	1.030	930.87
10	8 行人、行车干扰增加费	1×费率		
11	9 提前竣工增加费	1×费率	2.710	2449.18
12	10 其他施工组织措施费	按各市相关规定计算		
13	三企业管理费	1×管理费率	18.000	16267.59
14	四利润	1×利润率	11.000	9941.31
15	五其他项目费			
16	六规费	1×费率	10.400	9399.05
17	七税金	（一+二+三+四+五+六）×税率	3.513	15615.89
18	八优质工程增加费	（一+二+三+四+五+六+七）×费率	4.000	18405.33
19	九工程造价	一+二+三+四+五+六+七+八		478538.47

编制人： 校对人： 审核人：

2）管道安装单位概算编制

采用"设备及安装工程概算表"编制。

（1）设备购置费。

根据初步设计设备表，按设备出厂价或询价、报价加设备运杂费计算。按照《中国石油天然气集团公司建设项目其他费用和相关费用规定》，设备运杂费费率取定为4%。

设备购置费=设备费原价×（1+4%）

（2）安装工程费。

①根据初步设计工程量，按《石油建设安装工程概算指标》的子目划分分别套用定额。

【例4-4】计算26.493km直缝焊钢管（L450 φ813mm×11.9mm）沟上焊安装的直接费。

指标编号"13-1054"，根据《石油建设安装工程概算指标》第十三章说明"如果管段组焊进行焊口预热，则管段安装指标中的人工和机械乘以1.10的系数进行调整"的规定，对指标进行了相应的调整。

人工费：26.493km×5858元/km×1.10=170715.59元

材料费：26.493km×5290元/km=140147.97元

机械费：26.493km×27614元/km×1.10=804735.47元

定额合价：170715.59元+140147.97元+804735.47元=1115599.04元

②主材费以工程量及定额消耗量按工程所在地当年预算价格或市场价格计算，同样要取主材运杂费。按照《中国石油天然气集团公司建设项目其他费用和相关费用规定》，主材运杂费费率取定为5.5%。

主材费=主材费原价×（1+5.5%）

③按照《石油建设安装工程费用定额》规定对人工费进行调整，由23.85元/工日调整到44.5元/工日，并作为计算各项费用的基数。

④按照《石油建设安装工程概算指标》调整系数的通知规定，分别对定额计价材料费和机械费进行调整，调整系数分别为1.01、1.16。

⑤按照《石油建设安装工程费用定额》规定，根据本工程线路总长满足大于等于100km且公称直径大于等于500mm的输送管道工程，按照Ⅰ类工程取费标准进行费用程序的计算。管道安装单位工程概算表详见表4-5-12、表4-5-13。

4.单项工程概算编制

单项工程概算采用"综合概算表"编制。干线工程综合概算是由所属的

表4-5-12 某长输管工程管道安装工程设备及安装工程概算表

设备及安装工程概算表

设计单位名称：

单项工程名称：某干线工程　　单位工程名称：管道安装

概算编号：算-﹡﹡﹡/1-综1-6
设计阶段：初步设计
专业名称：储运
共1页　第1页

序号	定额编号	分部分项工程名称	单位	数量	重量(t) 材质	重量(t) 单重	重量(t) 总重	单价(元) 设备购置费	单价(元) 主要材料费	单价(元) 安装费	单价(元) 基价	单价(元) 其中 人工费	单价(元) 其中 材料费	合价(元) 设备购置费	合价(元) 主要材料费	合价(元) 安装费	合价(元) 其中 人工费	合价(元) 其中 材料费
1	13-2017	管道组样 螺纹管及直缝管预热 φ813mm	km	122.24							2071.00	405.00	1666.00			253159	49507	203652
……	……	分部小计		……	……	……	……		……	……	……	……	……		3987557	7989266	1314105	4975972
		合计		……	……	……	……		……	……	……	……	……		8135527	18243680	1554988	5245608
		1 人工费调增86.58%														1346309	1346309	
		2 材料费调增1%														52456		52456
		3 机械费调增16%														457616		
		4 国内材料运杂费5.5%													447454			
		合计													8582981	20100061	2901297	5298064

编制人：　　　　　校对人：　　　　　审核人：

表 4-5-13　某长输管道工程管道安装工程费用计算表

工程名称：某干线工程管道安装

第 1/1 页

序号	费用名称	计算公式	费率（%）	金额（元）
1	一 直接费			21409822.30
2	（一）直接工程费			20100060.58
3	1 人工费			2901297.44
4	2 材料费			5298063.95
5	3 施工机械使用费			3317717.84
6	4 主材费			8582981.35
7	（二）措施费			1309761.72
8	5 健康安全环境施工保护费	人工费×费率×1.08	11.5	360341.14
9	6 临时设施费	人工费×费率×1.08	14.4	451209.78
10	7 夜间施工费	人工费×费率×1.08	3.8	119069.25
11	8 二次搬运费	人工费×费率×1.08	1.2	37600.81
12	9 生产工具用具使用费	人工费×费率×1.08	2.9	90868.64
13	10 工程定位复测、工程点交、场地清理等费用	人工费×费率×1.08	1.4	43867.62
14	11 冬雨季施工增加费	人工费×费率×1.08	6.6	206804.48
15	二 间接费	（一）＋（二）		4346143.56
16	（一）规费			1369412.39
17	（二）企业管理费	人工费×费率×1.08	95	2976731.17
18	三 利润	人工费×费率×1.08	30	940020.37
19	四 人工价差			
20	五 税金	（一+二+三+四）×税率	3.513	937830.00
21	六 工程造价	一+二+三+四+五		27763816.23

各专业单位工程概算汇总而成，包括人工土石方、机械土石方、措施工程、管材费、管段防腐保温、管道安装、小型穿跨越、管道清管试压、干燥及氮气置换、线路附属工程、无损检测、阴极保护、线路防护、施工便道及便桥单位工程概算。干线单项工程概算表详见表4-5-14。

5. 总概算表编制

总概算采用"总概算表"进行编制。

1）第一部分工程费用汇总

对本工程各单项工程概算进行汇总，得到第一部分工程费用。

2）第二部分其他费用的计算

其他费用采用"其他费用计算表"进行编制。根据第一部分工程费用，按照《中国石油天然气集团公司建设项目其他费用和相关费用规定》计算其他费用，包括建设用地费和赔偿费、建设管理费、勘察设计费、场地准备费和临时设施费、联合试运转费、工程保险费等。某长输管道工程其他费用计算表详见表4-5-15。

3）第三部分基本预备费计算

基本预备费以第一、第二部分费用合计为基础，乘以基本预备费率，得出基本预备费。

基本预备费 =（工程费用+其他费用）×费率

4）第四部分建设期利息计算

根据资金来源、贷款利率、建设期各年投资比例逐年计算。

各年应计贷款利息 =（年初贷款本息累计+本年贷款额/2）×贷款利率

5）汇总总概算表

概算总投资由工程费用、其他费用、基本预备费、贷款利息组成，将第一、第二、第三、第四部分费用汇总得到建设项目概算总投资。某长输管道工程总概算表详见表4-5-16。

三、某市天然气安全储备库工程概算案例

（一）编制说明

1. 项目概况

本项目为某市天然气安全储备库工程，基于城市燃气供应的安全及调峰等要求，××省拟毗邻××市门站建设一座天然气安全储备库，用作城市次高压管网调峰及应急工况供气。储备库内主体工艺装置为：脱碳装置、脱水及脱

表 4—5—14 某长输管道工程某干线工程综合概算表

综合概算表

建设项目名称：某长输管道工程　　　　　概算编号：算—＊＊/一—综 1

单项工程名称：某干线工程　　　　　设计阶段：初步设计

金额单位：万元

共　页　第　页

序号	概算编号	工程项目或费用名称	设计规模或主要工程量	设备购置费	安装工程费 主要材料费	安装工程费 安装费	建筑工程费	合计	占工程费用比例（%）	其中：外币（万美元）	单位指标
1		干线 人工土石方					3394.14	3394.14			
2		干线 机械土石方					883.38	883.38			
3		干线 措施工程				449.36	1254.52	1254.52			
4		干线 管材费		25339.34				25788.70			
5		干线 管段防腐、保温		3544.41				3544.41			
6		干线 管道安装			858.30	1905.09		2763.39			
7		干线 小型穿跨越			311.65	4011.00		4322.65			
8		干线 管道清管试压			72.48	709.50		781.98			
9		干线 干燥及氮气置换				396.09		396.09			
10		干线 线路附属工程			191.01	1618.13		1809.14			
11		干线 无损检测				1399.92		1399.92			
12		干线 阴极保护		256.05	236.90	409.00		901.95			
13		干线 线路防护					12021.01	12021.01			
14		干线 施工便道及便桥					76.80	76.80			
		合计		29139.80	1670.34	10898.09	17629.85	59338.08			

设计单位名称

编制人：　　　　　校对人：　　　　　审核人：　　　　　审定人：

表 4-5-15　某长输管道工程其他费用计算表

其他费用计算表

设计单位名称				概算编号：算-*-****	
				设计阶段：初步设计	
建设项目名称：某长输管道工程				金额单位：万元	
				共　　页　　第　　页	
序号	费用项目名称	费用计算基数	费率（%）	金额	计算公式	备注
一	建设用地费和赔偿费			49048.39		
（一）	永久征地费			23609.81		
1	建设用地费			18425.09		
2	临时占地费			5184.72		
（二）	赔偿费			25438.58		
1	特殊地段补偿费			14943.75		
2	线路工程拆迁、穿跨越赔偿			8068.33		
3	站场工程拆迁			98.9		
4	大中型穿跨越工程拆迁、穿跨越赔偿			2327.6		
二	前期工作费			902		
1	项目筹建费			800	按已发生金额计列	
2	可行性研究报告编制及评估费、申报核准费			102	按已发生金额计列	
三	建设管理费			4675.28		
1	建设单位管理费	183054.2703		1673.46	（工程费用-引进人民币+引进货价×50%）×费率	
2	工程质量监管费			232.73	工程费用×工程质量监管费费率	
3	建设工程监理费			1724.64	发改价格（2007）670号	
4	设备监造费			73.84	管段重量×22元/t；需监造设备出厂价×0.7%	

续表

其他费用计算表

概算编号：算-****
设计阶段：初步设计
金额单位：万元
共　页　第　页

建设项目名称：某长输管道工程

设计单位名称：

序号	费用项目名称	费用计算基数	费率（%）	金额	计算公式	备注
5	建设单位健康安全环境管理费	1673.46		133.88	中国石油天然气集团公司建设项目其他费用相关费用规定	
6	项目管理承包费（PMC费用）	1673.46		836.73	建设单位管理费×50%	
四	专项评价及验收费			1077.56		
1	环境影响评价及验收费			242.96	按合同额计列	
2	安全预评价及验收费			169.46	按合同额计列	
3	职业病危害预评价及控制效果评价费			77.72	按合同额计列	
4	地震安全性评价			52.13	按合同额计列	
5	地质灾害危险性评价费			32.67	按合同额计列	
6	水土保持评价及验收费			118.39	按合同额计列	
7	压覆矿产资源评价费			11.35	按合同额计列	
8	其他专项评价及验收费			372.88	按合同额计列	
8.1	HAZOP分析评价费			117	中国石油天然气集团公司建设项目其他费用相关费用规定	
8.2	林地调查费	178.4		107.04	考昆评价、勘察、保护，按0.6万元/km估列	
8.3	文物调查费			57.84	按合同额计列	
8.4	防洪评价费			91	按合同额计列	
五	勘察设计费			7562.54	按合同额计列	

其他费用计算表

| 概算编号：算一-**** |
| 设计阶段：初步设计 |
| 金额单位：万元 |
| 共　页　第　页 |

建设项目名称：某长输管道工程

序号	费用项目名称	费用计算基数	费率（%）	金额	计算公式	备注
1	勘察费			2463.04		
2	基本设计费			4677.52		
3	非标设计费			47.78		
4	竣工图编制费			374.2		
六	场地准备费和临时设施费	183054.2703		549.16	工程费用×临时设施费费率	
七	进口设备材料国内检验费	1152.05		4.61	CIF×外汇牌价×费率	
八	工程保险费	183054.2703		549.16	工程费用×工程保险费费率	
九	联合试运转费	132244.0303		661.22	建安费用×联合试运转费费率	
十	特殊设备安全监督检验定费			238.4		
1	特殊设备安全监督检验费			40	受检设备的设备费×费率	
2	管道质量监督费			198.4	178.4km×1万元/km+站场4座×5万元/座	
十一	施工队伍调遣费	132244.0303		264.49	建安费用×施工队伍调遣费费率	
十二	生产准备费			185	中国石油天然气集团公司建设项目其他费用和相关费用规定	
1	生产人员培训费	148		103.6		
2	工具器具及生产家具购置费	148		29.6		
3	办公及生活家具购置费	148		51.8		

设计单位名称

续表

其他费用计算表

设计单位名称				建设项目名称：某长输管道工程		概算编号：算—*＊＊＊	
						设计阶段：初步设计	
						金额单位：万元	
						共　页　第　页	
序号	费用项目名称	建设项目计算基数	费率（%）	金额	计算公式		备注
十三	防雷静电验收费			32	按站缴纳 5 万元/站，阀室 2 万/站		
十四	消防设施验收收费			32	按站缴纳 5 万元/站，阀室 2 万/站		
十五	市政管网碰口费			300	50 万元/站		
十六	数字化管道，航测及工程数据采集费	178.4		392.48	2.2 万元/km		
十七	水土保持相关费用			2353.18	××输气管道工程水土保持方案报告书		
1	水土保持工程建设管理费			257.14			
2	水土保持工程方案编制费及勘测设计费			378.75			
3	水土保持监理费			160.63			
4	水土流失监测费			181.37			
5	水土保持专项验收费			54.36			
6	水土保持设施补偿费及措施费			1320.93			
十八	安全培训和事故应急演练			320	参照类似工程		
	小计			69147.47			

编制人：　　　　　　　校对人：　　　　　　　审核人：　　　　　　　审定人：

石油工程造价管理

表4-5-16 某长输管道工程总概算表

总 概 算 表

建设项目名称：某长输管道工程

设计单位名称：

概算编号：算-*****
设计阶段：初步设计
金额单位：万元
共 页 第 页

序号	概算编号	工程项目或费用名称	设计规模或主要工程量	设备购置费	安装工程费		建筑工程费	其他费用	合计	其中：外币（万美元）	占总投资比例（%）
					主要材料费	安装费					
		概算总投资（Ⅰ+Ⅱ+Ⅲ+Ⅳ）		50810.24	3740.97	19868.69	108634.37	98379.85	281434.12	182.08	100.00
Ⅰ		建设投资（Ⅰ+Ⅱ+Ⅲ）		50810.24	3740.97	19868.69	108634.37	81698.18	264752.45	182.08	94.07
（一）		第一部分 工程费用		50810.24	3740.97	19868.69	108634.37		183054.27	182.08	65.04
		线路工程		29319.09	1699.98	11020.07	17994.75		60033.89		
1		某干线工程		29139.80	1670.34	10898.09	17629.85		59338.08		
2		某支线工程		179.29	29.64	121.98	364.90		695.81		
（二）		阀室工程		1364.08	314.62	259.20	321.35		2259.25	80.85	
1		线路阀室（6座）		1364.08	314.62	259.20	321.35		2259.25	80.85	
（三）		大中型穿跨越工程		11298.04	384.01	5141.07	66958.53		83781.65		
1		某大开挖		122.19	9.66	47.65	652.53		832.03		
2		某钻爆隧道		234.10	7.36	130.61	1765.50		2137.57		
3		某钻爆隧道		329.18	10.12	181.03	2047.05		2567.38		
…		……									

298

续表

总　概　算　表

建设项目名称：某长输管道工程
设计单位名称：

概算编号：算一﹡﹡﹡﹡
设计阶段：初步设计
金额单位：万元
共　页　第　页

序号	概算编号	工程项目或费用名称	设计规模或主要工程量	设备购置费	安装工程费		建筑工程费	其他费用	合计	其中：外币（万美元）	占总投资比例（%）
					主要材料费	安装费					
II		第二部分　其他费用						69147.47	69147.47		24.57
1		建设用地费和赔偿费						49048.39	49048.39		
2		前期工作费						902.00	902.00		
3		建设管理费						4675.28	4675.28		
4		专项评价及验收费						1077.56	1077.56		
5		勘察设计费						7562.54	7562.54		
6		场地准备费和临时设施费						549.16	549.16		
7		进口设备材料国内检验费						4.61	4.61		
8		工程保险费						549.16	549.16		
9		联合试运转费						661.22	661.22		
10		特殊设备安全监督检验费						238.40	238.40		
11		施工队伍调遣费						264.49	264.49		
12		生产准备费						185.00	185.00		
13		防雷静电验收费						32.00	32.00		
14		消防设施验收收费						32.00	32.00		
…		……									

| 概算编号：算－＊＊＊＊＊ |
| 设计阶段：初步设计 |
| 金额单位：万元 |
| 共 页 第 页 |

总 概 算 表

建设项目名称：某长输管道工程

设计单位名称：

序号	概算编号	工程项目或费用名称	设计规模或主要工程量	设备购置费	安装工程费		建筑工程费	其他费用	合计	其中：外币（万美元）	占总投资比例（%）
					主要材料费	安装费					
Ⅲ		第三部分 预备费						12550.71	12550.71		4.46
1		基本预备费 国产部分						12535.86	12535.86		
2		基本预备费 引进部分						14.85	14.85		
Ⅳ		第四部分 建设期贷款利息						16681.67	16681.67		5.93
1		建设期贷款利息						16681.67	16681.67		
		其中：设备材料增值税							8908.33		

编制人： 校对人： 审核人： 审定人：

汞装置、液化装置、冷剂储存装置、BOG 增压装置、LNG 储罐区、LNG 装卸设施、LNG 气化装置；辅助生产设施：火炬放空系统、全厂工艺及热力系统管道、空氮站、分析化验室、燃料气系统等；以及与以上工程相关的自动控制、给排水、消防、供配电、通信、机械、热工、防腐、总图、建筑、结构等配套专业设计；10kV 外电线路业主另行委托设计单位，投资纳入项目初步设计概算。

2. 概算总投资及主要经济指标

概算总投资及主要经济指标见表 4-5-17。

表 4-5-17　概算总投资及主要经济指标表

序号	项目名称	单位	数量	其中外币（万美元）	备注
一	概算总投资	万元	56330.14	775.43	
1	建设投资	万元	53134.44		
1.1	工程费用	万元	38174.26		
1.2	其他费用	万元	12674.08		
1.3	预备费	万元	2286.10		
2	应列入总投资的几项费用	万元	3195.7		
2.1	10kV 变电所及线路	万元	550		
2.2	铺底流动资金	万元	2645.7		
二	建设用地面积	亩	202.81		
三	设计定员	人	64		

3. 编制依据

（1）某市天然气安全储备库工程可行性研究报告；

（2）某市天然气安全储备库工程可行性研究报告的批复及各项专项评价报告的批复；

（3）某市天然气安全储备库工程设计合同；

（4）某市天然气安全储备库工程外电线路初步设计及概算文件；

（5）某市天然气安全储备库工程的初步设计文件。

4. 编制原则及方法

1) 工程费用

(1) 建筑工程费。

建筑工程执行工程所在地计价依据，采用《××省建设工程计价通则》、《××省建设工程综合定额》,《××市建设工程造价管理规定》、《××市建设工程计价费率标准》；人工单价按照当地最新人工费调整文件计取；单调材料价格执行近期《××市建设工程价格信息》。土建部分费用以指标形式计入工程费，建筑物依据不同的结构特征，按当地类似工程标准以综合指标计取。

(2) 安装工程。

安装定额采用《石油建设安装工程概算指标》，计价材料及机械费按《石油建设安装工程概算指标》调整系数的通知进行调整。

取费采用中国石油天然气集团公司《石油建设安装工程费用定额》，按炼化Ⅱ类工程计取。

(3) 设备及材料价格依据。

主要设备、材料价格采用生产厂家询价及现行市场价格；依据《中国石油天然气集团公司建设项目其他费用和相关费用规定》，国内设备、主材运杂费分别按5%、5.5%计取，进口设备、主材国内运杂费率按1.5%计取（表4-5-18）。

表4-5-18　进口设备从属费表

序号	引进设备	单价	国外运输费（美元）	国外运输保险费（美元）	进口关税（美元）	进口环节增值税（美元）	外贸手续费（美元）	银行财务费（美元）	人民币合计（元）
1	FOB	1	0.0450	0.0016	0.4525	1.1759	0.0093	0.0646	8.1670

注：20××年××月××汇率为美元：人民币=1:6.177,

2) 其他费用

其他费用的取定依据《中国石油天然气集团公司建设项目其他费用和相关费用规定》。

3) 基本预备费

基本预备费人民币部分按5%计取，外币部分按1%计取。

4）贷款利息

本工程资金筹措按全额自筹考虑，不计取贷款利息。

5）铺底流动资金

铺底流动资金按流动资金30%计算。

（二）主要编制（计算）过程

1. 参与工程现场调研

收集工程所在省（市）建筑工程定额及费用标准、调价文件、地方材料价格、当地主管部门的规定、办法等资料。

2. 设计各专业提交工程量

核实设计工程量是否符合有关要求，工程量能否满足单位概算编制的需要，主要包括总平面图、建（构）筑物一览表、设备材料表、主要设备、材料询价等。

3. 单位工程概算的编制

单位工程概算根据单项工程中所属的每个单体按专业分别编制。下面以该储备库脱碳装置中的两个单位工程——构筑物、工艺设备及安装工程为例，分别说明建筑、安装单位工程概算的编制。

1）构筑物单位概算编制

采用"建筑工程概算表"编制：

（1）定额套用。根据初步设计工程量，套用工程所在地《××省建设工程综合定额》划分的分部分项子目。

（2）根据工程所在地的材料预算价格进行定额材料调差。

（3）根据工程所在地省、自治区、直辖市相应的费用定额和规定的计算程序以及有关主管部门发布的各项调整系数进行取费。

（4）形成建筑工程综合单价后列入"建筑工程概算表"。构筑物单位工程概算表详见表4-5-19。

2）工艺设备及管道安装单位概算编制

采用"设备及安装工程概算表"编制。

（1）设备购置费。

根据初步设计设备表，按设备出厂价或询价、报价加设备运杂费计算。按照《中国石油天然气集团公司建设项目其他费用和相关费用规定》，设备运杂费费率取定为5%。

设备购置费=设备费原价×（1+5%）

表4-5-19 某市天然气安全储备库工程脱碳装置构筑物工程建筑工程概算表

建筑工程概算表

设计单位名称:									概算编号: 综2-1			
									设计阶段: 初步设计			
	单项工程名称: 1200 脱碳装置								专业名称: 结构			
	单位工程名称: 1200 脱碳装置构筑物								共1页 第1页			
序号	定额编号	分部分项工程名称	单位	数量	单价(元)				合计(元)			
					基价	人工费	材料费	机械费	金额	其中		
										人工费	材料费	机械费
		设备基础及构筑物										
1		C30钢筋混凝土基础	m³	600.00	1409.10				845460.00			
2		C25混凝土基础	m³	100.00	937.77				93777.00			
3		C15混凝土基础	m³	40.00	686.11				27444.40			
4		地坑池	座	1.00	51425.94				51425.94			
5		地坑棚架(钢结构)	m²	32.40	600.00				19440.00			
		分部小计							1037547.34			
		合计							1037547.34			

编制人: 校对人: 审核人:

（2）安装工程费。

①根据初步设计工程量，按《石油建设安装工程概算指标》的子目划分分别套用定额。

【例4-5】计算2.249t无缝钢管（20Gφ219×6.5）安装的直接费。

指标编号"5-2023"，根据《石油建设安装工程概算指标》第五章说明"油气处理装置管道安装按相应子目乘以系数1.15"、《石油建设安装工程概算指标》调整系数的通知"执行《石油建设安装工程概算指标》第五章第一、第二节工艺管道安装子目时材料费乘以1.15的调整系数"的规定，对指标进行了相应的调整。

人工费：2.25t×1052元/t×1.15＝2722.05元

材料费：2.25t×6560元/t×1.15×1.15＝19520.1元

机械费：2.25t×1369元/t×1.15＝3542.29元

定额合价：2722.05元+19520.1元+3542.29元＝25784.44元

【例4-6】计算3个安全阀（原料气过滤器安全阀DN25×DN32）安装的直接费。

指标编号"5-3009"，根据《石油建设安装工程概算指标》第五章说明"安全阀门安装套用普通阀门相应子目，人工费乘以系数1.5"的规定，对指标进行了相应的调整。

人工费：3个×8元/个×1.5＝36元

材料费：3个×16元/个＝48元

机械费：3个×3元/个＝9元

定额合价：36元+48元+9元＝93元

②主材费以工程量及定额消耗量按工程所在地当年预算价格或市场价格计算，同样要计取主材运杂费。

按照《中国石油天然气集团公司建设项目其他费用和相关费用规定》，主材运杂费费率取定为5.5%。

主材费＝主材费原价×（1+5.5%）

③按照《石油建设安装工程费用定额》规定对人工费进行调整，由23.85元/工日调整到44.5元/工日，并作为计算各项费用的基数。

④按照《石油建设安装工程概算指标》调整系数的通知规定，分别对定额计价材料费和机械费进行调整，调整系数分别为1.0、1.3。

⑤按照《石油建设安装工程费用定额》规定，根据本工程的日气体处理量，按照Ⅱ类工程取费标准进行费用程序的计算。工艺设备及管道安装单位

工程概算表见表4-5-20，费用计算见表4-5-21。

4. 单项工程概算编制

单项工程概算采用"综合概算表"编制。脱碳装置综合概算是由所属的各专业单位工程概算汇总而成，包括构筑物、工艺金属结构、工艺设备及安装、非标设备、自控仪表单位工程概算。脱碳装置单项工程费用计算表详见表4-5-22。

5. 总概算表编制

总概算采用"总概算表"进行编制。

1）第一部分工程费用汇总

对本工程各单项工程概算进行汇总，得到第一部分工程费用。

2）第二部分其他费用的计算

其他费用采用"其他费用计算表"进行编制。

根据第一部分工程费用，按照《中国石油天然气集团公司建设项目其他费用和相关费用规定》计算其他费用，包括建设用地费和赔偿费、建设管理费、勘察设计费、场地准备费和临时设施费、联合试运转费、工程保险费等。某市天然气安全储备库工程其他费用计算表详见表4-5-23。

3）第三部分基本预备费计算

基本预备费以第一、第二部分费用合计为基础，乘以基本预备费率，得出基本预备费。本工程存在引进设备，基本预备费计算公式：

基本预备费国产部分=（工程费用+其他费用-引进工程费）×费率

基本预备费引进部分=引进工程费×费率

4）第四部分应列入总投资中的几项费用

应业主要求计取铺底流动资金，并将10kV外电线路的投资纳入本工程。

5）汇总总概算表

概算总投资由工程费用、其他费用、基本预备费、应列入总投资中的几项费用，将第一、第二、第三、第四部分费用汇总得到建设项目概算总投资。

某市天然气安全储备库工程总概算，详见表4-5-24。

表 4-5-20　某市天然气安全储备库工程脱碳装置工艺工程设备及安装工程概算表

设备及安装工程概算表

概算编号：综2-3
设计阶段：初步设计
专业名称：油气加工
共　页　第　页

单项工程名称：1200脱碳装置
单位工程名称：1200脱碳装置工艺

序号	定额编号	分部分项工程名称	单位	数量	材质	重量(t) 单重	重量(t) 总重	单价(元) 设备购置费	单价(元) 主要材料费	单价(元) 安装费	单价(元) 其中 人工费	单价(元) 其中 材料费	合价(元) 设备购置费	合价(元) 主要材料费	合价(元) 安装费	合价(元) 其中 人工费	合价(元) 其中 材料费
		设备															
1	2-2002	原料气换热器	台	1				33762		2919	921	1149	33762		2919	921	1149
2	2-2002	贫富液换热器	台	2				112200		2919	921	1149	224400		5838	1842	2298
3	2-2002	再生塔重沸器	台	1				122400		2919	921	1149	122400		2919	921	1149
4	2-2002	贫胺液冷却器	台	1				24684		2919	921	1149	24684		2919	921	1149
5	2-2002	再生塔顶冷却器	台	1				58548		2919	921	1149	58548		2919	921	1149
6	2-7002	原料气过滤分离器	台	1				419900		968	377	303	419900		968	377	303
7	2-7001	胺液预过滤器	台	1				123250		845	358	252	123250		845	358	252
8	2-7003	胺液活性炭过滤器	台	1				331500		1261	549	420	331500		1261	549	420
9	2-7001	胺液后过滤器	台	1				123250		845	358	252	123250		845	358	252
10	1-1004	贫液泵 $Q=15m^3/h$, $H=600m$, 80kW	台	2				337110		1845	1056	477	674220		3690	2112	954
11	9-3015	小型交流异步电动机检查接线及调试 100kW	台	2						1531	697	291			3062	1394	582

石 油 工 程 管 理 介 造

设备及安装工程概算表

单项工程名称：1200 脱碳装置　　　　概算编号：综 2-3
单位工程名称：1200 脱碳装置工艺　　设计阶段：初步设计
　　　　　　　　　　　　　　　　　　专业名称：油气加工
设计单位名称　　　　　　　　　　　　共 页 　第 页

序号	定额编号	分部分项工程名称	单位	数量	材质	单重	总重	单价（元） 设备购置费	主要材料费	安装费	人工费	购置费	合价（元） 设备购置费	主要材料费	安装费	人工费	材料费
12	1-1001	再生塔顶回流泵 $Q=0.68m^3/h$, $H=60m$, 3.6kW	台	2				52785		473	228	122	105570		946	456	244
13	9-3013	小型交流异步电动机检查接线及调试 13kW	台	2						716	326	140			1432	652	280
14	1-1001	溶液补充泵 $Q=5m^3/h$, $H=50m$, 6.5kW	台	1				36465		473	228	122	36465		473	228	122
15	9-3013	小型交流异步电动机检查接线及调试 13kW	台	1						716	326	140			716	326	140
16	1-1001	导热油循环泵 $Q=18m^3/h$, $H=50m$, 5.3kW	台	2				64770		473	228	122	129540		946	456	244
17	9-3013	小型交流异步电动机检查接线及调试 13kW	台	2						716	326	140			1432	652	280
18	1-1001	地坑排水泵 220V, 360W	台	1				20400		473	228	122	20400		473	228	122
19	9-3012	小型交流异步电动机检查接线及调试 3kW	台	1						625	270	106			625	270	106
20		手拉葫芦 1.5t, 5m	台	1				2550					2550				
		……															
		分部小计										2435539		35312.8	13952.6	11269.2

续表

概算编号：综2-3
设计阶段：初步设计
专业名称：油气加工
共 页 第 页

设备及安装工程概算表

单项工程名称：1200 脱碳装置
单位工程名称：1200 脱碳装置工艺

序号	定额编号	分部分项工程名称	单位	数量	材质	重量(t)		单价（元）					合价（元）				
						单重	总重	设备购置费	主要材料费	安装费	其中		设备购置费	主要材料费	安装费	其中	
											人工费	购置费				人工费	材料费
		阀门															
23	5-3009	原料气过滤器安全阀 DN25×DN32	个	3				9350		31	12	16	28050		93	36	48
24	5-3009	吸收塔顶安全阀 DN25×DN32	个	1				9350		31	12	16	9350		31	12	16
25	5-3009	湿净化气分离器安全阀 DN25×DN32	个	1				9350		31	12	16	9350		31	12	16
26	5-3011	富液闪蒸罐安全阀 DN100×DN125	个	1				18700		129	57	63	18700		129	57	63
27	5-3010	贫液冷却器安全阀 DN50×DN65	个	1				10200		56	27	25	10200		56	27	25
28	5-3010	再生塔顶安全阀 DN50×DN65	个	1				10200		56	27	25	10200		56	27	25
29	5-3010	再生塔顶分离器安全阀 DN50×DN65	个	1				10200		56	27	25	10200		56	27	25
30	5-3011	球阀 Q41F-Class150 DN150	个	5					1758.51	110	38	63		8792.55	550	190	315
31	5-3011	明杆楔式单闸板闸阀 Z41H-Class600 DN150	个	15					3472.79	110	38	63		52091.85	1650	570	945

续表

设备及安装工程概算表

		概算编号：综 2-3
单项工程名称：1200 脱碳装置		设计阶段：初步设计
单位工程名称：1200 脱碳装置工艺		专业名称：油气加工
		共　页　第　页

设计单位名称：

序号	定额编号	分部分项工程名称	单位	数量	材质	重量(t)		单价(元)					合价(元)				
						单重	总重	设备购置费	主要材料费	安装费	其中		设备购置费	主要材料费	安装费	其中	
										安装费	人工费	购置费			安装费	人工费	材料费
32	5-3010	明杆楔式单闸板闸阀 Z41H-Class600 DN100	个	2					1681.64	47	18	25		3363.28	94	36	50
33	5-3010	明杆楔式单闸板闸阀 Z41H-Class600 DN80	个	15					1283.61	47	18	25		19254.15	705	270	375
		......															
		分部小计										96050	266020.35	14370	4758	8234
		工艺管道															
80	5-2023	室内中压碳钢管道安装 (氩电联焊) φ219×6.5	t	2.25						8981	1052	6560			25784.44	2722.05	19520.1
81	5-2022	室内中压碳钢管道安装 (氩电联焊) φ168.3×5.5	t	1.39						16587.37	1966.5	12606.07			23074.28	2735.55	17536
82	5-2021	室内中压碳钢管道安装 (氩电联焊) φ114.3×4.5	t	0.61						21700.73	3317.75	16039.28			13220.63	2021.26	9771.54
83	5-2021	室内中压碳钢管道安装 (氩电联焊) φ88.9×4.5	t	1.08						21700.73	3317.75	16039.28			23373.31	3573.46	17275.5
84	5-2020	室内中压碳钢管道安装 (氩电联焊) φ60.3×4.0	t	1.31						40643.13	7293.3	27876.98			53267.29	9558.67	36535.85

续表

设备及安装工程概算表

概算编号：综 2-3　设计阶段：初步设计　专业名称：油气加工　共　页　第　页

单项工程名称：1200 脱碳装置
单位工程名称：1200 脱碳装置工艺
设计单位名称

序号	定额编号	分部分项工程名称	单位	数量	重量(t) 单重	重量(t) 总重	单价(元) 设备购置费	单价 主要材料费	单价 安装费	单价 人工费	单价 购置费	合价(元) 设备购置费	合价 主要材料费	合价 安装费	合价 人工费	合价 材料费
85	5-2020	室内中压碳钢管道安装（氩电联焊）φ48.3×4.0	t	2.21					40643.13	7293.3	27876.98			89688.2	16094.31	61516.82
87		无缝钢管 20 号	t	9.03				6200					56008.35			
		分部小计											315924.91	774450.13	78095.45	631694.67
		防腐、保冷														
100	7-8021	设备绝热毡类制品安装	m³	16.53					211	57	149			3487.83	942.21	2462.97
101		设备用玻璃棉毡	m³	16.86				576					9711.71			
102	7-8005	管道绝热毡类安装	m³	12.75					156	97	58			1989.62	1237.14	739.73
103		管道用玻璃棉毡	m³	13.14				612					8039.61			
104	7-8062	金属薄板安装设备	10m²	25				49.5	476	128	323		12375	11900	3200	8075
105		铝合金薄板 δ=1mm	m²	250												
106	7-8061	金属薄板安装管道	10m²	24.7				40.5	416	62	316		10003.5	10275.2	1531.4	7805.2
107		铝合金薄板 δ=0.8mm	m²	247												
108		聚乙烯粘胶带	m²	175					120					21000		

续表

单项工程名称：1200脱碳装置													概算编号：综2-3				
单位工程名称：1200脱碳装置工艺													设计阶段：初步设计 专业名称：油气加工 共　页　第　页				
设计单位名称													设备及安装工程概算表				

序号	定额编号	分部分项工程名称	单位	数量	材质	重量(t)		单价(元)					合价(元)				
						单重	总重	设备购置费	主要材料费	安装费	其中		设备购置费	主要材料费	安装费	其中	
											人工费	购置费				人工费	材料费
109		环氧富锌底漆1+环氧云铁中间漆2+丙烯酸聚氨酯面漆2	m²	450						100					45000		
110		环氧酚醛底漆1+环氧酚醛面漆2	m²	200						125					25000		
	1117-1012	有机硅耐热底漆2+有机硅耐热面漆1	10m²	5						130	17	113			650	85	565
		分部小计												40129.82	119302.65	6995.75	19647.9
		化工填料															
	1112-8014	瓷球填充	t	1.45						203	111	30			294.35	160.95	43.5
113		瓷球	t	1.51				25500					38454				
114		选择性脱碳剂 MDEA≥98%	t	13.5				29750					401625				
115		硅酮阻泡剂 KS-604 22%	kg	200				340					68000				

续表

设备及安装工程概算表

概算编号：综 2-3
设计阶段：初步设计
专业名称：油气加工
共　页　第　页

设计单位名称：
单项工程名称：1200 脱碳装置
单位工程名称：1200 脱碳装置工艺

序号	定额编号	分部分项工程名称	单位	数量	材质	重量(t) 单重	总重	单价（元） 设备购置费	主要材料费	安装费	其中 人工费	购置费	合价（元） 设备购置费	主要材料费	安装费	其中 人工费	材料费
		……															
		分部小计											893717.2		1673.07	980.55	246.14
		小计											3425306.2	622075.08	9451108.65	104782.35	671091.91
		人工费调增 86.583%													90723.7	90723.7	
		材料费调增 1%													6710.92		6710.92
		机械费调增 30%													23470.32		
		共计													120904.94	90723.7	6710.92
		国产设备运杂费 5%											171265.31				
		国产材料运杂费 5.5%												34214.13			
		合计											3596571.51	656289.21	1072082.04	196168.25	682608.66

编制人：　　　　校对人：　　　　审核人：

表4-5-21 某市天然气安全储备工程脱碳装置工艺工程费用计算表

工程名称：1200脱碳装置工艺 第1/1页

序号	费用名称	计算公式	费率（%）	金额（元）
1	一 直接费			1771179.31
2	（一）直接工程费			1722302.80
3	1 人工费			195506.05
4	2 材料费			677802.83
5	3 施工机械使用费			101704.71
6	4 主材费			656289.21
7	（二）措施费			48876.51
8	5 健康安全环境施工保护费	人工费×费率	9.5	18573.07
9	6 临时设施费	人工费×费率	6.9	13489.92
10	7 夜间施工费	人工费×费率	2.0	3910.12
11	8 二次搬运费	人工费×费率	0.7	1368.54
12	9 生产工具用具使用费	人工费×费率	1.7	3323.60
13	10 工程定位复测、工程点交、场地清理等费用	人工费×费率	0.3	586.52
14	11 冬雨季施工增加费	人工费×费率	3.9	7624.74
15	二 间接费			220530.83
16	（一）规费	人工费×费率	37.7	73955.43
17	（二）企业管理费	人工费×费率	77.2	151441.89
18	三 利润	人工费×费率	25	49042.06
19	四 税金	（一+二+三）×税率	3.48	71404.47
20	五 设备费			3596571.51
21	六 总造价	一+二+三+四+五		5719828.67

编制人： 校对人： 审核人：

表4-5-22 某市天然气安全储备库工程脱碳装置工程综合概算表

综 合 概 算 表

建设项目名称：某市天然气安全储备库工程

单项工程名称：脱碳装置

设计单位名称									概算编号：综 2			
									设计阶段：初步设计			
									金额单位：万元			
									共 页 第 页			
序号	概算编号	工程项目或费用名称	设计规模或主要工程量	设备购置费	安装工程费		建筑工程费	合计	其中：外币（万美元）	占工程费用比例（%）	单位指标
					主要材料费	安装费					
1	综2-1	1200 脱碳装置结构					103.75	103.75			
2	综2-2	1200 脱碳装置金属结构			24.88	82.67		107.55			
3	综2-3	1200 脱碳装置工艺		359.66	65.63	146.70		571.99			
4	综2-4	1200 脱碳装置非标		160.93	3.62	13.39		177.94			
5	综2-5	1200 脱碳装置自控仪表		142.95	129.92	63.75		336.62			
6	综2-6	1200 脱碳装置自控仪表引进		52.77		0.37		53.14			
		合计		716.31	224.05	306.88	103.75	1350.99			

编制人： 校对人： 审核人： 审定人：

石油工程管介造理

表 4-5-23　某市天然气安全储备库工程其他费用计算表

其他费用计算表

						概算编号：算-*-****
						设计阶段：初步设计
						金额单位：万元

建设项目名称：某市天然气安全储备库工程

序号	费用项目名称	费用计算基数	费率(%)	金额	计算公式	备注
	设计单位名称					共 3 页　第 1 页
一	其他费用			7443.13		
1	建设用地费和赔偿费			7443.13		
1.1	建设用地费（永久征地）			7443.13	202.81 亩×36.7 万元/亩	
2	前期工作费			170.00		
2.1	可行性研究报告编制及评估费			150.00	合同价	
2.2	林地可行性研究			20.00	合同价	
3	建设管理费			1070.52		
3.1	建设单位管理费			498.26	（工程费用－引进工程费＋进口设备货价×0.5）×费率	
3.2	建设工程监理费			502.48	中国石油天然气集团公司建设项目其他费用和相关费用规定	
3.3	设备监造费		0.6	29.92	中国石油天然气集团公司建设项目其他费用和相关费用规定	
3.4	建设单位健康安全环境管理费		8.0	39.86	中国石油天然气集团公司建设项目其他费用和相关费用规定	
4	专项评价及验收费			187.21		
4.1	环境影响评价及验收费			40.00	合同价	
4.2	安全预评价及验收费			30.00	合同价	
4.3	职业病危害预评价及控制效果评价费			32.56	中国石油天然气集团公司建设项目其他费用和相关费用规定	
4.4	水土保持评价及验收费			35.00	合同价	
4.5	节能评估费			13.02	中国石油天然气集团公司建设项目其他费用和相关费用规定	
4.6	危险性及可操作性 HAZOP 分析			36.63	中国石油天然气集团公司建设项目其他费用和相关费用规定	
5	勘察设计费			2195.62		

续表

其他费用计算表

建设项目名称：某市天然气安全储备库工程

设计单位名称：

序号	费用项目名称	费用计算基数	费率（%）	金额	计算公式	备注
5.1	勘察费			200.00	计价格〔2002〕10 号	
5.2	设计费			1995.62	计价格〔2002〕10 号	
5.2.1	基本设计费			1304.00		
5.2.2	非标设计费			456.90		
5.2.3	预算编制费			130.40	基本设计费×10%	
5.2.4	竣工图编制费			104.32	基本设计费×8%	
6	场地准备费和临时设施费			152.70	中国石油天然气集团公司建设项目其他费用和相关费用规定	
6.1	临时设施费		0.40	152.70	工程费用×临时设施费费率	
7	引进技术和进口设备材料其他费			20.05	中国石油天然气集团公司建设项目其他费用和相关费用规定	
7.1	进口设备材料国内检验费		0.4	20.05	CIF×外汇牌价×费率	
8	工程保险费		0.3	114.52	中国石油天然气集团公司建设项目其他费用和相关费用规定	
9	联合试运转费		0.5	110.37	中国石油天然气集团公司建设项目其他费用和相关费用规定	
10	特殊设备安全监督检验标定费			150	估列	
10.1	特殊设备安全监督检验费			50		
10.2	标定费			100		
11	超限设备运输特殊措施费			200	参考类似工程估列	
12	施工队伍调遣费		0.75	165.56	中国石油天然气集团公司建设项目其他费用和相关费用规定	
13	专利及专有技术使用费			500.00	参考类似工程	
14	生产准备费			194.40	中国石油天然气集团公司建设项目其他费用和相关费用规定	

其他费用计算表

设计单位名称			建设项目名称：某市天然气安全储备库工程		概算编号：算一＊＊＊＊ 设计阶段：初步设计 金额单位：万元 共3页　第3页	
序号	费用项目名称	费用计算基数	费率（％）	金额	计算公式	备注
14.1	生产人员提前进场费			114.00		
14.2	生产人员培训费			42.00		
14.3	工具器具及生产家具购置费			12.80		
14.4	办公及生活家具购置费			25.60		
	小计			12674.08		
二	预备费				中国石油天然气集团公司建设项目其他费用和相关费用规定	
1	基本预备费			2286.10		
1.1	基本预备费国产部分		5.00	2222.02	（工程费用＋其他费用－引进工程费）×费率	
1.2	基本预备费引进部分		1.00	64.08	引进工程费×费率	
	小计			2286.10		
三	应列入总投资中的几项费用					
1	铺底流动资金			2645.7		
2	10kV外电线路			550.00		
	小计			3195.70		
	合计			18155.88		

编制人：　　　　　　校对人：　　　　　　审核人：

表4-5-24　某市天然气安全储备库工程总概算表

总概算表

概算编号：算-＊＊＊＊＊
设计阶段：初步设计
金额单位：万元
共4页　第4页

建设项目名称：某市天然气安全储备工程

设计单位名称：

序号	概算编号	工程项目或费用名称	设计规模或主要工程量	设备购置费	安装工程费		建筑工程费	其他费用	合计	其中：外币（万美元）	占总投资比例（%）
					主要材料费	安装费					
Ⅰ		概算总投资（Ⅰ+Ⅱ+Ⅲ+Ⅳ）						18155.88	56330.14		
		第一部分　工程费用		16099.41	4947.69	5210.77	11916.39				
1	综1	0100 总图					7687.01		7687.01		
2	综2	1200 脱碳装置		716.31	224.05	306.88	103.75		1350.99		
3	综3	1300 脱水脱汞装置		472.68	121.14	120.39	38.94		753.15		
4	综4	1400 液化装置		4002.02	379.79	426.40	317.00		5125.21		
5	综5	1500 冷剂存储装置		317.09	62.66	75.61	44.05		499.41		
6	综6	1600 闪蒸气增压装置		316.65	65.28	77.89	31.24		491.06		
7	综7	2100 LNG 储罐区		3989.06	1308.15	1403.79	955.88		7656.88		
8	综8	2200 LNG 装卸设施		492.36	136.85	123.13	123.39		875.73		
9	综9	2300 LNG 气化装置		1639.95	107.26	124.82	52.11		1924.14		
10	综10	2400 火炬及放空系统		371.85	25.33	80.74	41.60		519.52		
11	综11	2500 空氮站		244.91	28.57	52.95	212.41		538.84		
12	综12	2600 分析化验室		464.34	42.04	4.89	4.80		516.07		
13	综13	2700 燃料气系统		19.26	12.28	20.88	18.76		71.18		
14	综14	2800 全厂工艺及热力系统管道			1138.42	780.39	284.17		2202.98		
15	综15	3100 生产调度楼（含中央控制室）		543.53	26.03		550.20		1119.76		
16	综16	3200 库房及维修车间		81.26	0.31		32.40		113.97		

石油工程造价管理

总概算表

概算编号：算一-*****
设计阶段：初步设计
金额单位：万元
共4页 第4页

建设项目名称：某市天然气安全储备库工程

序号	概算编号	工程项目或费用名称	设计规模或主要工程量	设备购置费	安装工程费 主要材料费	安装工程费 安装费	建筑工程费	其他费用	合计	其中：外币	占总投资比例（%）
		设计单位名称									
17	综17 3300	大门		1.56		1.04	33.28		35.88		
18	综18 3400	综合楼		51.69	22.63	23.33	737.20		834.85		
19	综19 3500	生产、消防给水站		287.59	85.25	344.33	525.11		1242.28		
20	综20 3600	循环冷却水系统		399.80	52.95	46.80			499.55		
21	综21 3700	废水处理装置		59.07	81.73	66.44			207.24		
22	综22 3800	全厂给排水及消防管网系统		319.52	34.80	263.54			617.86		
23	综23 3900	供配电系统		626.71	870.22	356.28	23.45		1876.66		
24	综24 4100	通信系统		367.15	142.10	264.82			774.07		
25	综25 4200	供热系统		221.05	6.19	37.10	99.64		363.98		
26	综26	车辆		94.00					94.00		
27	综27	其他				181.99			181.99		
		小计		16099.41	4947.69	5210.77	11916.39		38174.26		
Ⅱ		第二部分其他费用									
28		建设用地费和赔偿费						7443.13	7443.13		
29		前期工作费						170.00	170.00		
30		建设管理费						1070.52	1070.52		
31		专项评价及验收						187.21	187.21		
32		勘察设计费						2195.62	2195.62		
33		场地准备费和临时设施费						152.70	152.70		
34		引进技术和进口设备材料其他费						20.05	20.05		

续表

概算编号：算-****　设计阶段：初步设计　金额单位：万元　共4页 第4页

建设项目名称：某市天然气安全储备库工程

设计单位名称

总概算表

序号（概算编号）	工程项目或费用名称	设计规模或主要工程量	设备购置费	安装工程费		建筑工程费	其他费用	合计	占总投资比例（%）其中：外币
				主要材料费	安装费				
35	工程保险费						114.52	114.52	
36	联合试运转费						110.37	110.37	
37	特殊设备安全监督检验标定费						150.00	150.00	
38	超限设备运输特殊措施费						200.00	200.00	
39	施工队伍调遣费						165.56	165.56	
40	专利及专有技术使用费						500.00	500.00	
41	生产准备费						194.40	194.40	
	小计						12674.08	12674.08	
III	第三部分预备费								
42	预备费国产部分5%						2222.02	2222.02	
43	预备费引进部分1%						64.08	64.08	
	小计						2286.10	2286.10	
IV	第四部分应列入总投资中的几项费用								
44	10kV外电线路						550.00	550.00	
45	铺底流动资金						2645.70	2645.70	
	小计						3195.70	3195.70	
	合计		16099.41	4947.69	5210.77	11916.39	18155.88	56330.14	

编制人：　　　　校对人：　　　　审核人：　　　　审定人：

第五章　建设项目实施阶段造价控制

第一节　建设工程招投标

建设工程招投标又分为建设工程招标及建设工程投标两个内容，他们分别代表不同的主体参加建设工程的活动行为。

一、建设工程招标

（一）建设工程招标概念

建设工程招标是指法人单位依据特定程序，邀请潜在的投标人依据招标文件参加竞争，从中评定符合全面完成工程项目建设的优秀承建单位，并与之达成协议的经济法律活动。

（二）建设工程招标方式

1. 公开招标

依照《中华人民共和国招标投标法》规定是指招标人以招标公告的方式邀请不特定的法人或者其他组织投标。《中华人民共和国招标投标法》规定的公开招标的含义有两项重要内容：一是招标人以招标公告的方式邀请投标；二是邀请投标的对象是不特定的法人或者其他组织。公开招标可划分为 3 个阶段：招标准备阶段，招标阶段，开标、评标和定标阶段。依据《中华人民共和国招标投标法》的规定，招标人采用公开招标方式的，应当发布招标公告。国有资金占控股或者主导地位的依法必须进行招标的项目，应当公开招标。

2. 邀请招标

指招标人以投标邀请书的方式邀请特定的法人或者其他组织投标。邀请招标同公开招标相比有两点不同：一是邀请招标是以投标邀请书的方式邀请投标，而不像公开招标那样以招标公告的方式邀请投标；二是邀请投标的对象是特定的法人或者其他组织，而公开招标则是向不特定的法人或者其他组织邀请投标。

根据中华人民共和国国务院令第 613 号《中华人民共和国招标投标法实施条例》，采用邀请招标方式的项目一般有以下几种：

（1）技术复杂、有特殊要求或者受自然环境限制，只有少量潜在投标人可供选择。

（2）采用公开招标方式的费用占项目合同金额的比例过大。

（三）招标程序

1. 招标公告与投标邀请书

（1）招标公告是指采用公开招标方式的招标人（包括招标代理机构）向所有潜在的投标人发出的一种广泛的通告。

（2）《中华人民共和国招标投标法》关于招标公告的传播媒介的规定。招标信息的公布可以凭借报刊、广播等形式进行。招标人采用公开招标方式的，应当发布招标公告，依法必须进行招标项目的招标公告，应当通过国家指定的报刊、信息网络或者其他媒介发布。

（3）投标邀请书是指采用邀请招标方式的招标人，向 3 个以上具备承担招标项目的能力、资信良好的特定的法人或者其他组织发出的投标邀请的通知。

2. 资格预审

资格预审是指在投标前对潜在投标人进行的资质条件、业绩、信誉、技术、资金等方面情况进行资格审查，认定合格后的潜在投标人得以参加投标。一般来说，对于大中型建设项目、"交钥匙"项目和技术复杂的项目，资格预审程序是必不可少的。

3. 编制和发售招标文件

《中华人民共和国招标投标法》规定：招标人应当根据招标项目特点和需要编制招标文件，招标文件应当包括招标项目的技术要求、对投标人资格审查的标准、投标报价要求和评标标准等实质性要求和条件以及拟签订合同的主要条款。国家对招标项目的技术、标准有规定的，招标人应当按照其规定在招标文件中提出相应要求。招标项目需要划分标段、确定工期的，招标人应当合理划分标段、确定工期，并在招标文件中载明。

4. 开标、评标和中标

开标时，由投标人或者其推选的代表检查投标文件的密封情况，也可由招标人委托的公证机构检查并公证，经确认无误后，由工作人员当众拆封，宣读投标人名称、投标价格和投标文件的其他主要内容。在中标人确定后，招标人应当向中标人发出中标通知书，并同时将中标结果通知所有未中标的投标人。

5. 合同订立的时间与形式

招标人和中标人应当自中标通知书发出之日起 30 日内，按照招标文件和中标人的投标文件订立书面合同，双方不得再行订立背离合同实质性内容的其他协议。

二、建设工程投标

（一）建设工程投标概念

建设工程投标是指承建单位依据有关规定和招标单位拟定的招标文件参与竞争，预期取得建设工程项目任务，以图与建设工程项目法人单位达成协议的经济法律活动。投标人是响应招标、参加投标竞争的法人或者其他组织。

（二）投标人的资格要求

投标人应当具备承担招标项目的能力，就建筑企业讲，这种能力主要体现在有不同的资质等级的认定上，如工程施工总包企业资质等级分为特级、一级、二级、三级；施工专业承包企业资质等级分为一、二、三级。

（三）投标

投标文件的编制是一个复杂的过程，包括调查研究、收集投标信息和资料、建立投标小组、准备资格审查材料、开具投标保函、现场踏勘及按照招标文件要求编制投标文件等。

第二节　工程合同价格形式

《建设工程施工合同（示范文本）》（GF-2013-0201）规定，发包人和承包人应在合同协议书中选择以下几种合同价格形式中的一种形式。

一、单价合同

单价合同是指合同当事人约定以工程量清单及其综合单价进行合同价格计算、调整和确认的建设工程施工合同，在约定的范围内合同单价不作调整。

合同当事人应在专用合同条款中约定综合单价包含的风险范围和风险费用的计算方法，并约定风险范围以外的合同价格的调整方法，其中因市场价格波动引起的调整按约定执行。

二、总价合同

总价合同是指合同当事人约定以施工图、已标价工程量清单或预算书及有关条件进行合同价格计算、调整和确认的建设工程施工合同，在约定的范围内合同总价不作调整。合同当事人应在专用合同条款中约定总价包含的风险范围和风险费用的计算方法，并约定风险范围以外的合同价格的调整方法，其中因市场价格波动引起的调整按约定执行。

三、其他价格形式

合同当事人可在专用合同条款中约定其他合同价格形式。

第三节　建设工程价款结算

一、工程预付款及计算

工程预付款是建设工程施工合同订立后，由发包方按照合同约定，在正式开工前预先支付给承包人的工程款。它是施工准备和所需材料、结构件等流动资金的主要来源，又称为预付备料款。

工程预付款额度，不同地区部门的规定不同，主要由以下两种方式来确定。

（一）在合同条件中约定

发包方根据工程特点、工期长短、市场行情和供求规律等因素，招标时在合同条件中约定工程预付款的比例（一般为合同价的 10%~15%）预先支付给承包人。现在的工程一般都采用这种预付款方式。

（二）公式计算法

这种方法主要是根据主要材料占年度承包工程总价的比重、材料储备定额天数和年度施工天数等因素，通过公式计算预付备料款额度的一种方式。

其计算公式：

工程预付款数额＝工程总价×材料比重（％）×材料储备定额天数/年度施工天数

工程预付款比率＝工程预付款数额÷工程总价×100%

式中年度施工天数按规定 365 天计算；材料储备定额天数由当地材料供应的在途天数、加工天数、整理天数、供应间隔天数和保险天数等因素决定。

二、工程进度款的计算

工程进度款的计算，主要涉及两个方面的内容：工程量的计量和单价的计算。

（一）工程计量

根据设计文件及承包合同中关于工程计量的规定，承包人对完成的质量合格的工程数量进行计量，项目监理机构对承包商申报的工程量进行核验。经过项目监理机构计量所确定的数量是向承包商支付任何款项的凭证。

（二）工程单价的计算

单价的计算主要有两种方法：工料单价法与综合单价法。

工料单价法是指单位工程分部分项的单价按现行计价定额的人工、材料和机械的消耗量及预算价格确定，其他直接成本、间接成本、利润和税金等按现行计算方法计算。

综合单价法是指完成一个规定计量单位的分部分项工程量清单项目或措施清单项目所需的人工费、材料费，施工机械使用费和企业管理费与利润，以及一定范围内的风险费用。一般按招标文件与签订的合同对单价的约定与经过监理确认的工程量来进行支付。

三、工程变更费用的计算

工程项目由于工期长、规模大、影响因素多以及设计文件、招标文件或合同文件的不完善，导致工程实施时工程量的变化与费用的变化。工程变更有可能使项目费用超出原来的合同价格甚至是预算投资，给承发包人造成经济损失，从而引进索赔与反索赔的问题。

工程变更价款是工程最终结算价的构成部分，其确定方法在《建设工程施工合同（示范文本）》（GF-2013-0201）通用条款中约定如下：

（1）已标价工程量清单或预算书有相同项目的，按照相同项目单价认定。

（2）已标价工程量清单或预算书中无相同项目，但有类似项目的，参照类似项目的单价认定。

（3）变更导致实际完成的变更工程量与已标价工程量清单或预算书中列明的该项目工程量的变化幅度超过15%的，或已标价工程量清单或预算书中无相同项目及类似项目单价的，按照合理的成本与利润构成的原则，由合同当事人按照商定或确定的方式确定变更工作的单价。

经双方协商同意的设计变更，应由双方代表签字；涉及设计变更的内容，还必须有设计单位的代表签字，作为今后工程价款结算的依据。

【例5-1】某站场工程应业主要求新增避雷针塔，由于原工程中没有同种型号的避雷针塔，但在其他站场中有类似避雷针塔，因此，根据上述第二种方式参考类似价格的计算方式来计算变更合同价款，详见表5-3-1。设备及安装工程概算见表5-3-2，费用见表5-3-3。

表5-3-1 设计更改单（首页）

Q/SY SJ1.21B—2009-2-02　　　　　　　　　　　　　编号：S2013-×××-BG-003

送达单位	××油气田分公司输气管理处		发送日期	2013-11-2	
项目名称	×××工程	档案号	电-×××	项目号	S2013-×××
更改原因： 　由于业主提出×××站统一考虑装置区的避雷针防雷保护，兹提出对×××站避雷针的防雷、接地及避雷针塔上的照明进行变更（内容见附件）					
客户确认	×××		确认日期	2013-11-2	
变更内容： 　（1）增加1座避雷针及铁塔，电-×××/1按修改后图纸进行施工，详见电-×××（改）； 　（2）避雷针2的铁塔上的投光灯电缆引接见附图。 　具体工程量详见附表					
更改是否会对安全和环境增加新的风险	否				
费用变化（元）	此变更单导致工程费用增加155964.97元 　　　　　　　　　　　　经济专业：×××				
会签专业	×××				
更改人	审核人	审定人		项目经理	
×××	×××	×××		×××	

石油工程造价管理

表5-3-2 设备及安装工程概算表

设备及安装工程概算表

×××设计公司

单项工程名称：×××站　　概算编号：S2013-×××-BG-003

单位工程名称：新增避雷针　　设计阶段：设计变更

金额单位：元

共1页 第1页

序号	定额编号	分部分项工程名称	单位	数量	材质	重量(t) 单重	重量(t) 总重	单价(元) 设备购置费	单价 主要材料费	单价 基价	单价 其中 人工费	单价 其中 材料费	合价(元) 设备购置费	合价 主要材料费	合价 安装费	合价 其中 人工费	合价 其中 材料费
		分部分项工程															
1	9-3162	独立避雷针塔有照明台35m	基	1						28955	3481	24898			28955	3481	24898
2		补优化避雷针价差	套	1				105211					105211				
3	9-3128	角钢接地极制作安装	根	4						73	12	57			292	48	228
		分部小计						105211					105211		29247	3529	25126
		合计						105211					105211		29247	3529	25126
		1 人工费调增86.58%													3055		
		2 材料费调增4%													1005		
		3 机械费调增26%													154		
		共计													4214		
		1 国内设备运杂5%											5261				
		共计											5261				
		合计											110472		33461	3529	25126

表 5-3-3　费用表　　　　　　　　　　　　　　　　　　　元

单位工程编号：S2013-×××-BG-003　　　　　　　　　　　　第1/1页

序号	费用名称	计算公式	费率（%）	金额（元）	备注
1	一　直接费			35107.46	
2	（一）直接工程费			33461.37	
3	1 人工费			6584.41	
4	2 材料费			26131.04	
5	3 施工机械使用费			745.92	
6	4 主材费				
7	（二）措施费			1646.09	
8	5 健康安全环境施工保护费	人工费×费率	9.500	625.52	
9	6 临时设施费	人工费×费率	6.900	454.32	
10	7 夜间施工费	人工费×费率	2.000	131.69	
11	8 二次搬运费	人工费×费率	0.700	46.09	
12	9 生产工具用具使用费	人工费×费率	1.700	111.93	
13	10 工程定位复测、工程点交、场地清理等费用	人工费×费率	0.300	19.75	
14	11 冬雨季施工增加费	人工费×费率	3.900	256.79	
15	12 大型机械进出场及安拆费				
16	13 特定条件下计取的费用				
17	13.1 特殊地区施工增加费	（人工费+施工机械使用费）×费率			
18	13.2 工程排污费				
19	二　间接费	（一）+（二）		7209.93	
20	（一）规费	人工费×费率	37.000	2436.23	
21	（二）企业管理费	人工费×费率	72.500	4773.70	
22	三　利润	人工费×费率	25.000	1646.10	
23	四　税金	（一+二+三）×税率	3.480	1529.93	
24	五　设备费			110471.55	
25	六　总造价	（一+二+三+四+五）		155964.97	

四、工程索赔计算

索赔费用的主要组成部分与工程款的计价内容相似。索赔的分类方法有多种，现主要介绍两种，即承包人的索赔与发包人的索赔。承包人的索赔通常是指承包商向业主提出的，为了取得经济补偿或工期延长的要求而提出的索赔。发包人的索赔是由业主向承包商提出的索赔，如由于承包商的原因造成进度拖延而引进的工期索赔等。这里重点介绍承包人索赔的计算方法。

（一）实际费用法

实际费用法是工程索赔计算时最常用的一种方法。这种方法是以承包商为某项索赔工作所支付的实际开支为依据，向业主要求费用补偿。

【例5-2】在某线路工程施工中，由于2013年洪水造成线路施工过程中多处塌陷，承包单位重复开挖大量土石方工作，因此承包单位针对该重复工作量进行了费用与工期索赔。施工方依据施工承包合同对重复工作量进行索赔计算。在施工合同中约定，线路工程土石方单价按20元/m^3计算，初步估计工程量为25000m^3，如果实际工程量超过估计工程量5%时，调整单价为18元/m^3，实际完成的土石方量为35000m^3。

施工单位计算过程：

25000×1.05×20+（35000−25000×1.05）×18＝682500元

（二）总费用法

总费用法即总成本法，就是当发生多次索赔事件后，重新计算工程的实际总费用，然后扣除投标报价时的费用，即为索赔金额。这种方法一般不会采用，因为重新计算的费用中可能包含由于承包单位自身原因增加的费用。

（三）修正的总费用法

这种方法是对总费用法的改进，是在总费用计算的原则上，去掉一些不合理的因素，使其更合理。这种方法有了实质性的改进，它的准确程度已接近于实际费用法。

五、质量保证金

质量保证金又名保修金，是指承包单位按照国家或行业现行的有关技术、设计文件以及合同中对质量的要求，对已竣工验收的建设工程在规定的保修期限内，进行维修和返工等工作所发生的费用支出。保修金应按合同和有关规定合理确定和控制，一般为合同总价的 3%~5%。

六、工程价款主要结算方式

工程价款结算是指承包商在工程实施过程中，依据承包合同中关于付款条款的规定和已完成的工程量，按照规定程序向建设单位（业主）收取工程价款的一项经济活动。

它以双方签订的合同为依据，根据审核的工程量、工程变更单、索赔费用等实际发生的工程费用及工程量，向工程承包单位进行结算。工程价款结算主要有以下两种方式。

（一）按月结算

实行按月支付进度款，竣工后清算的办法。合同工期在两个年度以上的工程，在年终进行工程盘点，办理年度结算。

（二）分段结算

对于当年开工、当年不能竣工的工程，按照形象进度划分阶段支付工程进度款。

除上述两种方式外，发承包双方还可约定其他结算方式。

七、工程价款结算主要内容

工程价款结算主要包括竣工结算、分阶段结算、专业分包结算和合同中止结算。

（一）竣工结算

竣工结算是指一个建设项目或单项工程、单位工程全部竣工完工并经验收合格后，对所完成的工程项目进行的全面结算。

（二）分阶段结算

分阶段结算是一种工程价款的中间结算。按施工合同约定，工程项目按工程特征划分为不同阶段实施和结算。每一阶段合同工作内容完成后，经建设单位或监理人中间验收合格后，由施工承包单位在原合同分阶段价格的基础上编制调整价格并提交监理人审核签认。

（三）专业分包结算

专业分包结算是按照分包工程合同的约定，分包合同工作内容完成后，经总包单位、监理人对专业分包合同范围的工作内容进行验收，确认合格后，由分包单位在原分包合同造价的基础上编制调整价格并提交总包单位、监理人审核签认。专业分包结算也是一种工程价款的中间结算。

（四）合同中止结算

合同中止结算是指施工合同中止时已完成的合同工程内容，经监理人验收，确认合格后，由施工承包单位按原合同价格或合同约定的定价条款，参照有关计价规定编制合同中止价格，提交监理人审核签认。合同中止结算有时也是一种价款的中间结算，除非施工合同不再继续履行。

第四节　工程总承包费用控制

一、工程总承包的概念

工程总承包也称一揽子承包或交"钥匙"（Turn-Key）工程，简称 EPC（Engineering、Procurement、Construction），是指工程总承包企业按照合同约定，承担工程项目的设计、采购、施工、试运行服务等工作，并对承包工程的质量、安全、工期、造价全面负责，是我国目前推行总分包模式最主要的一种。

二、工程总承包的优势

工程总承包代表了现代西方工程项目管理的主流，是建筑工程管理模式（CM）和设计的完美结合，也是成功运用这种模式达到缩短工期、降低投资目的的典范。

这种管理模式的优点：对业主而言，管理简单，只需签订一份项目总承包合同，相应的协调组织工作量较小，总承包合同一经签订，项目总造价也就确定，有利于控制项目总投资，能做到项目各阶段的合理搭接，项目周期较短。

EPC 模式为我国现有工程建设模式的改革提供了新的变革动力。通过 EPC 工程公司的总承包，可以解决设计、采购、施工等环节中存在的突出矛盾。在 EPC 工程的项目管理中将设计阶段与采购工作相融合，或称采购纳入设计程序，在进行设计工作的同时，也开展了采购工作，设计工作结束时，采买工作也基本结束，可以缩短采购周期，提高采购质量，节省投资费用。在工程施工建设的实施阶段，EPC 工程公司利用自身的技术优势和管理优势，将专业的施工工作通过透明、公平的招标，分包给专业承包商实施，确保了工程质量，同时避免了工程中的浪费。在工程的试车及竣工阶段，EPC 工程公司凭借对项目整体系统的熟悉和强大的技术实力使试车工作顺利实施，避免了多家单位施工试车扯皮、难于竣工的问题。EPC 模式体现了对投资控制的龙头作用，贯穿了工程建设的始终，并且利益主体单位也只有一个，能够实现对项目投资的有效控制。由于 EPC 模式的上述特点和优势，成为越来越多的业主在建设项目时首选的实施模式。同时，提供 EPC 服务模式的工程公司也大量出现，尤其是以设计单位主导的 EPC 工程公司成为我国目前工程建设领域新的生力军。

三、工程总承包项目费用控制的原则

工程总承包项目费用控制的原则就是在不影响工程进度、质量、安全施工的条件下，使建设工程的费用不超出合同规定的费用范围，并尽可能获得高的效益。

四、工程总承包项目费用控制的依据

（1）工程总承包合同。

工程总承包合同对工程价格的调整、工程变更、索赔及工程价款的支付等均做了约定，因此是费用控制的依据之一。

（2）报价书与招标文件。

（3）费用计划。

费用控制的目的是实施经过优化的费用计划，所以费用计划是费用控制的依据之一。

（4）总体工程进度报告。

进度报告提供了各个时间段工程实际完成量、工程费用实际支付情况等重要信息，可以通过比较找出实际情况与计划在进度、费用上的偏差，并分析偏差产生的原因，从而采取相应的改进措施。

（5）工程变更指令和相关文件。

由于各方面的原因，工程变更是难以避免的。一旦出现工程变更，工程量、工期、费用支付等都将发生变化。

（6）施工索赔文件。

工程项目实施阶段会出现由各种原因导致的索赔。既有分包单位对总包单位的索赔，又有总包单位针对业主的索赔，这些索赔均会对工程费用造成影响。

（7）相关的法律、法规及政策等。

五、工程总承包项目费用控制的步骤

国际上先进的工程公司普遍采用"赢得值原理"（EVC-Earned Value Concept）对项目费用与进度进行综合管理与控制。能否采用赢得值原理进行项目管理和控制，已经成为衡量工程公司项目管理水平和项目控制能力的标志之一。

（一）赢得值原理

赢得值原理是指引入已完工作的预算值，用来对项目费用/进度进行综合评估。即在项目实施过程中任一时刻已完工作的预算值与该时刻工作任务的计划预算值进行对比，以评估和测算其工作进度，并将已完工作的预算值与实际资源消耗值作对比，以评估和测算其资源的执行效果。赢得值原理有3项基本参数：计划工作预算费用（Budgeted Cost for Work Scheduled，BCWS）、已完工作预算费用（Budgeted Cost for Work Performed，BCWP）、已完工作实际消耗费用（Actual Cost for Work Performed，ACWP）。其他检测参数均由这3个参数导出。

BCWS 简称计划值，是在指定的时间内按进度计划规定应当完成的任务所预料的费用（或人工时）。计划值 BCWS 是反映项目进度执行效果的参数。主要反映进度计划应完成的工作的预算费用。

BCWS＝计划工程量×计划单价

BCWP 即赢得值，是指项目实施过程中对执行效果进行检查时，对已完成的工作按预算结算的费用值。主要反映该合同计划实施的进展状况，将 BCWP 分别与 ACWP 和 BCWS 作对比，不仅能反映费用消耗情况，而且能反映当时的工作进度情况。因此，参数 BCWP 具有反映进度和费用执行效果的双重特性。

$$BCWP = 已完工程量 \times 计划单价$$

ACWP 简称实耗值，是指项目实施过程中对执行效果进行检查时，在指定时间内已完成任务实际花费的费用值（或人工时）。

$$ACWP = 已完工程量 \times 实际单价$$

通常我们所讲的 BCWS、BCWP 和 ACWP 均指累计值。在项目实施过程中，根据这 3 项参数，可以形成 3 条可供定量分析的曲线（图 5-4-1）。

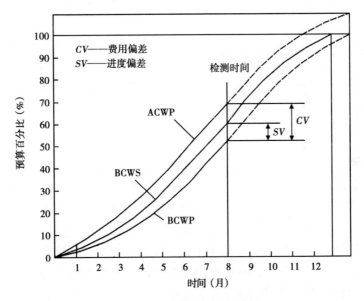

图 5-4-1　赢得值原理示意图

通过图中 BCWS、BCWP、ACWP 3 条曲线的对比，可以直观地综合反映项目费用和进度的进展情况。

（1）BCWP 与 BCWS 对比，由于两者均是以预算值作为计算基准，因此两者的偏差反映了项目进展的进度偏差。

$SV = BCWP - BCWS$

$SV = 0$，表示实际进度与计划进度相符。

$SV > 0$，表示实际进度比计划进度提前。

$SV<0$，表示实际进度比计划进度滞后。

（2）ACWP 与 BCWP 对比，由于两者均以已完工作量为计算基准，因此两者的偏差，反映了项目的费用偏差。

$CV=BCWP-ACWP$

$CV=0$，表示实际消耗费用与预算费用相符。

$CV>0$，表示实际消耗费用低于预算。

$CV<0$，表示实际消耗费用超过预算。

（二）工程总承包项目费用控制的步骤

1. 分析合同价格

总承包主合同签订后，费用控制工程师应对合同价格进行分析，详见图 5-4-2。

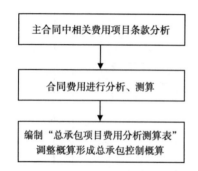

图 5-4-2　总承包项目费用控制步骤

首先，应认真分析主合同中相关费用项目条款，特别是合同价格明细、工程预付款和进度款支付及申请方式、变更签证等计价方式、定额标准的采用以及结算等相关条款。

其次，费用控制工程师对合同费用进行分析、测算、分解。对于采购部分计算出控制费用中的设备、材料总体采购费用，同时依据控制费用中设备材料价格水平结合近期类似已完工程的采购价及市场行情测算出项目采购总体预计成本和可能的盈亏率；对于施工费部分，根据施工分包的划分，将控制费用中相关施工费用进行分解，长输管道工程施工分包一般分为施工道路、无损检测、线路及站场施工、穿越工程（定向钻、隧道、跨越等）施工等，场站工程一般分为土建施工、管道安装施工、电仪安装工程和无损检测等。费用控制工程师依据分解的施工分包价结合近期类似已完工程的施工费用情况以及市场人工及机械费用水平测算出项目施工总体预计成本及可能的盈亏率；对于由总包方负责的协调赔偿等其他费用部分，应按控制费用相应项目结合类似工程协调赔偿费用发生情况测算出费用可能的盈亏率。在完成各项分析后，将采购、施工和协调赔偿等部分汇总形成"总承包项目费用分析测算表"（表 5-4-1），然后，制定目标费用分解及费用控制计划，如图 5-4-3 所示。

表5-4-1　××总承包项目费用分析测算表

（万元）

序号	概算编号	工程或费用名称	设备购置费	建筑工程费	安装费	其他费目	EPC费用估计	预计成本	预计利润	备注
	I	工程费用								
1	综1	站场工程	1880	520	917		3317	2895	422	设备、材料按10%~20%估列利润
2	综2	线路工程	2769	3454	10112		16335	15009	1326	设备、材料按10%~16%估列利润
3	综3	阀室	109	26	51		186	172	14	设备、材料按10%~17%估列利润
4	综4	穿跨越	39	56	60		155	155		措施费用较高，暂不估算利润
5	综5	伴行道路		726			726	581	145	
6	综6	其他		6	4		10	10		
		小计	4797	4788	11144		20729	18822	1907	利润率约9%
	II	第二部分　其他费用								
1		EPC管理费				551	551	551		现场管理成本较高，暂不估列利润
2		临时占地及各类赔偿				1882	1882	1882		依据现场情况及类似项目赔偿成本较高，暂不估列利润
3		房屋拆除赔偿费				554	554	654	−100	依据现场情况及类似项目赔偿成本较高，暂估亏损100万元
4		勘察测量费				474	474	474		勘察设计暂不估列利润
5		基本设计费				559	559	559		勘察设计暂不估列利润
6		非标设计费				26	26	26		勘察设计暂不估列利润
7		工程保险费				104	104	99	5	约5%优惠
8		施工队伍调遣费				144	144	72	72	暂按50%估计利润
9		联合试运转费				96	96	96		成本较高，暂不估列利润
10		锅炉及压力容器安装检验费				2	2	2		成本较高，暂不估列利润
11		场地准备及临时设施费				104	104	52	52	暂按50%估计利润
12		施工数据采集费				120	120	120		暂不估列利润
		小计				4616	4616	4587	29	
		建设项目概算总投资	4797	4788	11144	4616	25345	23409	1936	总利润率约8%

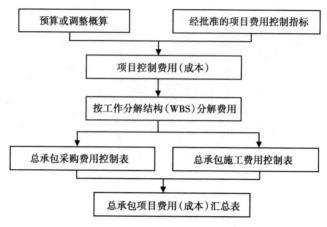

图 5-4-3　目标费用分解图

从图 5-4-3 可以看出通过目标费用分解制定出项目的控制成本，它可根据施工图设计及相关文件等编制预算后，结合经批准的项目费用控制指标形成或直接由概算结合经批准的项目费用控制指标调整形成。

项目控制费用（成本）确定后，按照 EPC 总承包合同的相关条款和关键里程碑要求，结合本工程的项目预算或调整后的控制概算，将项目控制目标费用进行分解（表 5-4-2），在分解项目控制费用时应按工程的工作分解结构（WBS）进行详细分解，分解的最小单位——工作包为可控制、可检查完成情况的最小工作单元，使项目的进度完成情况与费用情况密切相连。

表 5-4-2　控制目标费用分解　　　　　　　　　万元

工作名称（WBS）	预算值	进度日程预算（项目日历月）										
		1	2	3	4	5	6	7	8	9	10	11
A	400	100	200	100								
B	400		50	100	150	100						
C	550		50	100	250	150						
D	450			100	100	150	100					
E	1100					100	300	300	200	200		
F	600								100	100	200	200
月计	3500	100	300	400	500	500	400	300	300	300	200	200
累计		100	400	800	1300	1800	2200	2500	2800	3100	3300	3500

2. 费用控制计划的实施

在项目实施过程中，依据控制价对相应工作完成情况及费用支付情况进行控制（图5-4-4）。同时参照已发生的费用，采用赢得值原理分析费用的实施情况，同时预测项目费用变化趋势。

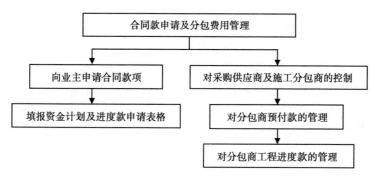

图 5-4-4　费用控制实施图

（1）资金计划及进度款申请。

项目进入实施阶段后，费用控制工程师应按主合同要求填报资金计划，一般按月以合同约定的方式报业主。采购资金计划由项目采购部依据采购计划填报，施工资金计划由项目施工部负责填报，费用控制工程师将采购和施工资金计划以及设计部提供的勘察设计完成情况汇总计算，形成项目资金计划。

费用控制工程师还应按主合同要求完成工程进度款申请资料的准备工作，申请资料一般包括形象进度报表、项目费用分解表和支持性文件资料等。形象进度报表及项目费用分解表中的项目划分应参照工作分解结构（WBS），将主合同费用按工作分解结构进行计算分解，计算出各项目的价格和权重。在填报申请资料时，由项目各部门依据实际完成情况填报各个报表中相应栏目并汇至费用控制工程师处，由费用控制工程师汇总完成申请报表。

（2）对采购供应商及施工分包商的控制。

费用控制工程师应参加采购和施工评标活动，对可能超过控制价的采购包应组织设计和采购等相关部门认真分析原因，通过增加报价厂商和优化设计方案等方法控制价格。

在施工分包过程中，应依据施工图预算或调整概算结合实际工程情况和施工分包市场价格等认真编制控制价，施工分包价格应严格控制在控制价内。

（3）对分包商预付款的管理。

对设备和材料供应商的预付款支付必须严格按采购合同的有关预付款支付条款进行支付，支付程序按采购管理相关程序进行。

对施工分包商的预付款支付须按合同有关条款支付，支付程序按施工管理相关程序进行。同时，对预付款的扣除也应执行合同中相关要求，如无具体约定且预付款金额较小时可在进度款拨付时一次性扣除，金额较大时可分多次在进度款拨付时扣除。

（4）对分包商工程进度款的管理。

EPC项目部对分包商的工程进度款支付须严格管理，除合同另有约定外一般按月进行支付。分包方须按月度提出付款申请工程量，该工程量必须是经现场监理部门核查确认的、已完成的合格工程量。费用控制工程师依据核实后的工程量及累计完成百分比计算工程应支付的进度款，并填写"总承包项目工程进度款支付计算表"。在计算进度款时应注意扣除预付款及质保金。

3. 变更费用的计算

费用控制工程师应严格执行合同关于变更的管理规定，按合同约定的变更计价方式，计算变更款项，并在变更单中填写相关费用情况。

4. 索赔费用的计算

费用控制工程师根据合同要求及相关文件，计算索赔费用，并收集相应支撑文件资料，编制索赔报告，向业主进行费用索赔。

5. 工程结算及最终付款

分包方应在EPC方要求的时间内向EPC方提交用于工程结算的各类文件。由施工部及相关技术人员核实工作内容，费用控制工程师根据合同约定及相关定额标准及文件对费用进行核算，出具工程结算书，经上级批准后办理工程结算及最终付款手续。

六、工程总承包项目费用控制的关键

工程总承包费用控制的关键就是在投资控制中，定期比较投资的实际值与目标值，找出实际支出额与投资控制目标值之间的偏差，分析产生偏差的原因，及时采取控制措施，最终保证投资控制目标的实现。

七、长输管道项目投资偏差分析案例

【例5-3】某长输管道工程施工合同于2012年2月签订，约定2012年3

月正式施工，至 2013 年 2 月底完工，约定合同工期为 12 个月。该项目施工 6 个月后，发现一些工序实际完成的工程量与原计划有偏差，实际单价根据合同约定也有所变动，计划的各工作项目单价和拟完成的工作量如表 5-4-3 所示。

表 5-4-3　计划工程量与实际工程量表

工作项目	管线扫线（km）	管沟土石方（$10^4 m^3$）	线路组焊下沟（km）	无损检测（焊口）	施工道路（km）
计划完成工程量（6 个月）	100	70	100	12000	30
计划单价（万元/单位）	2.5	20	18.5	10	25
实际完成工程量（6 个月）	100	50	70	8400	25
实际单价（万元/单位）	2.5	22	20	11	30

问题：请按施工进度计划编制资金使用计划（计算前 6 月和累计的 BCWS）。计算结果填入表 5-4-4 中。计算各工作前 6 月的 BCWP 与 ACWP。计算结果填入表 5-4-4 中。计算各工作的投资偏差与进度偏差，计算结果填入表 5-4-4 中。根据投资偏差与进度偏差，提示在后期施工过程中需注意的事项。

表 5-4-4　线路施工投资分析表

项目编码	001	002	003	004	005
项目名称	管线扫线（km）	管沟土石方（$10^4 m^3$）	线路组焊下沟（km）	无损检测（焊口）	施工道路（km）
一、计划完成工程量（6 个月）	100	70	100	12000	30
二、计划单价（万元/单位）	2.5	20	18.5	10	25
三、BCWS	250	1400	1850	120000	750
四、实际完成工程量（6 个月）	100	50	70	8400	25
五、BCWP	250	1000	1295	84000	625
六、实际单价（万元/单位）	2.5	22	20	11	30
七、ACWP	250	1100	1400	92400	750
八、SV	0	−400	−555	−36000	−125
九、CV	0	−100	−105	−8400	−125

注：BCWS=计划完成工程量×计划单价；BCWP=实际完成工程量×计划单价；ACWP=实际完成工程量×实际单价；SV=BCWP−BCWS；CV=BCWP−ACWP。

答：（1）将各工作计划完成工程量与单价相乘后，得到各工作每月的 BCWS。

（2）根据赢得值原理计算相应的 BCWP 与 ACWP。

（3）根据 $SV=BCWP-BCWS$，及 $CV=BCWP-ACWP$ 计算出进度及费用偏差。

（4）从表 5-4-4 中对于 $SV<0$、$CV<0$ 的管沟土石方、线路组焊下沟、无损检测及施工道路等工序表明实际进度比计划进度滞后，实际消耗费用超过预算。针对出现的投资与进度偏差，采取有针对性的措施，减少或避免相同原因的再次发生。

在进行偏差分析前，费控工程师应与财务、采购等相关部门紧密结合，就项目当前的费用情况和进度计划等进行对比与分析，找出费用偏差的原因，编写费用偏差及执行报告。

第六章　建设项目竣工决算

一、建设项目竣工决算的概念

根据财政部《关于印发〈基本建设财务管理若干规定〉的通知》（财基字〔1998〕4号）第三十九条规定："基本建设项目竣工时都应编制基本建设项目竣工财务决算。已编制单项工程竣工财务决算的，待建设项目全部竣工后应编制竣工财务总决算。"

项目竣工决算是指工程竣工验收交付使用阶段，由建设单位按照国家有关规定，编制的建设项目从筹建到竣工验收、交付使用全过程中实际支付的全部建设费用。竣工决算是以实物数量和货币指标为计量单位，综合反映竣工项目全部建设费用、建设成果和财务情况的总结性文件，是竣工验收报告的重要组成部分，竣工决算是正确核定新增固定资产价值，考核分析投资效果，建立健全经济责任制的依据，是反映建设项目实际造价和投资效果的文件。竣工决算是建设工程经济效益的全面反映，是整个建设工程的最终价格，是作为建设单位财务部门汇总固定资产、核定各类新增资产价值、办理其交付使用的依据。

竣工决算是工程造价管理的重要组成部分，做好竣工决算是全面完成工程造价管理目标的关键性因素之一。通过竣工决算，能正确反映建设工程的实际造价和投资结果，同时还可以通过与概算、预算对比分析，考核投资控制的工作成效，总结经验教训，积累技术经济方面的基础资料，提高未来工程建设的投资效益。

二、竣工决算的财务报表

竣工决算是建设工程从项目策划到竣工投产（或使用）全过程中的全部实际费用，包括设备工具器具购置费、建筑安装工程费和预备费等费用。竣工决算由竣工财务决算说明书、竣工财务决算报表、工程竣工图和工程竣工造价比较分析4个部分组成。其中竣工财务决算说明书和竣工财务决算报表属于竣工财务决算的内容，它是竣工决算的核心内容，是正确核算新增资产价值和反映竣工建设成果的文件，是办理固定资产交付使用手续的依据。

（一）竣工财务决算说明书

竣工财务决算说明书主要反映竣工工程建设成果和经验，是对竣工决算报表进行分析和补充说明的文件，是全面考核分析工程投资与造价的书面总结，是竣工决算报告的重要组成部分，其内容包括：

（1）建设项目基本概况与评价。从工程的进度、质量、安全和造价4个方面进行分析和说明。

（2）会计账务的处理、财产物资清理及债权债务的清偿情况。

（3）投资包干结余、基建结余资金等的上缴分配情况。

（4）主要经济技术指标的分析、计算情况。

（5）工程建设的经验及项目管理和财务管理工作以及竣工财务决算中有待解决的问题。

（6）决算与概算的差异和原因分析。

（7）需要说明的其他事项。

（二）竣工财务决算报表内容

建设项目竣工财务决算报表按大、中型基本建设项目和小型基本建设项目分别制定。大、中型基本建设项目是指经营性项目投资额在5000万元以上，非经营性项目投资额在3000万元以上的建设项目；在上述标准之下的为小型基本项目。

根据《关于印发〈基本建设项目竣工财务决算报表〉和〈基本建设项目竣工财务决算报表填制说明〉的通知》（财基字〔1998〕498号）规定，相关决算报表主要有如下6种。

1. 基本建设项目竣工财务决算审批表

表6-1-1作为竣工决算上报有关部门审批时使用，其格式按照中央级小

型项目审批要求设计的，地方级项目可按审批要求做适当修改，大、中、小型项目均要按照下列要求填报。

表6-1-1 基本建设项目竣工财务决算审批表

建设项目法人（建设单位）		建设性质	
建设项目名称		主管部门	
开户银行意见： 盖 章 年 月 日			
专员办（审批）审核意见： 盖 章 年 月 日			
主管部门或地方财政部门审批意见： 盖 章 年 月 日			

2. 大、中型基本建设项目概况表

表6-1-2综合反映大、中型项目的基本概况，内容包括该项目总投资、建设起止时间、新增生产能力、主要材料消耗、建设成本、完成主要工程量和主要技术经济指标，为全面考核和分析投资效果提供依据。

3. 大、中型基本建设项目竣工财务决算表

竣工财务决算表（表6-1-3）是竣工财务决算报表的一种，是用来反映建设项目的全部资金来源和资金占用情况，是考核和分析投资效果的依据。该表反映竣工的大中型基本建设项目从开工到竣工为止全部资金来源和资金运用的情况。它是考核和分析投资效果，落实结余资金，并作为报告上级核销基本建设支出和基本建设拨款的依据。在编制报表前，应先编制出项目竣工年度财务决算，根据编制出的竣工年度财务决算和历年财务决算编制项目的竣工财务决算。此表采用平衡表形式，即资金来源合计等于资金支出合计。

石油工程造价管理

表6-1-2　大、中型基本建设项目概况表

建设项目（单项工程）名称			建设地址				
主要设计单位			主要施工企业				
占地面积（平方米）	计划		总投资（万元）	设计	固定资产	流动资金	
	实际			实际	固定资产	流动资金	
新增生产能力	能力（效益）名称		设计		实际		
建设起止时间	设计		从　年　月开工至　年　月竣工				
	实际		从　年　月开工至　年　月竣工				
设计概算批准文号			建筑面积（m²）	设计		实际	
完成主要工程量	工程内容		设备（台、套、t）	投资额	设计	实际	完成时间
收尾工程							

项目	概算	实际	主要指标
基建支出（万元）			
建筑安装工程			
设备工具器具待摊投资			
其中：建设单位管理费			
其他投资			
待核销基建支出			
非经营项目转出投资			
合计			

主要材料消耗（万元）	名称	单位	概算	实际	主要指标
	钢材	t			
	木材	m³			
	水泥	t			

主要技术经济指标

表 6-1-3　大、中型基本建设项目竣工财务决算表　　　　元

资金来源	金额	资金占用	金额
一、基建拨款		一、基本建设支出	
1. 预算拨款		1. 交付使用资产	
2. 基建基金拨款		2. 在建工程	
3. 进口设备转账拨款		3. 待核销基建支出	
4. 器材转账拨款		4. 非经营性项目转出投资	
5. 煤代油专用基金拨款		二、应收生产单位投资借款	
6. 自筹资金拨款		三、拨付所属投资借款	
7. 其他拨款		四、器材	
二、项目资本		其中：待处理器材损失	
1. 国家资本		五、货币资金	
2. 法人资本		六、预付及应收款	
3. 个人资本		七、有价证券	
三、项目资本公积		八、固定资产	
四、基建借款		固定资产原值	
五、上级拨入投资借款		减：累计折旧	
六、企业债券资金		固定资产净值	
七、待冲基建支出		固定资产清理	
八、应付款		待处理固定资产损失	
九、未缴款			
1. 未缴税金			
2. 未缴基建收入			
3. 未缴基建包干节余			
4. 其他未缴款			
十、上级拨入资金			
十一、留成收入			
合　　计		合　　计	

4. 大、中型基本建设项目交付使用资产总表

表6-1-4反映建设项目建成后新增固定资产、流动资产、无形资产和其他资产价值的情况和价值，作为财产交接、检查投资计划完成情况和分析投资效果的依据。小型基本建设项目不编制交付使用资产总表，直接编制"交付使用资产明细表"；大、中型基本建设项目在编制交付使用资产总表的同时，还需编制交付使用资产明细表。

表6-1-4　大、中型基本建设项目交付使用资产总表　　　　　元

序号	单项工程项目名称	总计	固定资产				流动资产	无形资产	其他资产
			建安工程	设备	其他	合计			
交付单位 盖　章　年　月　日					接收单位 盖　章　年　月　日				

5. 基本建设项目交付使用资产明细表

表6-1-5反映交付使用的固定资产、流动资产、无形资产和其他资产及其价值的明细情况，是使用单位建立资产明细账和登记新增资产价值的依据，是办理资产交接和接收单位登记资产账面的依据。大、中型和小型基本建设项目均需编制此表。编制时要做到齐全完整，数字准确，各栏目价值应与会计账目中相应科目的数据保持一致。

表6-1-5　基本建设项目交付使用资产明细表

单项工程名称	建筑工程			设备、工具、器具、家具						流动资产		无形资产		其他资产	
	结构	面积（m²)	价值（元）	名称	规格型号	单位	数量	价值（元）	设备安装费（元）	名称	价值（元）	名称	价值（元）	名称	价值（元）
交付单位 盖　章　　　年　月　日						接收单位 盖　章　　　年　月　日									

6. 小型基本建设项目竣工财务决算总表

表6-1-6主要反映小型基本建设项目的全部工程和财务情况。由于小型基本建设项目内容较简单，因此可将工程概况与财务情况合并编制一张竣工财务决算总表。

表 6-1-6　小型基本建设项目竣工财务决算总表

建设项目名称								资金来源		资金运用	
								项　目	金额(元)	项　目	金额(元)
建设项目名称	建设地址							一、基建拨款		一、交付使用资产	
初步设计概算批准文号								其中：预算拨款		二、待核销基建支出	
占地面积	计划							二、项目资本		三、非经营项目转出投资	
	实际							三、项目资本公积		四、应收生产单位投资借款	
总投资(万元)		计　划		实　际				四、基建借款		五、拨付所属投资借款	
		固定资产	流动资金	固定资产	流动资金			五、上级拨入借款		六、器材	
设　计								六、企业债券资金		七、货币资金	
实　际								七、待冲基建支出		八、预付及应收款	
新增生产能力	名称	能力(效益)						八、应付款		九、有价证券	
建设起止时间	计划	从　年　月开工至　年　月竣工						九、未交款		十、固定资产	
	实际	从　年　月开工至　年　月竣工						其中：未交基建收入			
基建支出	项　目	概算(元)		实际(元)				未交包干节余			
	建筑安装工程							十、上级拨入资金			
	设备、工具、器具							十一、留成收入			
	待摊投资										
	其中：建设单位管理费										
	其他投资										
	待核销基建支出										
	非经营性项目转出投资										
	合　计							合　计		合　计	

以上竣工决算报表的填写根据《关于印发〈基本建设项目竣工财务决算报表〉和〈基本建设项目竣工财务决算报表填制说明〉的通知》（财基字〔1998〕498号）中报表填制说明的要求进行填写。

三、建设工程竣工图

竣工图就是在竣工的时候按照施工实际情况画出的图纸，因为在施工过程中难免有修改，为了让建设单位能比较清晰地了解土建工程、站场工艺工程、电气安装工程、给排水工程中管道的实际走向和其他设备的实际安装情况，国家规定在工程竣工之后施工单位必须提交竣工图。竣工图的反馈，不同于设计图，它能最真实、准确、系统地反映工程实体，它就像工业产品的说明书。由于建筑工程隐蔽部位较多，不能像有些机械、仪表产品那样，使用过程中有什么问题，可以拿来给技术人员看看，也可以拆开检查维修，这些常常是建筑工程所办不到的，要解决问题就只得靠竣工图及竣工资料。因此，在对建筑工程和地下设施科学管理中，以及工程竣工后的设备保养和维护，竣工图就显得十分重要。

国家规定：各项新建、扩建、改建的基本建设工程，特别是基础、地下建筑、管线、结构、井巷、桥梁、隧道、港口、水坝以及设备安装等隐蔽部位，都要编制竣工图。为确保竣工图质量，必须在施工过程中及时做好隐蔽工程检查记录，整理好设计变更文件。编制竣工图的形式和深度，应根据不同情况区别对待，其具体要求包括：

（1）凡严格按设计施工没有变动的，由承包人（包括总包和分包承包人，下同）在原施工图上加盖"竣工图"标志后，即作为竣工图。

（2）凡有一般性设计变更，但能将原施工图加以修改补充，能反映竣工实际的，可不重新绘制，由承包人负责在原施工图（必须是新蓝图）上注明修改的部分，并附以设计变更通知单和施工说明，加盖"竣工图"标志后，作为竣工图。

（3）凡结构形式改变、施工工艺改变、平面布置改变、项目改变以及有其他重大改变，不宜再在原施工图上修改、补充时，应重新绘制改变后的竣工图。由原设计原因造成的，由设计单位负责重新绘制；由施工原因造成的，由承包人负责重新绘图；由其他原因造成的，由建设单位自行绘制或委托设计单位绘制。承包人负责在新图上加盖"竣工图"标志，并附以有关记录和说明，作为竣工图。

（4）为了满足竣工验收和竣工决算需要，还应绘制反映竣工工程全部内容的工程设计平面示意图。

（5）重大的改、扩建工程项目，涉及原有的工程项目变更时，应将相关项目的竣工图资料统一整理归档，并在原图案卷内增补必要的说明，一起归档。

四、工程造价对比分析

由于竣工决算是综合反映竣工建设项目或单项工程的建设成果和财务情况的总结性文件，所以在竣工决算书中必须对控制工程造价所采取的措施、效果及其动态的变化情况及时进行认真的比较分析，从而总结经验教训，供以后项目参考。批准的概算是考核建设工程造价的依据。在分析时，可先对比整个项目的总概算，然后将建筑安装工程费、设备工具费、器具费和其他工程费用逐一与竣工决算表中所提供的实际数据和相关资料及批准的概算、预算指标、实际的工程造价进行对比分析，以确定竣工项目总造价是节约还是超支，并在对比的基础上，总结经验，找出节约和超支的内容和原因，提出改进措施。在实际工作中，应主要分析以下内容：

（1）主要实物量。对于实物工程量出入较大的情况，必须查明原因。

（2）主要材料消耗量。要按照竣工决算表中所列明的主要材料实际超概算的消耗量，查明是在工程的哪个环节超出量最大，再进一步查明超耗的原因。

（3）考核建设单位管理费、措施费和间接费的取费标准。建设单位管理费、措施费和间接费的取费标准要按照国家和各地的有关规定，根据竣工决算报表中所列的建设单位管理费与概预算所列的建设单位管理费数额进行比较，依据规定查明是否多列或少列的费用项目，确定其节约超支的数额，并查明原因。

第二节　竣工决算的编制

一、竣工决算的编制依据

竣工决算的编制依据主要有：

（1）经批准的可行性研究报告、投资估算书。

（2）初步设计或扩大初步设计，修正总概算及其批复文件。

（3）经批准的施工图设计及其施工图预算书。

（4）设计交底或图纸会审会议纪要。

（5）设计变更记录、施工记录或施工签证单及其他施工发生的费用记录，如索赔报告与记录、停（交）工报告等。

（6）招标控制价，承包合同、工程结算等有关资料。

（7）竣工图及各种竣工验收资料。

（8）历年基建计划、历年财务决算及批复文件。

（9）设备、材料调价文件和调价记录。

（10）有关财务核算制度、办法和其他有关资料。

二、竣工决算的编制要求

建设单位从项目筹建开始，即应明确专人负责，根据竣工决算报告要求的内容，做好有关资料的收集、整理、积累和分析工作。项目完建后，应组织工程技术、计划、财务、物资、统计等有关人员共同完成竣工决算报告的编制工作。具体编制要求如下：

（1）按照规定组织竣工验收，保证竣工决算的及时性。建设项目竣工后90天内建设单位应将审查通过的竣工决算按项目投资隶属关系上报主管部门。

（2）积累、整理竣工项目资料，保证竣工决算的完整性。从工程开始就按编制依据的要求，收集、整理、分析有关资料，做好建设项目档案资料的归集整理和财务处理。

（3）核实资金收支总额，保证竣工决算的正确性。工程竣工后，建设单位要认真核实各项交付使用资产的建设成本；做好各项账务、物资以及债权的清理结余工作，对各种结余的材料、设备、施工机械工具等，要逐项清点核实，妥善保管，按照国家有关规定进行处理不得任意侵占；对竣工后的结余资金，要按规定上缴财政部门或上级主管部门。

在完成上述工作，核实了各项数字的基础上，正确编制从年初起到竣工月份止的竣工年度财务决算，以便根据历年的财务决算和竣工年度财务决算进行整理汇总，编制建设项目决算。

竣工决算编制完成后需上报主管部门，主管部门和财政部门对报送的竣工决算审批后，建设单位即可办理决算调整和结束有关工作。

三、竣工决算的编制步骤

（1）收集、整理和分析原始资料。

（2）清理各项财务、债务和结余物资。

（3）对照、核实工程变动情况，重新核实各单位工程、单项工程造价。

（4）经审定的待摊投资、其他投资、待核销基建支出和非经营项目的转出投资应分别写入相应的基建支出栏目内。

（5）编制建设工程竣工决算说明。

（6）填写竣工决算报表。

（7）做好工程造价对比分析。

（8）清理、装订好竣工图。

（9）按国家规定上报审批，存档。

根据财政部《关于印发〈基本建设财务管理若干规定〉的通知》（财基字〔1998〕4号）第四十五条的规定："基本建设项目的竣工财务决算经开户银行签署意见后，按下列要求报批：中央级小型基本建设项目竣工财务决算报主管部门审批；中央级大、中型基本建设项目竣工财务决算报所在地财政监察专员办理机构签署意见后，由主管部门报财政部审批；地方级基本建设项目竣工财务决算由同级财政部门审批。"

四、新增资产价值的确定

工程项目竣工投入运营后，所花费的总投资应按会计制度和相关税法的规定，形成相应的资产。这些新增资产分为固定资产、无形资产、流动资产和其他资产四类。

（一）新增固定资产

新增固定资产价值的计算是以独立发挥生产能力的单项工程为对象的，当单项工程建成经相关部门验收合格后，正式移交生产使用，即应计算新增固定资产价值。它由以下几部分费用构成：

（1）第一部分工程费用，包括设备、工具器具购置费、建筑工程费和安装工程费。

（2）固定资产其他费用，主要包括建设用地费、建设单位管理费、勘察设计费、研究试验费、工程监理费、工程保险费、联合试运转费、引进技术和进口设备检验费等。

（3）预备费。

（4）融资费，包括建设期利息等。

（二）新增无形资产

无形资产是指能使企业拥有某种权利并能为企业带来长期的经济效益，但没有实物形态的资产。它包括商标权、专利权和专有技术等。

（三）新增流动资产

流动资产是指可以在一年内或超过一年的一个营业周期内变现或者运用的资产，依据概算核定的项目铺底流动资金，由建设单位直接移交使用单位。

（四）新增其他资产

其他资产是指具有专门用途，但不参加生产经营的经国家批准的特种物质，主要是指生产准备费及开办费等。

第七章 石油建设引进
工程估（概）算
编制办法

第一节 概　述

石油建设引进工程估（概）算是指引进成套设备、单机设备、材料或技术工程的项目估算和概算编制。

石油建设引进工程估（概）算分为引进部分和国内配套部分。国内配套部分的估（概）算按照本书第三章、第四章的相关规定编制。引进工程估（概）算组成内容和费用划分如下。

一、引进工程估（概）算总投资

引进工程估（概）算总投资由国外引进工程投资（包括引进技术、进口设备材料费用等）、国内配套工程投资（包括相应的公用工程、辅助生产工程、服务性工程、生活福利工程、厂外工程、总图工程）和其他费用、预备费、建设期投资贷款利息等全部投资组成。

编制者应了解引进方式和内容，如成套引进、单机引进、引进专利技术及关键设备。其中，单机引进的具体内容，如压缩机、泵、分析仪表等。

二、引进技术、进口设备材料费用及相关费用

（一）进口设备材料费

进口设备材料费包括设备材料、焊条、专用工具、化学药剂、催化剂、润滑油等费用。按单项工程分专业编制进口设备、材料货价及从属费用计算表。

（二）引进设备材料国内安装费

成套引进或单机引进工程安装费，按国内相似设备材料安装定额或指标

计算，其费用计算方法与国内工程相同。

（三）引进技术费

引进技术费包括国外工艺包费、设计及技术资料费、专利及专有技术使用费、技术保密费和技术服务费等。

（四）引进技术和进口设备材料其他费

其他费包括引进项目图纸翻译复制费、出国人员费用、来华人员费用、进口设备材料国内检验费。

三、引进工程费用支付方式

（一）以外币支付部分

外币部分按美元计列，其他外币统一折算成美元计算。外币部分包括货价、国外运输费和国外运输保险费等，并在概算表中折合为人民币。

人民币外汇牌价按概算编制期国家外汇管理局公布的外汇牌价确定，已签订合同的根据合同签订日期国家外汇管理局公布的外汇牌价确定。

（二）以人民币支付部分

（1）从属费用：指进口关税、进口环节增值税、银行财务费、外贸手续费等，从属费用列入工程费用的设备购置费或材料购置费中。

（2）国内运杂费：指引进设备和材料运抵我国到岸港口或与我国接壤的陆地交货地点到项目建设现场仓库或安装现场所发生的费用，列入工程费用中的设备材料购置费和相应的安装工程费。

（3）引进设备材料安装费。

（4）引进技术和进口设备材料其他费。

第二节　引进工程估（概）算计算方法

一、进口设备材料费及安装费的计算

（一）进口设备材料购置费的计算方法

进口设备材料购置费由进口设备材料货价、从属费用及国内运杂费组成。

进口设备材料货价按交货地点和方式的不同，主要分为离岸价（FOB）和到岸价（CIF）两种价格。

进口设备材料货价=外币金额（FOB）×人民币外汇牌价（中间价）

从属费用、国内运杂费按照集团公司《建设项目其他费用和相关费用规定》计算，进口设备材料的关税、增值税按照国家有关规定计算。

（二）进口设备材料购置费的构成和计算

1. 进口设备的交货方式

描述进口设备交货方式的术语称为贸易术语，又称价格术语，是国际贸易中定型化的买卖条件。它是在长期的国际贸易实践中产生的，用简明的语言或缩写字母来概括说明交货地点，买卖双方在责任、费用和风险上的划分以及构成商品价格基础的特殊用语。价格术语不等同于价格，它具有两重性：一方面表示交货条件，另一方面表示价格构成。

为避免或减少各国不同解释而出现的不确定性，国际商会制定了国际贸易术语解释通则（即 Incoterms，全称 International Rules for the Interpretation of Trade Terms）。最新的版本是 2011 年 1 月 1 日生效的《2010 年国际贸易术语解释通则》，即《Incoterms2010》。以下简要介绍进口设备购置费计算中最常用的两种术语 FOB 和 CIF。

1）FOB（Free On Board）——装运港船上交货

根据《Incoterms2010》的规定，"船上交货（指定装运港）"是指当货物在指定的装运港装上船，卖方即完成交货。这意味着买方必须从该点起承担货物灭失或损坏的一切风险。

（1）卖方责任：在合同规定的时间和装运港口，将合同规定的货物交到买方指派的船上并及时通知买方；承担货物在装运港装上船之前的一切风险和费用；自负风险和费用，取得出口许可证或其他官方批准证件，并且办理货物出口所需的一切海关手续；提交商业发票和自费提供证明卖方已按规定交货的清洁单据或具有同等作用的电子信息。

（2）买方责任：订立从指定装运港口运输货物的合同，支付运费，并将船名、装货地点和要求交货的时间及时通知卖方；根据买卖合同的规定受领货物并支付货款；承担受领货物之后所发生的一切风险和费用；自负风险和费用，取得进口许可证或其他官方证件，办理货物进口所需的海关手续。注意：投保并支付保险费并非买方的义务，但是为了回避货物在运输途中的风险，买方一般都要为了自己的利益投保。

（3）关于风险划分界限问题：《Incoterms2010》删除了船舷的概念，由

"装运港船舷为界"改为"货物在装运港被装上船为界"。实际业务中，卖方将货物安全装上船，取得"已装船清洁提单"。

单纯从技术上讲，在海轮不能直接靠岸的情况下，FOB不是离岸价。但为费用计算方便，通称为离岸价（FOB）。

2）CIF（Cost Insurance and Freight）——成本、保险费加运费

根据《Incoterms2010》的规定，成本、保险费加运费（指定目的港）是指当货物在装运港装上船，卖方即完成交货。卖方必须支付将货物运至指定目的港所需的运费，但交货后货物灭失或损坏的风险以及由于各种事件造成的任何额外费用即由卖方转移给买方。卖方还必须办理买方货物在运输途中灭失或损坏风险的最低险别的海运保险。

（1）卖方责任：签订从指定装运港承运货物的合同，在合同规定的时间和港口，将合同要求的货物装上船并支付至目的港的运费，装船后须及时通知买方；承担货物在装运港装上船之前的一切风险和费用；按照买卖合同的约定，自负费用办理水上运输保险；自负风险和费用，取得出口许可证或其他官方批准证件，并且办理货物出口所需的一切海关手续；提交商业发票和在目的港提货所用的通常的运输单据或具有同等作用的电子信息，并且自费向买方提供保险单据。

（2）买方责任：接受卖方提供的有关单据，受领货物，并按照合同规定支付货款；承担货物在装运港装上船之后的一切风险和除正常的运费和保险费以外的其他费用开支；自负风险和费用，取得进口许可证或其他官方证件，并办理货物进口所需的海关手续。

（3）关于风险划分界限问题：与FOB相同，由"装运港船舷为界"改为"货物在装运港被装上船为界"。

（4）关于保险问题：由卖方投保，货物发生承保范围内损失时，由买方向保险公司索赔；在合同的保险条款中，双方应明确规定保险险别、保险金额等内容；如果合同中没有明确规定，按照《Incoterms2010》的规定，卖方必须投保最低险别，如ICC（C），并且一般按CIF价的110%投保。

CIF是一种典型的象征性交货，按照《Incoterms2010》的规定，卖方只是负责按通常条件下习惯的航线、租用适当船舶将货物装运至指定目的港。只要卖方提交的单据合格，即使货物中途灭失损坏，也算卖方履行交货义务，买方见单后必须付款。从责任上讲，CIF不是到岸价，同样出于费用计算方便的考虑，通称为到岸价（CIF）。

2. 进口设备材料购置费的构成

进口设备的购置费由进口设备货价、进口从属费用及国内运杂费组成。进口设备的货价按交货地点和方式的不同通常分为离岸价（FOB）和到岸价（CIF）两种价格。进口设备的到岸价，即抵达买方边境港口或边境车站的价格。进口设备从属费用包括国外运输费、国外运输保险费、银行财务费、外贸手续费、进口关税、进口环节增值税等，进口车辆的还需要缴纳车辆购置税。

（1）进口设备采用离岸价（FOB），其设备购置费的构成为：

进口设备购置费=进口设备离岸价（FOB）+进口设备从属费用+国内运杂费

设备货价分为原币货价和人民币货价，原币货价一律折算为美元表示，人民币货价按原币货价乘以外汇市场美元兑换人民币汇率中间价确定。进口设备货价按有关生产厂商询价、报价、订货合同价计算。

（2）进口设备采用到岸价（CIF），其设备购置费的构成为：

进口设备购置费=进口设备到岸价（CIF）+进口设备从属费用中除国外运输费和国外运输保险费以外的费用+国内运杂费

3. 进口设备到岸价的构成

进口设备采用离岸价（FOB），其到岸价的构成为：

进口设备到岸价（CIF）=离岸价格（FOB）+国际运费+运输保险费

4. 从属费用

1）费用内容

从属费用包括国外运输费、国外运输保险费、进口关税、进口环节增值税、外贸手续费和银行财务费等。

2）计算方法

（1）国外运输费。

即从装运港（站）到达我国目的港（站）的运费。我国进口设备大部分采用海洋运输，小部分采用铁路运输，个别采用航空运输。进口设备国际运费计算公式为：

国外运输费=进口设备材料离岸价（FOB）

×人民币外汇牌价（中间价）×国外运输费费率

其中，运费率或单位运价参考有关部门或进出口公司的规定执行，石油建设工程的国外运输费费率一般为4.5%。

（2）国外运输保险费。

对外贸易货物运输保险由保险人（保险公司）与被保险人（出口人或进口人）订立保险契约，在被保险人交付议定的保险费后，保险人根据保险契约的规定对货物在运输过程中发生的承保责任范围内的损失给予经济上的补偿。这是一种财产保险。

$$
\begin{aligned}
国外运输保险费 = [&进口设备材料离岸价（FOB）\\
&\times 人民币外汇牌价（中间价）+国外运输费]\\
&\times 国外运输保险费费率
\end{aligned}
$$

其中，保险费费率按保险人与被保险人商定的进口货物保险费率计算。石油建设工程的国外运输保险费费率一般为 0.15%。

（3）进口关税。

关税是由海关对进出国境的货物和物品征收的一种税，属于流转性课税。软件不计算关税，硬件按下式计算：

$$
\begin{aligned}
进口关税 = &进口设备材料到岸价（CIF）\times 人民币外汇牌价（中间价）\\
&\times 进口关税税率
\end{aligned}
$$

进口关税税率按海关总署公布的税则规定执行。

（4）进口环节增值税。

增值税是我国政府对从事进口贸易的单位和个人，在进口商品报关进口后征收的税种。我国增值税条例规定，进口应税产品均按组成计税价格，依税率直接计算应纳税额，不扣除任何项目的金额或已纳税额。软件不计算增值税，硬件按下式计算：

$$
\begin{aligned}
进口环节增值税 = [&进口设备材料到岸价（CIF）\times 人民币外汇牌价（中间价）\\
&+进口关税]\times 增值税税率
\end{aligned}
$$

增值税税率为 17%。

（5）外贸手续费。

指按对外经济贸易部规定的外贸手续费率计取的费用，硬件、软件均按下式计算：

$$
\begin{aligned}
外贸手续费 = &进口设备材料到岸价（CIF）\times 人民币外汇牌价（中间价）\\
&\times 外贸手续费费率
\end{aligned}
$$

石油建设工程的外贸手续费费率一般为 1%。

（6）银行财务费。

指在国际贸易结算中，中国银行为进出口商提供金融结算服务所收取的费用。硬件、软件均按下式计算。

银行财务费＝进口设备材料离岸价（FOB）×人民币外汇牌价（中间价）
　　　　　　×银行财务费费率

石油建设工程的银行财务费费率一般为 0.15%。

5. 进口设备材料国内运杂费

进口设备材料国内运杂费是指从合同约定的我国到岸港口或我国接壤的陆地交货地点至施工现场所发生运输费、装卸费、包装费、采购管理费、保管费、运输保险费以及在港口所发生的费用等。进口设备材料国内运杂费费率及计算方法按第一章第七节的相关规定计算。

6. 进口设备购置费计算实例

【例 7-1】某项目拟从国外进口一套工艺设备，其硬件费为 1000 万美元（FOB），软件为 150 万美元，运输方式为海运，人民币兑换美元的外汇牌价均按 1 美元＝6.78 元计算，关税按 5% 计算，进口设备的国内运杂费率为 3%，求该设备购置费用是多少？可见表 7-2-1。

表 7-2-1　进口设备购置费费用计算表

序号	费用名称	计算公式	备注
1	货价	货价＝硬件、软件的离岸价（FOB）外币金额×外汇牌价 硬件货价＝1000 万美元×6.78 元＝6780 万元 软件货价＝150 万美元×6.78 元＝1017 万元	按编制日期的兑汇牌价
2	国外运输费	硬件国外运输费 ＝硬件货价×国外运输费率 ＝6780×4.5%＝305.1 万元	国外运输费率取 4.5% 软件不计国外运输费
3	国外运输保险费	硬件国外运输保险费 ＝［进口设备材料离岸价（FOB）×人民币外汇牌价（中间价）＋国外运输费］×国外运输保险费费率（硬件计算） ＝（6780+305.1）×0.15% ＝10.63 万元	海运保险费率常取 0.15% 软件不计国外运输保险费

石油工程造价管理

序号	费用名称	计算公式	备 注
4	进口关税	硬件进口关税 =（硬件货价+国外运输费+国外运输保险费）×关税税率 =硬件到岸价×关税税率 =（6780+305.1+10.63）×5% =354.79 万元	硬件按海关总署规定税率，软件不计关税
5	增值税	增值税 =（硬件到岸价+关税）×增值税率 =（6780+305.1+10.63+354.79）×17% =1266.59 万元	增值税率取 17% 软件不计增值税
6	银行财务费	银行财务费 =硬件、软件的货价×银行财务费率 =（6780+1017）×0.15% =11.70 万元	银行财务费率取0.15%
7	外贸手续费	外贸手续费=（硬件、软件到岸价）×外贸手续费率 =（6780+305.1+10.63+1017）×1% =81.13 万元	外贸手续费率取1%
8	进口设备的国内运杂费	进口设备的国内运杂费 =进口设备到岸价×进口设备的国内运杂费率 =（6780+305.1+10.63）×3%=212.87 万元	进口设备的国内运杂费率取3%
	设备购置费	设备购置费=货价+国外运输费+运输保险费+关税+增值税+外贸手续费+银行财务费+国内运杂费 =（6780+1017）+305.1+10.63+354.79 +1266.59+11.7+81.13+212.87 =10039.81 万元	

（三）进口设备材料安装费

进口设备材料安装费按照《石油建设安装工程概算指标》、《石油建设安装工程费用定额》计算，若进口设备材料安装费没有相应的概算指标套用或不具备直接套用概算指标条件的，可按设备材料货价乘以下列系数计算安装费（含综合取费）。

（1）压缩机 1.0%~1.5%；

（2）泵 0.5%~1.0%；

（3）静置设备 1.5%~2.0%；

（4）工艺管道 5.0%~8.0%；

（5）电气、仪表 2.0%~3.0%。

二、引进技术费用和其他费用的计算

（一）引进技术费用

1. 费用组成

引进技术费用包括国外工艺包费、设计及技术资料费、有效专利、专有技术使用费、技术保密费和技术服务费等。

2. 计算方法

引进技术费按专利使用许可协议或专有技术使用合同规定计算，凡合同规定在生产期支付的专利或专有技术使用费应在生产成本中核算。引进技术费还需另行计算外贸手续费和银行财务费两项费用。

引进技术费由货价和从属费用组成：

（1）货价：外币金额×人民币外汇牌价（中间价）。

（2）从属费用一般包括外贸手续费和银行财务费。其外贸手续费和银行财务费的计算方法与进口设备材料相同。

（二）引进技术和进口设备材料其他费

引进技术和进口设备材料其他费按照《建设项目其他费用和相关费用规定》计算，详见本书第一章第七节。

三、预备费及应列入估（概）算总投资中的几项费用

（一）预备费

1. 预备费的含义

详见本书第一章第七节。

2. 预备费的计算

基本预备费=（工程费用+其他费用）×基本预备费费率。

项目人民币部分和外币部分分别按不同的费率计算。石油建设项目基本预备费费率见表1-7-20。

项目外汇部分包括进口设备材料的货价和从属费用，不包括国外专利及专有技术使用费。

（二）建设期投资贷款利息

详见本书第一章第七节。

（三）固定资产投资方向调节税

详见本书第一章第七节。

（四）铺底流动资金

详见本书第一章第七节。

第三节　石油工程建设引进工程案例

引进估算、概算总投资由工程费用（包括国外引进工程费用和国内工程费用）和其他费用、预备费、建设期贷款利息、铺底流动资金等全部投资组成。

由于国内工程投资以及其他费用、预备费、建设期投资贷款利息的计算方法、费用划分与第四章案例基本相同，故本案例将重点说明国外引进部分投资的计算方法，其余部分的编制方法请参照第四章案例。

一、工程概况

（一）工艺路线

本工程系××天然气净化厂工程。由厂外来的原料天然气先进入脱硫装置脱除其所含的几乎所有的 H_2S 和部分 CO_2，从脱硫装置出来的湿净化天然气送至脱水装置进行脱水处理，脱水后的干净化天然气即产品天然气经输气管道外输至用户。从脱硫装置出来的酸气送至硫黄回收装置回收硫黄，硫黄送至硫黄成型装置冷却固化成型装袋后运至硫黄仓库堆放并销售。硫黄回收装置的尾气送至尾气焚烧炉焚烧后经烟囱排入大气。

（二）组成

工艺装置：包括原料天然气过滤分离装置、脱硫装置、脱水装置、硫黄回收装置。

辅助生产设施：包括硫黄成型装置（含装袋储存系统）、污水处理装置、火炬及放空系统、分析化验室、维修设施、库房及综合楼等。

公用工程：包括新鲜水系统、锅炉及锅炉给水设施、循环冷却水设施、空气氮气站、燃料气系统、供电系统、通信系统、消防系统等。

（三）主要工程量

本工程主要工程量由设计专业提供，见表7-3-1。

表7-3-1 主要工程量表

序号	项目名称	单位	数量	备注
一	工艺装置			
1	过滤分离装置	套	1	
2	脱硫装置	套	1	MDEA脱硫
3	脱水装置	套	1	TEG脱水
4	硫黄回收装置	套	1	CBA工艺
二	辅助生产设施			
1	硫黄成型装置	座	1	2列钢带成型机
2	污水处理装置	座	1	
3	火炬和放空系统	座	1	$DN450×50000$
		座	1	$DN200×50000$
4	分析化验室	座	1	
三	公用设施			
（一）	给排水			
1	取水泵房	座	1	
2	给水处理站	座	1	
3	厂外输水管道	km	15	
4	循环水装置（工艺装置用）	座	1	
5	循环水装置（硫黄成型用）	座	1	
（二）	供电			
1	净化厂35kV变电站	座	1	
2	外电线路	km	36	
3	取水泵房变电站	座	1	

序号	项目名称	单位	数量	备 注
4	倒班生活区变电站	座	1	
（三）	通信			
1	语音通信系统	套	1	
2	防爆扩音/对讲系统	套	1	
3	工业电视监视系统	套	1	
4	建筑综合布线系统	套	1	
5	周界安全防范系统	套	1	
6	火灾自动报警系统	套	1	
7	数据传输系统	套	1	
8	有线电视系统	套	1	
（四）	供热			
1	锅炉房	座	1	
2	化学水处理系统	套	1	
（五）	燃料气系统	套	1	
（六）	空气氮气站			
1	压缩空气	套	1	
2	氮气橇	套	1	
（七）	采暖通风及空调设施	套	1	
四	厂区总图工程			
1	土石方量（挖）	$10^4 m^3$	11.6	
2	土石方量（填）	$10^4 m^3$	11.6	
3	车行道路	m^2	15656	
五	厂区建筑面积	m^2	6300	
六	倒班生活区建筑面积	m^2	2988	

二、引进方式和内容

编制者应了解引进方式和内容，如成套引进、单机引进、引进专利技术及关键设备。单机引进的具体内容，如压缩机、泵、分析仪表等。

根据设计提供的资料，本案例是从国外引进技术，并引进主体装置的关键设备。

（一）从国外引进的技术

根据国家标准《大气污染物综合排放标准》（GB 16297—1996）、国家环

保局函［1999］48 号函件和正在审批中的《天然气净化厂污染物排放标准》
的有关要求，本工程总硫黄回收率应大于 99.2%，国内无相应技术能达到此
要求，本设计采用技术成熟可靠、应用较广泛、适合本工程特点的低温克劳
斯 CBA 硫黄回收工艺，以达到国家环保标准的要求。由国外公司提供 CBA 硫
黄回收工艺工艺包，国内完成初步设计和详细设计。

（二）从国外引进的主要设备

本工程的设备、材料采购立足国内，部分关键转动设备和阀门等从国外
引进，从国外引进的主要设备清单见表 7-3-2。

表 7-3-2　主要引进设备表

序号	设备名称及规格	单位	数量
一	过滤分离装置		
1	部分阀门		
二	脱硫装置		
1	贫/富液换热器	台	2
2	贫胺液循环泵	台	2
3	部分阀门		
三	脱水装置		
1	TEG 贫/富液换热器	台	2
2	部分阀门		
四	硫黄回收装置		
1	主风机	台	2
2	主燃烧炉燃烧器	台	1
3	三通切换阀	只	4
4	两通切换阀	只	3
5	催化剂	t	55.12
6	疏水阀	个	137
五	自控部分		
1	ESD 系统	套	1
2	DCS 系统	套	1
3	高温气动偏芯蝶阀	台	1
4	H_2S/SO_2 在线分析仪	台	1
5	尾气 SO_2 在线分析仪	台	1
6	微量水分在线分析仪	台	1
7	H_2S 在线分析仪	台	2

三、引进工程的计算

为方便使用，本案例按照概算编制程序分步骤介绍三级概算（单位工程概算、单项工程概算、总概算）编制方法。

本案例是以硫黄回收装置（引进工艺包）为例进行详细的分析，其余装置的概算编制请参照本装置案例进行计算。

单位工程概算根据单项工程中所属的每个单体按专业分别编制。为了简明扼要地说明引进工程概算的编制，下面仅以硫黄回收装置中两个单位工程——引进设备单位工程和工艺设备及安装单位工程的概算为例，说明引进工程的安装单位工程概算的编制。硫黄回收装置中其余的单位工程的概算编制请参照这两个单位工程进行计算。

（一）引进设备从属费用的计算

（1）设计提供的引进设备工程量。装置采用美国某公司许可的四级转化冷床吸附（Cold Bed Adsorption，CBA）工艺，设计硫回收率为 99.2%，硫黄产量约 45.4t/d。设有 1 套尾气焚烧炉—烟囱排放系统。装置引进美国某公司技术，除燃烧器、三通切换阀等关键设备和催化剂从国外引进外，其余均为国产（表 7-3-3）。

表 7-3-3　硫黄回收装置主要引进设备表

序号	设备名称及规格	单位	数量
一	工艺引进设备		
1	主风机	台	2
2	三通切换阀 DN400	个	4
3	两通切换阀 DN400	个	3
4	低温克劳斯专用催化剂	t	55.12
5	热动力式疏水阀 PN4.0 DN50	个	12
6	热动力式疏水阀 PN1.6 DN25	个	110
7	热动力式疏水阀 PN1.6 DN20	个	15
二	热工引进设备		
1	主燃烧炉烧嘴	套	1
三	自控引进设备		
1	高温气动偏芯蝶阀 PN1.6 DN250	个	1
2	H_2S/SO_2 分析仪	套	1
3	尾气 SO_2 在线分析仪	套	1

（2）根据设计提供的工程量对引进设备进行询价。

（3）了解或确定引进工程设备材料采购的结算方式，常用的结算方式有FOB 价和 CIF 价。经济人员根据设计人员提供的规格参数向设备制造商进行询价，根据厂家报价，本工程引进设备的厂家报价均为 FOB 价。

（4）确定外汇折算人民币的参数，计算费用时，首先确定引进工程规定采用的外汇币种并确定编制引进工程估（概）算时的人民币外汇牌价（中间价）。本案例美元兑人民币外汇牌价（中间价）取 6.7。

（5）了解项目是否享受减免关税、增值税、减免税的依据。本工程无税收优惠政策。

（6）根据以上条件计算从属费用，详见引进设备从属费用计算表 7-3-4 和表 7-3-5。

表 7-3-4　从属费计算表（FOB，含两税）

序号	费用名称	计算公式	费率	金额（元）	备注
1	外币金额			1 美元	
2	货价（FOB）	1×人民币外汇牌价	6.7	6.700	
3	国外运输费	2×费率	4.50%	0.302	
4	国外运输保险费	(2+3) ×费率	0.15%	0.011	
5	到岸价（CIF）	2+3+4		7.013	
6	关税	5×关税税率	7%	0.491	
7	增值税	(5+6) ×增值税税率	17%	1.275	
8	外贸手续费	5×费率	1.00%	0.070	
9	银行财务费	2×费率	0.15%	0.010	
10	引进设备原价	5+6+7+8+9		8.859	

注：计算公式中数字对应序号所对应的费用名称。

（二）引进工艺设备单位工程概算编制

采用"安装工程概算表"编制。

1. 进口设备原价的计算

将设计提供的引进设备工程量和计算出的设备原价填入"安装工程概算表"，计算合价并进行汇总，得到进口设备原价合计。

表7-3-5 进口设备、材料货价及从属费用计算表

进口设备、材料货价及从属费用计算表

建设项目名称：××天然气净化厂工程　　　　　　　　　　　　概算编号：××
单项工程名称：硫黄回收装置　　　　　　　　　　　　　　　　设计阶段：初步设计
设计单位名称：　　　　　　　　　　　　　　　　　　　　　　金额单位：元、美元
共2页　第1页

序号	设备、材料规格名称	单位	数量	单价（美元）	外币金额（美元）				折合人民币（元）	人民币金额（元）					合计（元）
					货价（FOB）合价	运输费	运输保险费	合计		关税	增值税	银行财务费	外贸手续费	合计	
一	工艺引进设备														
1	主风机	台	2	244137	488274	21972.33	765.37	511011.7	3423778.39	239664.49	622785.3	4907.15	34237.78	901594.71	4325373.1
2	三通切换阀 DN400	个	4	174398	697592	31391.64	1093.48	730077.12	4891516.7	342406.17	889766.9	7010.8	48915.17	1288099.03	6179615.73
3	两通切换阀 DN400	个	3	151320	453960	20428.2	711.58	475099.78	3183168.53	222821.8	579018.4	4562.3	31831.69	838234.15	4021402.68
4	低温克劳斯专用催化剂	t	55.12	5351	294947.12	13272.62	462.33	308682.07	2068169.87	144771.89	376200.1	2964.22	20681.7	544617.91	2612787.78
5	热动力式疏水阀 PN4.0 DN50	个	12	536	6432	289.44	10.08	6731.52	45101.18	3157.08	8203.9	64.64	451.01	11876.63	56977.81
6	热动力式疏水阀 PN1.6DN25	个	110	282	31020	1395.9	48.62	32464.52	217512.28	15225.86	39565.48	311.75	2175.12	57278.21	274790.49
7	热动力式疏水阀 PN1.6 DN20	个	15	248	3720	167.4	5.83	3893.23	26084.64	1825.92	4744.8	37.39	260.85	6868.96	32953.6
	小计				1975945.12	88917.53	3097.29	2067959.94	13855331.6	969873.21	2520285	19858.25	138553.32	3648569.6	17503901.2

续表

进口设备、材料货价及从属费用计算表

概算编号：××
设计阶段：初步设计
金额单位：元、美元
共 2 页　第 2 页

设计单位名称：
建设项目名称：××天然气净化厂工程
单项工程名称：硫黄回收装置

序号	设备、材料名称	设备、材料规格名称	单位	数量	单价（美元）	外币金额（美元）货价（FOB）合价	运输费	运输保险费	合计	折合人民币（元）	关税	增值税	银行财务费	外贸手续费	合计	合计（元）
二	热工引进设备															
1	主燃烧炉烧嘴		套	1	222280	222280	10002.6	348.42	232631.02	1558627.83	109103.95	283514.4	2233.91	15586.28	410438.54	1969066.37
	小计					222280	10002.6	348.42	232631.02	1558627.83	109103.95	283514.4	2233.91	15586.28	410438.54	1969066.37
三	自控引进设备															
1	高温气动偏芯蝶阀 PN1.6 DN250		个	1	45315	45315	2039.18	71.03	47425.21	317748.91	22242.42	57798.53	455.42	3177.49	83673.86	401422.77
2	H$_2$S/SO$_2$分析仪		套	1	135463	135463	6095.84	212.34	141771.18	9~9866.91	66490.68	172780.8	1361.4	9498.67	250131.53	1199998.44
3	尾气 SO$_2$ 在线分析仪		套	1	67732	67732	3047.94	106.17	70886.11	474936.94	33245.59	86391.03	680.71	4749.37	125066.7	600003.64
	小计					248510	11182.96	389.54	260082.5	1742552.76	121978.69	316970.3	2497.53	17425.53	458872.09	2201424.85
	合计					2446735.12	110103.09	3835.25	2560673.46	17156512.2	1200955.85	3120770	24589.69	171565.13	4517880.23	21674392.4

编制人：　　　　校对人：　　　　审核人：

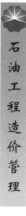

2. 进口设备国内运杂费的计算

根据进口设备原价合计，进行设备运杂费的计算。按照《中国石油天然气集团公司建设项目其他费用和相关费用规定》，进口设备国内运杂费费率取定为3%。

进口设备国内运杂费=进口设备材料到岸价（CIF）×人民币外汇牌价（中间价）×进口设备材料国内运杂费费率=2560673.46×6.7×3%=514695.37元

3. 进口设备购置费的计算

$$进口设备购置费=进口设备原价+国内运杂费=$$
$$21674392.41+514695.37=22189087.78元$$

4. 引进设备安装费的计算

由于引进设备涉及多个专业，本单体只是计算了进口设备购置费（表7-3-6），引进设备的配套国内安装费与对应专业的国内设备与安装合并为一个单体，另行计算。即引进工艺设备的安装费合并在工艺设备与安装单位工程中，引进热工设备的安装费合并在热工设备与安装单位工程中，引进自控设备的安装费合并在自控设备与安装单位工程中（表7-3-7）。

（三）工艺设备与安装单位工程概算编制

工艺设备与安装单位工程分为两部分：

（1）引进设备、材料安装费的计算，按国内相似设备或材料的安装定额或指标进行计算，其方法与国内工程相同。

（2）国内工艺设备与安装费的计算，包括设备安装、阀门安装、管道安装等。

由于引进设备、材料安装费与国内工程相同，因此工艺设备与安装单位工程的计算方法，包括定额套用，定额基价的计算，人、材、机的调整以及费用程序的计算均参照第四章的相关案例，具体表格见表7-3-7、表7-3-8。

（四）单项工程概算编制

单项工程概算采用"综合概算表"编制。硫黄回收装置综合概算是由所属的各专业单位工程概算汇总而成，具体包括构筑物、建筑物、工艺设备及安装、非标准设备、自控仪表、热工、金属结构单位工程概算。需要注意的是，在综合概算表时要统计外汇数。硫黄回收装置外汇数的统计数据参见表7-3-5，硫黄回收装置综合概算表见表7-3-9。

（五）总概算编制

总概算采用"总概算表"进行编制。

表 7-3-6　安装工程概算表

设备及安装工程概算表

单项工程名称：硫黄回收装置

单位工程名称：硫黄回收装置引进设备

设计单位名称：

概算编号：综 4-1
设计阶段：初步设计
金额单位：元
共 2 页　第 1 页

序号	定额编号	分部分项工程名称	单位	数量	材质	重量(t)		单价（元）				合价（元）				
						单重	总重	设备购置费	主要材料费	基价 人工费	其中：材料费	设备购置费	主要材料费	安装费	其中：人工费	材料费
		工艺引进设备														
1		主风机	台	2				2162686.55				4325373.1				
2		三通切换阀	个	4				1544903.93				6179615.73				
3		两通切换阀	个	3				1340467.56				4021402.68				
4		低温克劳斯专用催化剂	t	55.12				47401.81				2612787.78				
5		热动力式疏水阀 PN4.0 DN50	个	12				4748.15				56977.81				
6		热动力式疏水阀 PN1.6 DN25	个	110				2498.095				274790.49				
7		热动力式疏水阀 PN1.6 DN20	个	15				2196.91				32953.6				
		分部小计										17503901.2				
		热工引进设备														
8		主燃烧炉烧嘴	套	1				1969066.37				1969066.37				

设备及安装工程概算表

概算编号：综4-1
设计阶段：初步设计
金额单位：元

设计单位名称：　　　　单项工程名称：硫黄回收装置

单位工程名称：硫黄回收装置引进设备　　　　共2页　第2页

序号	定额编号	分部分项工程名称	单位	数量	材质	重量(t) 单重	重量(t) 总重	单价(元) 设备购置费	单价(元) 主要材料费	单价(元) 基价	单价(元) 其中人工费	单价(元) 其中材料费	合价(元) 设备购置费	合价(元) 主要材料费	合价(元) 安装费	合价(元) 其中人工费	合价(元) 其中材料费
		分部小计															
		自控引进设备											1969066.37				
9		高温气动偏芯蝶阀 PN1.6 DN250	个	1				401422.77					401422.77				
10		H₂S/SO₂ 分析仪	套	1				1199998.44					1199998.44				
11		尾气 SO₂ 在线分析仪	套	1				600003.64					600003.64				
		分部小计											2201424.85				
		进口设备原价合计											21674392.4				
		进口设备国内运杂费(CIF×3%)											514695.37				
		进口设备购置费合计											22189087.78				

编制人：　　　　校对人：　　　　审核人：

表 7-3-7　安装工程概算表

设备及安装工程概算表

单项工程名称：硫黄回收装置		概算编号：综 4-4
单位工程名称：硫黄回收装置　工艺		设计阶段：初步设计
设计单位名称		金额单位：元　　共 3 页　第 1 页

序号	定额编号	分部分项工程名称	单位	数量	材质	重量(t)		单价（元）					合价（元）				
						单重	总重	设备购置费	主要材料费	基价	其中:人工费	其中:材料费	设备购置费	主要材料费	安装费	其中:人工费	其中:材料费
		引进设备															
1	1-2004	主风机安装	台	2						2190	1350	658			4380	2700	1316
2	5-3013	三通切换阀 DN400	个	4						327	127	130			1308	508	520
3	5-3013	两通切换阀 DN400	个	3						327	127	130			981	381	390
4	2-8013	低温克劳斯专用催化剂	t	53						292	201	12			15476	10653	636
5	5-3009	热动力式疏水阀 PN4.0 DN50	个	12						27	8	16			324	96	192
6	5-3002	热动力式疏水阀 PN1.6 DN25	个	110						24	6	16			2640	660	1760
7	5-3002	热动力式疏水阀 PN1.6 DN20	个	15						24	6	16			360	90	240
		分部小计													25469	15088	5054
		设备安装															
8	2-2001	蒸汽空冷器 0.5t/台	台	2				12000		2078	573	884	24000		4156	1146	1768
9	2-1001	蒸汽热压器 0.5t	t	1						433	116	145			433	116	145
10		蒸汽热压器	台	2				5600					11200				
11	2-1001	液硫池蒸汽喷射器 0.5t	t	1						433	116	145			433	116	145

设备及安装工程概算表

设计单位名称								概算编号：综 4-4									
单项工程名称：硫黄回收装置								设计阶段：初步设计									
单位工程名称：硫黄回收装置 工艺								金额单位：元　共 3 页　第 2 页									
序号	定额编号	分部分项工程名称	单位	数量	材质	重量(t)		单价(元)					合价(元)				
						单重	总重	设备购置费	主要材料费	基价	其中: 人工费	其中: 材料费	设备购置费	主要材料费	安装费	其中: 人工费	其中: 材料费
12		蒸汽喷射器	台	2				19800					39600				
13	1-1001	液硫泵	台	2				115000		473	228	122	230000		946	456	244
14	1-1001	冷凝水泵安装	台	2				6661		473	228	122	13322		946	456	244
15	9-3013	小型交流异步电机检查接线及调试 13kW	台	8						716	326	140			5728	2608	1120
16	9-3014	小型交流异步电机检查接线及调试 30kW	台	2						852	383	216			1704	766	432
17	2-1001	液硫池鼓泡器 0.9t 不锈钢	t	1.8						433	116	145			779	209	261
18		液硫池鼓泡器	台	2				58500					117000				
19	5-3009	燃料气阻火器 SLP-Ⅲ DN50	个	3				2000		27	8	16	6000		81	24	48
20	5-3010	燃料气阻火器 SLP-Ⅲ DN80	个	1				2500		47	18	25	2500		47	18	25
21	5-3012	酸气阻火器 SLP-Ⅳ DN250	个	1				22850		214	82	91	22850		214	82	91

续表

设备及安装工程概算表

单项工程名称：硫黄回收装置		概算编号：综4-4
单位工程名称：硫黄回收装置　工艺	金额单位：元	设计阶段：初步设计
		共3页　第3页

设计单位名称：

序号	定额编号	分部分项工程名称	单位	材质	数量	重量（t）单重	重量（t）总重	单价（元）设备购置费	单价（元）主要材料费	单价（元）基价	单价（元）其中 人工费	单价（元）其中 材料费	合价（元）设备购置费	合价（元）主要材料费	合价（元）安装费	合价（元）其中 人工费	合价（元）其中 材料费
22	5-3002	Y型过滤器 PFY80Ⅱ-F-1.6S-50	个		2			2700		24	6	16	5400		48	12	32
		分部小计											471872		15515	6009	4555
		阀门安装											189000	1047889	30852	10104	16953
		管道安装												447513	819068	98779	633072
		管道保温刷油防腐												317141	277650	65578	165086
		化工原料											374400		2437	1332	360
		分部合计											1035272	1812543	1170991	196890	825080
		1. 人工费调增86.58%													170467	170467	
		2. 材料费调增3%													24752		24752
		3. 机械费调增21%													31295		
		共　计													226514	170467	24752
		国内设备运杂费5%											51764				
		国内材料运杂费5.5%												99690			
		合　计											1087036	1912233	1397505	367357	849832

编制人：　　　　　　校对人：　　　　　　审核人：

表 7-3-8　费用表

工程名称：硫黄回收装置 工艺

单位工程编号：综 4-4

序号	费用名称	计算公式	费率（%）	金额（元）	备注
1	一、直接工程费			3408924.53	
2	（一）基本直接费			3309738.04	
3	1. 人工费			367357.36	
4	2. 材料费			849832.40	
5	3. 施工机械使用费			180315.41	
6	4. 主材费			1912232.87	
7	（二）措施费			99186.49	
8	5. 健康安全环境施工保护费	1×费率	10.260	37690.87	
9	6. 临时设施费	1×费率	7.452	27375.47	
10	7. 夜间施工费	1×费率	2.160	7934.92	
11	8. 二次搬运费	1×费率	0.756	2777.22	
12	9. 生产工具用具使用费	1×费率	1.836	6744.68	
13	10. 工程定位复测、工程点交、场地清理等费用	1×费率	0.324	1190.24	
14	11. 冬雨季施工增加费	1×费率	4.212	15473.09	
15	12. 大型机械进出场及安拆费	由甲乙双方协商确定			
16	13. 特定调价下计取的费用				
17	特殊地区施工增加费	（1+3）×费率			
18	工程排污费	按规定计取		425737.79	
19	二、间接费				
20	（一）规费			138493.72	
22	14. 社会保障费、住房公积金	1×费率	37.700	138493.72	
23	（二）企业管理费	1×费率	78.192	287244.07	
24	三、利润	1×费率	27.000	99186.49	
25	四、税金	（一+二+三）×税率	3.410	134144.24	
26	五、设备费			1087035.60	
27	六、工程造价	一+二+三+四+五		5155028.65	

表 7-3-9　综合概算表

综合概算表

设计单位名称

			概算编号：综 4 设计阶段：初步设计 金额单位：万元 共 1 页　第 1 页
	建设项目名称：××天然气净化厂工程		
	单项工程名称：硫黄回收装置		

序号	概算编号	工程项目或费用名称	设计规模或主要工程量	设备购置费	安装工程费		建筑工程费	合计	其中：外币折合人民币（万元）	占工程费用比例（%）	单位指标
					主要材料费	安装费					
1	综 4-1	硫黄回收装置 1400 单元 引进设备		2218.9				2218.9	1715.7		
2	综 4-2	硫黄回收装置 1400 单元 构筑物					85.3	85.3			
3	综 4-3	硫黄回收装置 1400 单元 金属结构			52.3	182		234.3			
4	综 4-4	硫黄回收装置 1400 单元 工艺		108.7	191.2	215.6		515.5			
5	综 4-5	硫黄回收装置 1400 单元 自控		462.4	159.4	94.1		715.8			
6	综 4-6	硫黄回收装置 1400 单元 电气		5.9	9.7	9		24.6			
7	综 4-7	硫黄回收装置 1400 单元 热工		21		0.8		21.8			
8	综 4-8	硫黄回收装置 1400 单元 非标设备		855.6	103.1	205.9		1164.6			
		合计		3672.6	515.7	707.4	85.3	4980.8	1715.7		

编制人：　　　　　　　　　　校对人：　　　　　　　　　　审核人：

1. 第一部分工程费用汇总

对本工程各单项工程概算进行汇总，得到第一部分工程费用。与国内项目不同的是，应根据各综合概算表中的美元数统计本工程费用的美元数，见表 7-3-10。

表 7-3-10　引进设备、材料汇总表

装置名称	合价（美元）	美元折合人民币（元）	折合人民币（含从属费用）（元）
过滤分离装置	72299.5888	484407	626500
脱硫装置	805127.76	5394356	6976700
脱水装置	104981.542	703376	909700
硫黄回收装置	2560673.46	17156512	22189087
中央控制室	476011.722	3189279	4124800
合计	4019094.07	26927930	34826787

2. 第二部分其他费用的计算

其他费用采用"其他费用计算表"进行编制。根据第一部分工程费用，按照《中国石油天然气集团公司建设项目其他费用和相关费用规定》计算其他费用，包括建设用地费、建设管理费、勘察设计费、场地准备及临时设施费、联合试运转费、工程保险费、专利及专有技术使用费、引进技术和进口设备材料其他费等。引进工程其他费用划分与国内项目基本相同。本案例中重点介绍专利及专有技术使用费、引进技术和进口设备材料其他费。

1）专利及专有技术使用费

本工程由从国外引进硫黄回收工艺包，国外工艺包设计费合同价 221.04 万美元，加上外贸手续费和银行财务费共计折合人民币 1498 万元。

2）引进技术和进口设备材料其他费

包括翻译费、出国人员费用、来华人员费用、进口设备国内检验费，其中出国人员费用 20.9 万美元，折合人民币 140 万元。其余费用为人民币支付。

3）其他费用

建设用地费、建设管理费、勘察设计费、场地准备及临时设施费、联合试运转费、工程保险费等其他费用的计算参照第四章案例计算，见其他费用表 7-3-11。

表7-3-11　其他费用计算表

			概算编号：算-xx
设计单位名称	其他费用计算表	建设项目名称：××天然气净化厂工程	设计阶段：初步设计
			金额单位：万元，万美元
			共 3 页　第 1 页

序号	费用项目名称	取费基数	费率	金额	计算式公式	备注
1	专利及专有技术使用费			1498.00	按合同列入	
	硫黄回收引进工艺包设计费			1498.00	按合同列入，含外贸手续费和银行财务费	
2	引进技术和进口设备材料其他费			280.77		
(1)	翻译费			50.00	估列	
(2)	出国人员费用			140.00	按每人每次4万元计算	
(3)	来华人员费用			80.00	协议	
(4)	进口设备国内检验费	2692.80	0.40%	10.77	进口设备材料到岸价401.91万美元	
3	建设用地费和赔偿费			2574.32		
4	前期工作费			102.64		
(1)	可行性研究编制费			89.25	合同价	
(2)	申报核准费	89.25	15%	13.39	可行性研究编制费×15%	
5	建设管理费			685.96		
(1)	建设单位管理费	20837.49-2573×0.5	1.638%	320.25	工程费用（引进设备货价按50%调整）×1.638%	
(2)	工程质量监管费	20837.49	0.195%	40.63	工程费用×0.195%	
(3)	建设工程监理费			299.46	合同价	
(4)	建设单位HSE管理费	320.25	8%	25.62	建设单位管理费×8%	
6	专项评价及验收费			145.00		

概算编号：算—××
设计阶段：初步设计
金额单位：万元、万美元
共 3 页　第 2 页

其他费用计算表

建设项目名称：××天然气净化厂工程

设计单位名称

序号	费用项目名称	取费基数	费率	金额	计算式公式	备注
(1)	环境影响评价及验收费			18.00	按合同计列	
(2)	安全预评价及验收费			17.00	按合同计列	
(3)	职业病危害预评价及控制效果评价费			16.00	按合同计列	
(4)	地震安全性评价费			10.00	按合同计列	
(5)	地质灾害危险性评价费			10.00	按合同计列	
(6)	压覆矿评价费			12.00	按合同计列	
(7)	水土保持评价及验收费			30.00	按合同计列	
(8)	其他评价：电力接入系统评价费等			32.00	按合同计列	
7	勘察设计费			1482.10		
(1)	引进工艺包配合设计及技术支持费			119.84	按合同计列	
(2)	技术服务费			72.00	按合同计列	
(3)	国内设计费			808.64	按合同计列	
(4)	非标设计费			216.12	按合同计列	
(5)	勘察测量费			265.50	按合同计列	
8	场地准备及临时设施费	20837.49	0.40%	83.35	工程费用×0.4%	
9	工程保险费	20837.49	0.30%	62.51	工程费用×0.3%	
10	联合试运转费	10230.34	0.50%	51.15	建安费×0.5%	
11	特殊设备安全监督检验费			30.00	地方相关规定	

续表

设计单位名称	其他费用计算表				概算编号：算一×× 设计阶段：初步设计 金额单位：万元，万美元 共 3 页　第 3 页	
	建设项目名称：××天然气净化厂工程					
序号	费用项目名称	取费基数	费率	金额	计算式公式	备注
12	超限设备运输措施费			30.00	参照类似工程估列	
13	施工队伍调遣费	10230.34	0.75%	76.73	建安费×0.75%	
14	生产准备费			122.21		
（1）	生产人员培训费	101	0.61	61.61	按设计定员 101 人计算	
（2）	工具器具及生产家具购置费	101	0.2	20.20	按设计定员 101 人计算	
（3）	办公及生活家具购置费	101	0.4	40.4	按设计定员 101 人计算	
	总　　计			7224.74		

3. 第三部分基本预备费计算

基本预备费以第一、第二部分费用合计为基础，乘以基本预备费率，得出基本预备费。项目人民币部分和外币部分分别按不同的费率计算。

基本预备费=（工程费用+其他费用）×费率

本项目基本预备费人民币部分=（工程费用+其他费用–引进设备材料的货价及从属费–国外专利及专有技术使用费–出国人员费用）×费率

根据《中国石油天然气集团公司建设项目其他费用和相关费用规定》，项目外汇部分包括进口设备材料的货价和从属费用，不包括国外专利及专有技术使用费。

本项目基本预备费外汇部分=（引进设备材料的货价及从属费+出国人员费用）×费率，见表7-3-12。

表7-3-12　预备费计算表

概算编号：总××　　　　　工程名称：××天然气净化厂工程

序号	费用项目名称	取费基数 （万元）	费率 （%）	金额 （万元）	计算式及说明
1	基本预备费				
（1）	人民币部分	22941.5	6	1376.49	
（2）	外汇部分	3622.70	1	36.23	
	小计			1412.72	

4. 第四部分建设期利息计算

根据资金来源、贷款利率、建设期各年投资比例逐年计算。

各年应计贷款利息=（年初贷款本息累计+本年贷款额/2）×贷款利率

5. 铺底流动资金计算

铺底流动资金按全额流动资金30%计算，油气田建设工程一般不计取。

6. 汇总总概算表

概算总投资由工程费用、其他费用、基本预备费、贷款利息、铺底流动资金组成，将第一、第二、第三、第四、第五部分费用汇总得到建设项目概算总投资，见表7-3-13。

表 7-3-13　总概算表

概算编号：算-××
设计阶段：初步设计
金额单位：万元、万美元
共 7 页　第 1 页

建设项目名称：××天然气净化厂工程

设计单位名称

序号	概算编号	工程或费用名称	设计规模或主要工程量	设备购置费（万元）	建筑工程费（万元）	安装费（万元）	其他费用（万元）	合计（万元）	含外币（万美元）	折合人民币（万元）	占总投资比例
										其中：引进部分	
	I	第一部分　工程费用						407.06	7.23	62.65	0.21%
1	综 1	过滤分离装置 1100 单元		305.81	2.07	99.18		407.06	7.23	62.65	0.21%
2	综 2	脱硫装置 1200 单元		1840.59	71.45	723.88		2635.93	80.51	697.67	2.30%
3	综 3	脱水装置 1300 单元		675.92	29.13	296.68		1001.73	10.50	90.97	0.30%
4	综 4	硫黄回收装置 1400 单元		3672.60	85.30	1222.91		4980.82	256.07	2218.91	7.38%
5	综 5	硫黄成型装置 2100 单元		587.50	250.07	194.80		1032.37			
6	综 6	消防系统 2200 单元		17.02		5.28		22.30			
7	综 7	污水处理装置 2300 单元		348.13	183.17	153.99		685.29			
8	综 8	火炬及放空系统 2400 单元		154.29	12.26	147.20		313.75			
9	综 9	循环水系统 3100 单元		118.56	36.75	104.31		259.62			
10	综 10	锅炉房及蒸汽系统 3200 单元		392.65	83.73	105.50		581.88			
11	综 11	空氮站 3300 单元		246.11	55.59	53.59		355.29			
12	综 12	分析化验室 3400 单元		282.14		20.90		303.04			

总概算表

建设项目名称：××天然气净化厂工程

概算编号：算-××		
设计阶段：初步设计		
金额单位：万元、万美元		
共7页 第2页		

设计单位名称

序号	概算编号	工程或费用名称	设计规模或主要工程量	设备购置费（万元）	建筑工程费（万元）	安装费（万元）	其他费用（万元）	合计（万元）	其中：引进部分		
									合外币（万美元）	折合人民币（万元）	占总投资比例
13	综13	给水处理系统 3500 单元		123.73	125.02	97.49		346.24			
14	综14	厂外给排水系统 3600 单元		9.64	171.38	546.11		727.13			
15	综15	燃料气系统 3700 单元		30.02	0.98	25.23		56.23			
16	综16	中央控制室 4000 单元		621.62	320.00	111.94		1053.56	47.60	412.48	1.37%
17	综17	全厂工艺及热力系统管道 0000 单元		18.33	67.52	605.05		672.57			
18	综18	全厂给排水系统管道			22.16	158.67		199.16			
19	综19	全厂通信		113.59		222.91		336.50			
20	综20	全厂总图		0.74	1122.21	0.12		1123.07			
21	综21	35kV 变电所		604.93	87.75	542.10		1234.78			
22	综22	维修		88.70	89.54	6.62		184.86			
23	综23	倒班宿舍		74.52	591.50	125.29		791.31			
24	综24	外电线路				1211.01		1211.01			
25	综25	运输车辆		280.00				280.00			

续表

总概算表

建设项目名称：××天然气净化厂工程　　　概算编号：算-××
设计单位名称：　　　设计阶段：初步设计
金额单位：万元、万美元
共7页　第3页

序号	概算编号	工程或费用名称	设计规模或主要工程量	设备购置费（万元）	建筑工程费（万元）	安装费（万元）	其他费用（万元）	合计（万元）	含外币（万美元）	其中：引进部分 折合人民币（万元）	占总投资比例
26		绿化费			41.99			41.99			
		小计		10607.14	3449.58	6780.76		20837.49	401.91	3482.70	11.59%
II		第二部分 其他费用									
1		硫黄回收引进工艺包设计费					1498.00	1498.00	221.04	1498.00	4.99%
2		引进技术和进口设备材料其他费					280.77	280.77			
(1)		翻译费					50.00	50.00			
(2)		出国人员费用					140.00	140.00	20.90	140.00	0.47%
(3)		来华人员费用					80.00	80.00			
(4)		进口设备国内检验费					10.77	10.77			
3		建设用地费和赔偿费					2574.32	2574.32			
4		前期工作费					102.64	102.64			
(1)		可行性研究编制费					89.25	89.25			
(2)		申报核准费					13.39	13.39			

总概算表

建设项目名称：××天然气净化厂工程　　　概算编号：算-××

设计阶段：初步设计

金额单位：万元、万美元

共7页　第4页

序号	概算编号	工程或费用名称	设计规模或主要工程量	设备购置费（万元）	建筑工程费（万元）	安装费（万元）	其他费用（万元）	合计（万元）	含外币（万美元）	其中：引进部分 折合人民币（万元）	占总投资比例
5		建设管理费					685.96	685.96			
(1)		建设单位管理费					320.25	320.25			
(2)		工程质量监督费					40.63	40.63			
(3)		建设工程监理费					299.46	299.46			
(4)		建设单位HSE管理费					25.62	25.62			
6		专项评价及验收费					145.00	145.00			
(1)		环境影响评价及验收费					18.00	18.00			
(2)		安全预评价及验收费					17.00	17.00			
(3)		职业病危害预评价及控制效果评价费					16.00	16.00			
(4)		地震安全性评价费					10.00	10.00			
(5)		地质灾害危险性评价费					10.00	10.00			
(6)		压覆矿产评价费					12.00	12.00			
(7)		水土保持评价及验收费					30.00	30.00			

续表

总概算表

概算编号：算-××
设计阶段：初步设计
金额单位：万元，万美元
共7页　第5页

建设项目名称：××天然气净化厂工程
设计单位名称

序号	概算编号	工程或费用名称	设计规模或主要工程量	设备购置费（万元）	建筑工程费（万元）	安装费（万元）	其他费用（万元）	合　计（万元）	含外币（万美元）	其中：引进部分 折合人民币（万元）	引进部分 占总投资比例
(8)		其他评价：电力接入系统评价费等					32.00	32.00			
7		勘察设计费					1482.10	1482.10			
(1)		引进工艺包配合设计及技术支持费					119.84	119.84			
(2)		技术服务费					72.00	72.00			
(3)		国内设计费					808.64	808.64			
(4)		非标设计费					216.12	216.12			
(5)		勘察测量费					265.50	265.50			
8		场地准备及临时设施费					83.35	83.35			
9		工程保险费					62.50	62.50			
10		联合试运转费					51.15	51.15			
11		特殊设备安全监督检验费					30.00	30.00			
12		超限设备运输特殊措施费					30.00	30.00			
13		施工队伍调遣费					76.73	76.73			

总概算表

概算编号：算-××											

设计阶段：初步设计

金额单位：万元，万美元

共7页　第6页

建设项目名称：××天然气净化厂工程

设计单位名称：

序号	概算编号	工程或费用名称	设计规模或主要工程量	设备购置费（万元）	建筑工程费（万元）	安装费（万元）	其他费用（万元）	合计（万元）	含外币（万美元）	其中：引进部分 折合人民币（万元）	占总投资比例
14		生产准备费					122.21	122.21			
(1)		生产人员培训费					61.61	61.61			
(2)		工器具及生产家具购置费					20.20	20.20			
(3)		办公及生活家具购置费					40.4	40.4			
		其他费用小计					7224.74	7224.74	241.94	1638.00	5.45%
Ⅲ		第三部分　预备费用									
1		基本预备费									
(1)		基本预备费人民币部分					1376.49	1376.49			
(2)		基本预备费外汇部分					36.23	36.23	5.41	36.23	0.12%
		小　计					1412.72	1412.72	5.41	36.23	0.12%
Ⅳ		第四部分　建设期贷款利息					355.73	355.73			
1		建设期贷款利息 5.364%					355.73	355.73			

续表

总概算表

建设项目名称：××天然气净化厂工程

概算编号：算一××
设计阶段：初步设计
金额单位：万元、万美元
共 7 页 第 7 页

序号	概算编号	工程或费用名称	设计规模或主要工程量	设备购置费（万元）	建筑工程费（万元）	安装费（万元）	其他费用（万元）	合　计（万元）	含外币（万美元）	其中：引进部分	
										折合人民币（万元）	占总投资比例
	V	第五部分 铺底流动资金									
1		铺底流动资金					218.00	218.00			
		小计					218.00	218.00			
		建设项目概算总投资(Ⅰ+Ⅱ+Ⅲ+Ⅳ)		10607.14	3449.58	6780.76	9211.19	30048.68	649.25	5156.93	17.16%

设计单位名称：

（六）概算编制说明

1. 工程概况

本工程系××天然气净化厂工程，厂址位于××省××县境内。主要工程量：××天然气净化厂新建主体生产装置一列，包括脱硫装置、脱水装置、硫黄回收装置；新建辅助生产设施包括硫黄成型装置、污水处理装置、火炬与放空系统、分析化验室等；新建公用工程包括给排水及消防系统、循环水系统、空氮站、锅炉房、供配电系统、通信系统。倒班宿舍建在××县附近。

本净化厂引进主体装置的关键设备，硫黄回收装置的设计采用从国外引进工艺设计包，由××公司完成初步设计及施工图设计。工程概算总投资30048.68 万元，其中美元 649.25 万美元。

2. 编制依据

（1）关于××天然气净化厂工程可行性研究报告的批复。

（2）××分公司编制的《××天然气净化工程可行性研究报告》。

（3）××公司所做《××天然气净化厂工程》初步设计。

（4）××天然气净化厂工厂设计及相关工作的委托函。

3. 定额及费用标准

（1）安装工程执行《石油建设安装工程概算指标》，材料费、机械费按《石油建设安装工程概算指标》调整系数进行调整。费用计算执行集团公司《石油建设安装工程费用定额》。按Ⅰ类工程计取。

（2）土建工程执行《××省建筑工程计价定额》，费用计算执行《××省建设工程费用定额》。构筑物按四类工程考虑，房屋建筑按类似工程指标计算。地方材料差价按《××工程造价信息》××××年第××期执行。

（3）第二部分其他费用执行《中国石油天然气集团公司建设项目其他费用和相关费用规定》。

4. 设备及材料价格依据

主要设备、材料价格采用设计询价，设备、材料运杂费分别按 5%、5.5%计算，引进设备运杂费按 3%计算。

5. 其他说明

（1）硫黄回收引进工艺包设计费按合同列入。

（2）预备费人民币部分按 6%计算，外币部分按 1%计算。

（3）贷款利息按建设期一年自筹资金 55%、贷款利率 5.364%计算。

参 考 文 献

全国造价工程师资格考试培训教材编审组 . 2013. 工程造价计价与控制（2013 年版）［M］. 北京：中国计划出版社 .

中华人民共和国住房和城乡建设部，中华人民共和国国家质量监督检验检疫总局 . 2013. 建设工程工程量清单计价规范（GB 50500—2013）. 北京：中国计划出版社 .

中华人民共和国住房和城乡建设部，中华人民共和国国家质量监督检验检疫总局 . 2013. 通用安装工程工程量清单计算规范（GB 50856—2013）. 北京：中国计划出版社 .

谭大璐 . 1995. 建筑工程经济分析方法与投资控制 ［M］. 四川：成都科技大学出版社 .

国家发展改革委建设部 . 2006. 建设项目经济评价方法与参数（第三版）［M］. 北京：中国计划出版社 .

中国建设监理协会 . 2013. 建设工程投资控制 ［M］. 北京：中国建筑工业出版社 .

中国建设监理协会 . 2013. 建设工程进度控制 ［M］. 北京：中国建筑工业出版社 .

中国建设监理协会 . 2013. 建设工程合同管理 ［M］. 北京：中国建筑工业出版社 .

谭克文，田世宇，万晓，等 . 2002. 建设工程投资控制 ［M］. 北京：知识产权出版社 .

袁纽，齐福海，李国琦，等 . 2000. 工程项目管理概论 ［M］. 河北：沧州市人民出版社 .

郑一军，姚兵，李竹成，等 . 2004. 国际工程管理 ［M］. 北京：中国建筑工业出版社 .